Hoch hinaus

Kai Pfersich ist Inhaber des Beratungsunternehmens »The Value Company« mit Arbeitsschwerpunkt Vertrieb/Verkauf. Kontakt: The Value Company, Hauptstr. 55, 74369 Löchgau, E-Mail: Kai.Pfersich@integration.net

Stefan Glowacz ist Vizeweltmeister im Wettkampfklettern und einer der bekanntesten Profikletterer der Welt. Er hält Vorträge und ist Mitautor zweier Fachbücher.

Kai Pfersich
Stefan Glowacz

HOCH HINAUS

Ein Verkäufer und ein Bergsteiger auf Erfolgstour

Campus Verlag
Frankfurt / New York

Die Deutsche Bibliothek – CIP-Einheitsaufnahme

Hoch hinaus : ein Verkäufer und ein Bergsteiger auf Erfolgstour /
Kai Pfersich ; Stefan Glowacz. – Frankfurt/Main ; New York :
Campus Verlag, 1999
ISBN 3-593-36301-1

Unter Mitarbeit von Tanja Rest
Umschlaggestaltung: Guido Klütsch, Köln
Umschlagmotiv: The Image Bank, Frankfurt am Main

Vorsatzmotiv: Wir danken den Geographischen Instituten der Johann-Wolfgang-von-Goethe-Universität Frankfurt am Main für den Ausleih der historischen Karte.
Satz: Leingärtner, Nabburg
Druck und Bindung: Druckhaus Beltz, Hemsbach
Gedruckt auf säurefreiem und chlorfrei gebleichtem Papier.
Printed in Germany

Ohne unseren gemeinsamen Freund Uwe Hofstädter wäre dieses Buch sicher nicht zustande gekommen. Und ohne meine liebste Kritikerin Karen Schad wäre es nicht pünktlich fertig geworden. Beides gilt für meine Frau Karin und meine Tochter Sarah, die mir in den letzten Wochen mit viel Optimismus den Rücken freigehalten haben. Ich danke Euch allen sehr.

Kai Pfersich

Ich möchte mich ganz herzlich bei Tanja Rest bedanken, die meinen Erfahrungsbericht aufgezeichnet und bearbeitet hat.

Stefan Glowacz

Inhalt

Einleitung

Kapitel 1

Kapitel 2

Kapitel 3

Kapitel 4

Kapitel 5

Kapitel 6

Kapitel 7

Kapitel 8

Kapitel 9

Epilog

Literatur

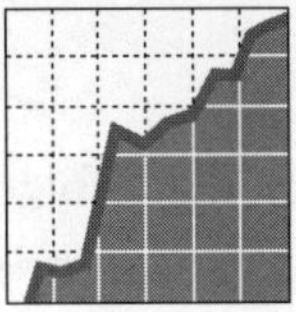

Einleitung von Kai Pfersich, dem Verkäufer

Überlegen Sie es sich gut: Wollen Sie dieses Buch wirklich kaufen? Ich warne Sie! Ich warne Sie, denn dieses Buch ist absolut überflüssig. Es gibt Tausende von Büchern, die sich mit dem Verkauf beschäftigen; davon sind mindestens hundert lesenswert. Doch schon bei dieser Auswahl werden Sie feststellen, dass sich die Inhalte überschneiden. Es ist also alles geschrieben, Sie müssen es nur lesen, verstehen und umsetzen – der Erfolg wird nicht lange auf sich warten lassen. Oder doch?

Lassen Sie mich erzählen, wie es zu diesem Buch kam: Ich selbst habe zahlreiche Bücher und Artikel über das Verkaufen gelesen, war viele Jahre im Vertrieb in den verschiedensten Funktionen beschäftigt, vom Handelsvertreter im Finanzaußendienst bis zum Geschäftsführer einer Tochtergesellschaft eines Bankkonzerns. Heute arbeite ich als Trainer und Berater auf dem Feld der Vertriebsentwicklung. Das heißt, ich helfe meinen Kunden als deren externer Partner, ihren Vertrieb erfolgreicher zu machen. Weiter bin ich Teilhaber einer 1997 gegründeten Firma, die Kletterschuhe entwickelt, herstellen lässt und dann weltweit vertreibt.

Diese Firma, »Red Chili«, gegründet von meinen beiden Freunden Uwe Hofstädter und Stefan Glowacz, ist die Keimzelle des Buches: Sie standen 1997 nämlich vor der entscheidenden Frage, wie man sehr gute Kletterschuhe erfolgreich verkaufen könne. Das Erscheinungsbild der Marke war durchdacht und originell, die Qualität des Materials sehr gut, die Passformen wurden immer besser und die Tests an der Wand liefen viel versprechend. Aber reicht das aus? Uwe und Stefan fingen an, mich, den Verkäufer, zu löchern: Wie sollen wir in die Verhandlungen mit dem Handel gehen? Wie machen wir unsere Produktmerkmale überzeugend deutlich? Wie gehen wir mit Einwänden um? Die beiden sind in erster Linie Experten für den Bergsport, Kletterer, Materialfetischisten und natürlich begeistert von ihrem Produkt. Nur Verkäufer, nein, Verkäufer sind sie nicht!

Eine typische Charakterisierung – sie trifft auf die Mehrzahl der Menschen zu, die im Verkauf arbeiten. Auch auf Sie?

Jetzt sollte ich die beiden Experten also in Sachen Verkauf beraten, und wie in meinen Seminaren arbeitete ich beim Erklären mit Beispielen aus der Welt meiner Klienten: Diese »Bilder« wurden gesehen, meine Absichten und Ideen be-*greif-bar*. Da wurde der Verkauf zur Klettertour, die Verhandlung zum »schmalen Grat«. Beide hatten plötzlich Lust, Neues, Fremdes und auf einer abstrakteren Ebene doch Vertrautes zu lernen, erfassten die innere Logik der Vorgehensweise und setzten die Erkenntnisse um.

Gehen wir noch mal zurück zu der oben gestellten Frage: Machen gute Bücher zum Thema »Verkauf« ihre Käufer erfolgreicher? Ja, aber nur, wenn diese Bücher gelesen, die Inhalte nachvollzogen, verinnerlicht und wenigstens teilweise umgesetzt werden.

Und genau das, lieber Leser, sollen Sie mit diesem Buch tun: Es – vielleicht sogar mehrmals – lesen, die Inhalte durchdenken und die für Sie wichtigen Dinge herausfiltern. Und diese für Sie brauchbaren Dinge anschließend in Ihrer Verkaufspraxis einsetzen und damit erfolgreich sein.

Damit dieses anspruchsvolle Ziel erreicht wird, haben wir zwei Bücher in dieses Buch gepackt. Sie lesen immer zuerst ein Kapitel von Stefan, der Sie in die Welt der Kletterer und auf eine spannende

Antarktis-Expedition mitnimmt. Ihre Eindrücke und Bilder, die Sie von dort mitbringen, werde ich im Fachbuch-Teil nutzen. Wir werden uns Schritt für Schritt durch die Welt des Verkaufs bewegen. Ich arbeite die Dinge heraus, die ich für die entscheidenden Erfolgsfaktoren halte. Mit Hilfe der Bilder aus der Antarktis vergrößert sich die Chance, dass

- Ihre Neugier geweckt wird,
- Sie die Inhalte logisch nachvollziehen können,
- Ihr Erinnerungsvermögen optimal unterstützt wird,
- Sie Spaß an der Sache haben.

Und damit vergrößern wir gemeinsam die Wahrscheinlichkeit, dass Sie Ihre Ziele schnell und erfolgreich realisieren können. Doch warum sollte ausgerechnet die Geschichte der Erstbesteigung einer gefährlichen Wand mitten in der lebensfeindlichen Antarktis Parallelen zum Verkaufsalltag liefern? Weil es gefährlich ist, sich in dieser unwirtlichen Welt zu bewegen. Ähnlich gefährlich wie in Ihrer Welt!

Die »Antarktis« der Verkäufer

Die Nachfrage ist in den meisten Märkten heute relativ gesättigt, das heißt, in der Summe wachsen sie kaum noch.

Die Folgen: Verdrängungswettbewerb und ein beispielloser Preiskampf. In der Nutzfahrzeugbranche verzichten Anbieter inzwischen auf Preislisten – sie machen keinen Sinn mehr. Der Preisverfall in der Telekommunikationsbranche stellt einen vorläufigen Höhepunkt dar.

Die Kunden sind selbstbewusst, anspruchsvoll und sensibel. Sie suchen die optimale Verbindung von hohem Produktnutzen und niedrigen Preisen. Darüber hinaus ist es sogar schick, ein Schnäppchen zu machen. Werbung verstärkt diese Effekte mit Slogans wie »Sie haben es sich verdient« oder »Ich bin doch nicht blöd«.

Die Manager der Unternehmen sind trotz schwieriger Rahmenbedingungen gezwungen, permanent bessere Zahlen zu präsentieren. Die teilweise hysterischen Reaktionen der Börsen auf die Interpretationen der Analysten sprechen Bände. Bei dieser pervertierten Verengung des Shareholder-Value-Ansatzes auf den kurzfristigen Gewinn bleibt der mittel- bis langfristige Wertzuwachs eines Unternehmens oft auf der Strecke.

Kostendruck in der gesamten Wertschöpfungskette ist die Folge. Damit sind zwangsläufig auch die Kosten im Vertrieb auf dem Prüfstand. Größter Kostenfaktor im Vertrieb sind fast immer die Personalkosten. Deshalb sind jetzt Vertriebsformen gefragt, bei denen Menschen durch Maschinen (z. B. Selbstbedienungsterminals), neue Informationstechnologie (z. B. e-Commerce im Internet), neue Handelsformen (z. B. Factory Outlet Center) oder Marketingkonzepte (Stichwort Productplacement) ersetzt oder zumindest partiell überflüssig gemacht werden. Der Paketdienst »UPS« beispielsweise will seine Call-Center laut »Spiegel« 15/99 zügig auf ein Computersystem mit Sprachsteuerung der neuesten Generation umstellen. So können laut »UPS« in etwa ein Drittel der Vertriebskosten eingespart werden.

Ich wage die These, dass in fünf Jahren rund 30 Prozent der Menschen im Vertrieb ersetzt worden sind.

Die erhaltenen Arbeitsplätze werden nur dann sicher sein, wenn diese Mitarbeiter ihren Kunden jederzeit einen Mehrwert bieten, der sie den konkurrierenden Systemen überlegen macht. Denn es gibt genügend Märkte, Branchen, Nischen, Preissegmente, Kundengruppen, Produkte und Dienstleistungen, die den »Kostenfaktor Mensch« in der Kalkulation gut verkraften.

Sie können zu diesen Menschen im Vertrieb gehören – wenn Sie wollen. Es braucht keine neue Verkaufstechnik, keine neuen Modewörter oder einen neuen Guru – nicht schon wieder alten Wein in neuen Schläuchen! Zurück zum uralten Handwerk der »Kaufleute«. Das wichtigste Handwerkszeug finden Sie in diesem Buch, mit den

Literaturhinweisen können Sie Ihr Wissen später gezielt erweitern. Ich bin sicher: Das »Neue« besteht in Wirklichkeit nur darin, das »Alte« zu verstehen und es zu tun! Packen Sie es an – Ihre Kunden werden begeistert sein.

Übrigens, »Red Chili« fängt an, die etablierten Marktführer zu ärgern: Wir werden 1999 einige tausend Paar Kletterschuhe mehr verkaufen als ursprünglich geplant.

Viel Spaß, Ihr *Kai Pfersich*

PS: Noch eine Bemerkung zum Ausdruck: Wir haben das Buch für Verkäuferinnen und Verkäufer, für Kletterinnen und Kletterer geschrieben. Die Schreibform »VerkäuferInnen« finden wir nicht schön und »Verkäuferinnen und Verkäufer« auf Dauer ermüdend. Wir haben uns deshalb für die »männliche« Form entschieden und hoffen, dass unsere Leserinnen trotzdem Freude an »HOCH HINAUS« haben werden.

Einleitung von Stefan Glowacz, dem Kletterer

Das Eis kam im Winter 1914 viel zu früh: Sir Ernest Shackleton musste hilflos mit ansehen, wie sich der Packeisgürtel um sein treues Schiff zusammenzog. Er sollte die *Endurance* nicht mehr freigeben. Viele Seemeilen vor dem geplanten Landeplatz musste der Ire sein ehrgeiziges Vorhaben, die Antarktis zu Fuß zu durchqueren, im ewigen Eis begraben. Für Shackleton und seine Mannschaft begann ein qualvoller Wettlauf mit dem Tod, eine Odyssee des Leidens, die an Dramatik kaum zu überbieten ist. Durch einen unvorstellbaren Überlebenswillen und Shackletons Wagemut haben alle Expeditionsteilnehmer zwei furchtbare Jahre überstanden und konnten schließlich am 30. August 1916 auf *Elephant Island* gerettet werden.

Ich war ungefähr zehn Jahre alt, als ich in manchen Nächten unter meiner Bettdecke die Abenteuer von Scott, Wilson und Shackleton verschlang, bis das Licht der Taschenlampe schwächer wurde und ich die Buchstaben nicht mehr entziffern konnte. Ich schlief dann immer mit dem Wunsch ein, auch einmal an Deck eines Segelschiffes zu stehen und zu diesem unerforschten und geheimnisvollen Kontinent zu segeln. Es war zuerst nur eine Sehnsucht, ein unerreichbarer Traum – 24 Jahre später dann Realität. Der Bergsteiger Glowacz, auf dem Weg zur Erstbegehung des *Cape Renard Tower* in der Antarktis.

Spätestens jetzt fragt sich der ambitionierte Verkäufer, der gar nicht die Absicht hat, den bequemen Sessel hinter seinem Schreibtisch zu verlassen, warum er zuerst die Antarktis erleben soll, um Informationen und Anregungen für besseres Verkaufen zu erhalten. Keine Angst, Sie haben mit dem Kauf dieses Buches nicht automatisch eine Teilnahme an unserer nächsten Expedition ins ewige Eis gebucht. Dann hätte es auch ein paar Mark mehr gekostet, klar. Und wir verlangen auch physisch keinerlei Anstrengungen von Ihnen.

Auf den ersten Blick betrachtet, haben die Tätigkeiten Verkaufen und Bergsteigen überhaupt keine Gemeinsamkeit. Doch es sieht ein bisschen anders aus, wenn wir einmal das »Innere« eines Bergsteigers und eines Verkäufers betrachten. Sprechen wir von der Motivation, einen Gipfel zu erreichen, von der Taktik, die notwendig ist, um durch eine lange und schwierige Wand zu steigen. Von der Fähigkeit, gefährliche Schlüsselstellen zu erkennen und sie zu meistern. Von der Bedeutung einer generalstabsmäßigen Vorbereitung für eine »Expedition« und von dem schwierigen Umgang mit unzufriedenen Teilnehmern. Fällt Ihnen etwas auf? Wir haben in der Tat viele gemeinsame Ansätze.

Bergsteigen und Klettern ist ein gefährlicher Sport, bei dem Fehler oft mit dem Tod bezahlt werden. Da ist kein Platz für Dilettantismus und Oberflächlichkeit. Beim Bergsteigen muss jeder genau wissen, was er macht, bei jedem Schritt und bei jedem Griff!

Wenn wir Sie nun also in unsere Mitte nehmen und Sie mit der Seilschaft Pfersich-Glowacz durch dieses Buch klettern, dürfen Sie nicht davon ausgehen, in Zukunft völlig problemlos auf alle Gipfel steigen zu können. Aber Sie werden ein Gefühl dafür bekommen, wie Sie Herausforderungen angehen und meistern können, ohne dabei Kopf und Kragen zu riskieren.

Sie bekommen einen Eindruck, wie wichtig es ist, eine Expedition mit dem notwendigen Respekt vor dem Vorhaben richtig zu planen, um bei der späteren Umsetzung keine bösen Überraschungen auf dem Gipfelgrat zu erleben. Wir werden Ihnen klarmachen, dass Sie den Weg auf den Gipfel alleine gehen müssen – und vor allem auch sicher vom Gipfel wieder runter! Sie werden erkennen, dass einzig und allein Sie die Verantwortung für Ihr Tun übernehmen müssen und kein anderer sie Ihnen abnehmen kann. Mit dieser Einstellung erst sind Sie fähig, Ihren Part in einem Team zu meistern.

Ob Kai Pfersich vom Verkaufen spricht oder ich vom Bergsteigen, beide wollen wir neue Wege gehen, in unbekannte Regionen vorstoßen und Schwieriges möglich machen. Was nutzt uns dabei das Wissen aus Hunderten von Büchern, wenn wir nicht in der Lage sind, es richtig umzusetzen? Kein Hilfsmittel der Welt kann einem die Mühen des Aufstiegs abnehmen oder fehlende Erfahrung ausgleichen. Ob ich einen Eispickel von Luis Trenker verwende oder ein hochmodernes Eisgerät in Händen halte, ist im Grunde zweitrangig. Ob die Schneebrücke über einer Spalte hält oder nicht, das kann mir kein Ausrüstungsgegenstand »sagen«, diese Entscheidung muss ich selber treffen. Sicherheit ist nicht käuflich. Nur die eigene Erfahrung und das eigene Können sind die Schlüssel zum Erfolg. Damit Ihre eigene Erfahrung größer wird, Sie neue Blickwinkel kennen lernen und letztlich eine Hilfestellung für Ihre Verkaufspraxis bekommen, darum haben wir dieses Buch für Sie geschrieben. Und nicht zuletzt auch für Ihr Lesevergnügen!

Gehen Sie mit – und klinken Sie sich bei uns ins Seil. Viel Spaß dabei!

Ihr *Stefan Glowacz*

1

Warum eigentlich auf Berge steigen?

Es war das Ende eines langen und anstrengenden Vortragabends über meine vierwöchige Expedition nach Grönland, im Herbst 1998 in einer Frankfurter Kletterhalle. Der gepflegte Mittvierziger, der auf mich zusteuerte, hatte Fragezeichen im Gesicht. Er setzte sich zu mir und grübelte eine Weile. »Ich kapier's einfach nicht«, brach es schließlich aus ihm heraus. »Ihr fahrt ans Ende der Welt, schindet euch bis zum Umfallen, setzt euer Leben aufs Spiel - wozu das alles?« Kann schon sein, dass ich ein bisschen gekränkt aussah. Oh, natürlich, beeilte er sich nachzusetzen, wir seien schon echt harte Jungs. Die Zivilisation so weit hinter sich zu lassen, loszuziehen ins Nirgendwo, auf eigenes Risiko, einfach so - verdammt mutig, das würde er selbst nie fertigbringen. Und erst der Weg durch die 800 Meter hoch aufragende Wand des *Tupilak*: »Wo nehmt ihr die Kraft dafür her? Wie hält man das im Kopf aus, über so einem Abgrund zu baumeln? Ich meine, das ist doch Wahnsinn, oder?« Womit er wieder zurück war am Ausgangspunkt. »Mag ja sein, dass es der ganz große Kick für euch ist, am Ende auf diesem Gipfel zu stehen. Aber mal ehrlich: Was bringt's?«

Ich habe ihm dann geantwortet, dass es die unnützeste Sache der Welt ist, auf einen Berg zu steigen. Er schaute mich ungläubig an.

Grinste schief, murmelte noch dies und das und zog alsbald von dannen – wohl im Gefühl, Recht bekommen zu haben. Aber ich glaube nicht, dass er mich wirklich verstanden hat.

... weil es mir Spaß macht!

Wozu das Ganze? – Diese Frage klebt mir an den Kletterschuhen, seit ich denken kann. Der Klettersport, der Mitte der achtziger Jahre durch Wettkämpfe populär und in gewissem Sinne kommerziell geworden ist, hat sich damit auch zunehmend einer ganz bestimmten Art von Kritik ausgesetzt. Die Vorurteile über die Pioniere und Heroen meiner Disziplin sind Legion. *Profi-Kletterer*: Sensationsjäger, die für ihre tägliche Dosis Adrenalin und eine gute Schlagzeile von Berufs wegen Kopf und Kragen riskieren. Wortkarge Eigenbrötler auf einem gnadenlosen, nimmer endenden Egotrip. Tumbe Urviecher, denen das Hirn eines schönen Tages in den Bizeps geplumpst ist. Umweltzerstörer, die ihre Bohrhaken noch in die entlegensten Felsen schlagen und in ein paar Jahren die letzten Habichte von den Zinnen der Fränkischen Schweiz vertrieben haben werden. Vorreiter des Körperkults. Spinner, Träumer, Freaks – dies ist lediglich die eine Seite der öffentlichen Wahrnehmung. Doch sie existiert, und ich muss mich diesen Vorurteilen stellen.

Meine Antwort auf die Frage nach dem Zweck meines Tuns lautet schlicht und einfach: *... weil es mir Spaß macht*. Das mag wenig professionell klingen, ist meiner Ansicht nach aber das einzige Fundament, auf dem jedes wahrhaftige Handeln – sei es beruflich oder privat – basieren kann. In meinem Job darf ich persönliche Leidenschaften und Überzeugungen nicht verleugnen. Wenn ich es doch tue, wird er irgendwann zur Qual. Das bedeutet aber auch, dass ein Beruf nur begrenzt erlernbar ist. Ich kann beispielsweise vier Stunden täglich in der Kunstwand hängen, Gewichte stemmen, Kraftfutter und Fachliteratur verschlingen und mit den berühmtesten Freeclimbern der Welt an den schwierigsten Wänden der Welt trainieren. Wenn mir Gefühl und Leidenschaft für die Sache fehlen, werde ich hinterher vermutlich trotzdem ein guter Kletterer sein. Aber bestimmt nicht einer der besten.

Es gehört zugegebenermaßen viel Mut dazu, seine ureigensten Überzeugungen praktisch auszuleben. Wenn ich diesen Mut an einem bestimmten Punkt meines Lebens nicht aufgebracht hätte, wäre ich heute vermutlich immer noch Werkzeugmacher im Bayrischen. Ich würde allmorgendlich um sechs Uhr aufstehen, in die Werkstatt fahren, erledigen, was von mir erwartet wird, und hätte um halb fünf Uhr Feierabend. Ein ganz »normales« bürgerliches Leben also – geregelt, heimelig und berechenbar. Für andere mag dies ein kleines Paradies auf Erden sein. Für mich wäre es ein fauler Kompromiss geworden. Ich habe in kritischen Phasen meist intuitiv gespürt, was richtig für mich war, und so gut es ging danach gehandelt. Mein Glück war, dass ich irgendwann gewusst habe: Pflichtarbeiter auf Lebenszeit, das ist es nicht.

Am Anfang war die Rebellion

Mein Vater stammt aus Berlin, meine Mutter aus Düsseldorf. Beide sind Bergsteiger aus Leidenschaft und haben immer den Gipfel gesucht. Ich war fünf Jahre alt, als wir in ein Dorf nahe Garmisch übersiedelten. Damit war meine Kindheit natürlich quasi vorprogrammiert. Fast jedes Wochenende dasselbe Szenario: statt eines beschaulichen Spaziergangs am Sonntagnachmittag, abgerundet mit Kaffee und Strudel – die Eltern, meine ältere Schwester Ute und ich auf Wandertour in den Alpen. Es hat Spaß gemacht, war allerdings auch manchmal als Pflichtübung ziemlich lästig. Bei einem dieser Ausflüge, ich muss etwa 14 Jahre alt gewesen sein, hatte ich dann mein erstes Schlüsselerlebnis: Durch ein Fernglas beobachtete ich ein Team von Kletterern, die in der großen *Zinne-Nordwand* der Dolomiten biwakierten.

An diesem Punkt sollte ich vielleicht sagen, dass ich den Drang zur Vertikalen von Kindesbeinen an gehabt habe. Ob es die knorrige Buche war, die eine Dreiviertelstunde Fußweg von meinem Elternhaus entfernt stand, oder die Kletterfelsen in der näheren Umgebung – ich musste da hin, da hoch, da oben sitzen und runtergucken, um mit mir und der Welt im Reinen zu sein. Vielleicht kein Wunder, wenn man an einem Ort aufwächst, der von Bergriesen unzingelt ist ... Der Anblick dieser Draufgänger in der großen *Zinne*, ihre Tollkühnheit und Ausgesetztheit, das Gefühl der absoluten Freiheit, das sie dabei verspüren mochten – das alles machte mir einen Widerwillen nur bewusster, der schon lang in mir rumorte. Die ganzen vor mir liegenden Jahre schienen zu diesem Zeitpunkt vorprogrammiert: Schulabschluss machen, studieren, berufstätig sein, sechs Wochen Urlaub im Jahr ... In solch vorgeformten Bahnen wollte ich nicht leben. Das Klettern war zunächst einmal also eine Möglichkeit, aus diesem Kreislauf auszubrechen – ein Ausdruck meiner ganz privaten Rebellion. Erst später ist es Philosophie und Lebensstil geworden.

Lehrling am Berg

Keiner meiner damaligen Kumpels hat das je verstanden. Endlich waren wir 15 Jahre alt, die Garmisch-Partenkirchener Mädels standen hoch im Kurs, wurden in den lokalen Tanzläden und Beizen aufs Heftigste umbalzt und zum Teil sogar gewonnen. Und der Glowacz? Buchte seinen ersten Kletterkurs beim Deutschen Alpenverein. Gierig! Heiß darauf, endlich die eigenen Grenzen auszutesten. Das große Abenteuer, wie ich es mir erträumte, war im Preis für den Kletterkurs jedoch nicht inbegriffen. Zu viele Lehrformeln, zu viel Gerede und zu schlechtes Wetter. Es war eine herbe Enttäuschung.

Meine eigene kleine Gemeinde fand ich schließlich in einer Hütte im Oberreintal des nahe gelegenen Wettersteingebirges. Man stelle sich vor: ein einsames Häuschen, in einem verträumten Tal gelegen, ein rechtes Postkartenidyll am Wochenende. Darin versammelt die lokalen Zampanos der Kletterzunft. Typen, die es wissen wollten. Franz, Schorsch, Theo – kaum einer wird sich heute noch an ihre Namen erinnern, doch sie waren hingebungsvolle Lehrer, echte Bezugspersonen und meine ersten, widerspenstigen Helden. Unter ihrer Anleitung entwickelte ich Technik und Grundvertrauen und bezwang die ersten schweren Wände. Schon damals war ich ehrgeizig: Der gute Lehrmeister, der mir nichts mehr beibringen konnte, wurde immer durch den nächstbesseren ersetzt. Ich lernte, die Wand als Naturereignis zu schätzen, sie in ihrer abweisenden Grandiosität zu respektieren, und dieser grundsätzliche Respekt ist mir seither nie mehr abhanden gekommen. Es war eine unglaublich spannende Zeit. Denn auch außerhalb unserer kleinen heilen Oberreintalhüttenwelt taten sich große Dinge.

Der deutsche Freikletter-Pionier Kurt Albert hatte in den siebziger Jahren den Rotpunkt-Stil erfunden, das heißt: Das Kriterium für den erfolgreichen Durchstieg einer Wand war plötzlich nicht mehr nur, ob der Kletterer den Gipfel erreicht hatte, sondern auch, ob die Route aus eigener Kraft, also ohne Zuhilfenahme von Material zur Fortbewegung, bewältigt wurde. Die Ausrüstung diente fortan nur der Sicherheit, im Falle eines Sturzes. Wir, die wir uns bei Bedarf bisher auch an Seilen und Haken in die Höhe gezogen hatten, mussten umdenken. Aus dem *Yosemite Valley* in Kalifornien gelangten um diese Zeit herum die ersten Erfahrungsberichte von Kletterern nach Bayern. Wir sahen Fotos von einem der höchsten Granit-Abbrüche der Erde (*El Capitan*, 1 000 Meter) und von Kletterern, die in so genannten Riss-Dächern klebten wie Stubenfliegen an der Decke.

Zehn Jahre später geriet die Vermarktungsmaschine allmählich in Bewegung: Die bisherige Exotendisziplin wurde zum Kult und suchte den Kontakt zur Masse; die Industrie sprang auf den fahrenden Zug auf, erkannte eine Marktlücke, entwarf Klamotten, Labels und Verkaufsstrategien. Auf einmal war es für die Cracks der Szene möglich, mit ihrer Sportart richtig Geld zu verdienen – wenn sie sich nur gut vermarkten konnten. Und während so andernorts die Determinaten für den Profisport Klettern allmählich abgesteckt wurden, absolvierte ich in Garmisch noch immer diese Lehre als Werkzeugmacher, die von Vornherein nur eine Notlösung gewesen war.

Vom Handwerker zum Kletterprofi

Ich bin zum Glück meistens zur richtigen Zeit am richtigen Ort gewesen. So wie 1985, als ich den ersten offiziellen Sportkletter-Wettkampf im italienischen Bardonecchia gewann – zur großen Überraschung der Szene, für die ich damals noch ein völlig unbeschriebenes Blatt war. Ich kam mit einem VW-Bus voller Sachpreise und gestärktem Selbstvertrauen nach Hause zurück. Dort klingelte von nun an öfter das Telefon. Ich erhielt Einladungen zu Wettkämpfen, Anfragen für Interviews – nur Sponsoren meldeten sich keine. Die musste ich mir schon selbst besorgen. Bevor ich dann ins Profilager der Wettkampfkletterer überwechselte, kam eines Tages mein Kumpel Hans Martin Götz in die Werkstatt spaziert. Er bot mir einen Job als Vertreter für Kletterausrüstung an. Erleichtert hängte ich damals den Blaumann an den Nagel und war meinen Wünschen und Sehnsüchten damit wieder ein Stückchen näher gerückt.

Das war nur der erste Schritt, und danach ging alles sehr schnell. Wie man sich vorstellen kann, blieb der Handlungsreisende Glowacz lediglich eine Episode. Ich wurde schließlich Wettkampfkletterer und damit Profi.

Zwischen Konsequenz und Kompromiss gefangen

Im Grunde ist es überall das Gleiche: Ob man hauptberuflich an der Börse spekuliert, im Vertrieb arbeitet oder eben auf Berge klettert, man bewegt sich immer auf einem schwindelnd dünnen Grat. Auf der einen Seite die Notwendigkeit, Geld zu verdienen; auf der anderen der Wunsch, sich selbst treu zu bleiben: Du musst verkaufen, aber du darfst *dich* nicht verkaufen – in diesem moralischen Dilemma stecken wir doch letztlich alle. Als ich den Namen Stefan Glowacz Mitte der achtziger Jahre vermarkten musste, um Geld zu verdienen, musste ich mit dieser Form der Eigendarstellung erst mal fertig werden.

Die Eintrittskarte ins Profitum gab's für mich nicht gratis. Da gab es zunächst einmal die Partner aus der Industrie, die auf ihre Kosten kommen sollten: Ihr Engagement musste sich für sie rechnen. Da war die Notwendigkeit, regelmäßig an Wettkämpfen teilzunehmen und möglichst den Pokal zu holen. Da gab es die Pflicht, den täglichen Trainingsplan einzuhalten, um in Topform zu bleiben – auch wenn ich gerade null Bock dazu hatte. Und da gab es auch noch die Medien.

Denn natürlich kann kein Kletterer als Profi überleben, bloß weil er sich an besonders kleinen Griffen festhalten kann. Das Klettern ist nur ein Aspekt in dem Spiel. Entscheidend ist die Bereitschaft, auch in anderen Bereichen auf pragmatische Art und Weise kooperativ zu sein. Es reicht zum Beispiel nicht aus, am kanadischen *Mount Harrison Smith* einen 750 Meter hohen Granitpfeiler erstzubesteigen und ihn hinterher auf den schönen Namen *Fitzcarraldo* zu taufen. Man sollte das Ganze auch einem großen Publikum erklären und verständlich machen können. Ich musste also auch noch lernen, Vorträge zu halten, Interviews zu geben und auf neugierige Fragen halbwegs plausible Antworten zu finden.

Keine leichte Aufgabe für einen jungen Menschen ... Wenige Jahre nach meinem Start als Profikletterer hatte ich bereits viele TV-

Auftritte hinter mir. Ich trug die Logos meiner Sponsoren auf der Hemdbrust, quälte mich immer mal wieder Hochhausfassaden vor Publikum hoch und hatte in einem Kinofilm (»Schrei aus Stein« von Werner Herzog) und in einem Werbespot für Duschgel mitgespielt. Klar, dass die Kritik aus der Szene nicht ausbleiben konnte. Ich sei kommerziell geworden, hieß es etwa, hätte den Klettersport verraten und meine Seele an die Industrie verkauft. Nun ja. Da war gewiss auch viel Neid im Spiel, aber es hat mir dennoch eine Zeit lang mächtig zugesetzt. Ich wollte schließlich als Mensch gemocht und als Kletterer verstanden werden.

Andererseits ahnte ich schon damals: Ob eine Hochhaus-Kletteraktion oder ein PR-Auftritt für Digitaluhren moralisch in Ordnung ist, das ist eine rein persönliche Entscheidung, die ich nur vor mir selbst rechtfertigen muss. Man sollte am nächsten Morgen in den Spiegel schauen und sagen können: Gut gemacht. Alles andere ist nicht wichtig. Am Ende liefen meine Zweifel also auf die Frage hinaus, ob ich mein Handeln vor mir selbst verantworten konnte. Und das konnte ich und kann es bis heute.

Motivation und Spaß sind gute Partner

Eine Frage, die ich als Hochleistungssportler ständig zu hören bekomme, lautet: »Wie motivierst du dich?« Meine Antwort ist immer dieselbe: Ich muss mich nicht motivieren, ich *bin* motiviert. Das hat damit zu tun, dass es einfach eine Riesenfreude für mich ist, was ich da tue. Ich könnte jeden Tag klettern und trainieren. Ich wache morgens auf und kann es meistens gar nicht abwarten. Natürlich gibt es Momente, in denen ich lieber sofort ins Kino gehen, ein Buch lesen oder mit Freunden bis spät in die Nacht hinein feiern würde. In solchen Augenblicken erfordert es schon eine wahnsinnige Disziplin, vorher im Kraftraum trotzdem die hundert einsamen Klimmzüge zu machen.

Entscheidend bleibt, dass das Klettern für mich 99 Prozent Vergnügen ist und nur ein Prozent Arbeit. Meinen Antrieb muss ich mir nicht von außen holen, etwa bei Motivations-Gurus oder auf zweifelhaften Seminaren für Möchtegern-Überflieger. Er steckt ganz einfach seit eh und je in mir drin. Das bedeutet freilich längst nicht, dass mein Beruf ein glücklicher Selbstläufer ist. Man muss schon wissen, *wofür* man motiviert ist. Das heißt, man muss seinem Antrieb eine Richtung geben.

Erst im direkten Vergleich wird Leistung messbar

An potenziellen Zielen herrscht kein Mangel. Die einen tun's fürs Konto, die anderen für ihr Seelenheil und die nächsten, weil sie dem Rest der Welt beweisen müssen, was für tolle Hechte sie doch sind. Mein Ziel, nachdem ich in Bardonecchia gewonnen hatte, lag ganz klar vor mir: Ich wollte der Beste sein.

Dabei kam mir sehr entgegen, dass sich das Klettern allmählich als Wettkampfsportart etablierte. Natürlich kannst du in den Alpen mutterseelenalleine eine Wand durchsteigen und dir hinterher viel darauf einbilden, dass du der Erste warst. Aber den unmittelbaren, objektiven Vergleich mit anderen, den bringt nur der Wettkampf. Mit dieser noch relativ jungen Disziplin – unter Kletterern nicht unumstritten – ist die individuelle Leistung plötzlich messbar geworden. Die Besten der Welt treten gegeneinander an, zur gleichen Zeit, unter denselben Witterungsbedingungen, sie nehmen dieselbe Route und müssen vor demselben unbestechlichen Kampfgericht bestehen, das jeden unerlaubten Griff mit sofortiger Disqualifikation bestraft. Den Sieg erringt der Athlet, der so weit kommt wie kein anderer. Der Druck ist enorm. Für den, der von Natur aus ungeheuer ehrgeizig ist, kann es die Hölle sein.

Für mich zählte jahrelang nur der Sieg – wenn ich Zweiter wurde, hatte ich irgendwo einen Fehler gemacht. Darum habe ich vor Wettkämpfen immer gelitten wie ein Hund und wäre jedes Mal am liebsten abgehauen. Stattdessen nahm ich dann Zuflucht zu den verrücktesten Ritualen: Wenn ich einen bestimmten Wettbewerb gewonnen hatte, musste ich im darauf folgenden Jahr alle äußeren Rahmenbedingungen bis ins Kleinste nachvollziehen – wieder in diesem Hotel schlafen, in diesem T-Shirt klettern, mit den Siegerschuhen von damals an den Füßen. Nur um mich davon abzulenken, dass ich die Hosen mal wieder gestrichen voll hatte.

Mein Ziel war es, im Augenblick des direkten Vergleichs der Beste zu sein, das heißt: bloß keinen Fehler machen. Preisgelder, Pokale, Weltranglistenpunkte haben mich eher am Rande interessiert. Erst vor kurzem wollte jemand von mir wissen, was meine beste Weltranglisten-Platzierung gewesen sei. Zu meiner großen Überraschung konnte ich mich nicht erinnern. Ich glaube, ich stand mal ein paar Wochen lang an Nummer eins. Aber ich bin mir tatsächlich nicht ganz sicher.

Der Mut zur Umkehr

Auch die Wettkämpfe selbst sind mir eher verschwommen in Erinnerung geblieben. Im Nachhinein betrachtet war es ja immer wieder die gleiche Prozedur: monoton, nervenzermürbend und letztlich unwichtig. Jedenfalls nichts, was mir heute noch viel bedeuten könnte. Einige Siege sind dennoch zusammengekommen: Den wohl bedeutendsten Kletterwettkampf der Welt, den *Rock Master* in Arco am Gardasee, konnte ich drei Mal gewinnen – 1987, 1988 und dann nochmals 1992. Im selben Jahr stand ich beim inoffiziellen Demonstrationswettkampf bei den Olympischen Winterspielen in Albertville ganz oben auf dem Treppchen. 1993 wurde ich in Innsbruck Vizeweltmeister. Es war mein letzter Wettkampf.

Man muss seiner Motivation immer eine Richtung geben. Aber man darf nicht davon ausgehen, dass diese Richtung ein Leben lang dieselbe bleibt. In der Regel tut sie das nämlich nicht. Es gehört dann sehr viel Mut dazu, sich einzugestehen, dass man immer noch in eine Richtung marschiert, in die man eigentlich gar nicht mehr will. Und dann braucht es noch mehr Mut, diese Richtung zu ändern – einen anderen Weg einzuschlagen, obwohl man nie ganz sicher sein kann, ob er einen diesmal wirklich ans Ziel führen wird.

Bei mir war nach acht Jahren Wettkampfklettern die Luft raus, die Leidenschaft war erlahmt. Klettern hat für mich immer sehr stark die Nähe zur Natur und Abenteuer bedeutet, verbunden mit der Freiheit aufzubrechen, wann und wohin ich wollte. Das Abenteuer Wettkampf aber hatte sich irgendwann erledigt, und das Naturerlebnis – na ja, das hast du halt nicht an einer farbig markierten Kunstwand. Etwas musste sich ändern – es galt nur noch, den richtigen Zeitpunkt abzuwarten. Ich musste mir zunächst wirklich sicher sein, dass ich mit den Wettkämpfen emotional abgeschlossen hatte. Und ich musste mich meiner Sponsoren versichern, um meine berufliche Zukunft auf eine solide finanzielle Basis zu stellen. Nach dem Wettbewerb in Innsbruck war es dann so weit: Ich kehrte zu meinen Ursprüngen zurück und besann mich wieder auf das, was mich am Klettern am meisten faszinierte – die Freiheit, die Schwerelosigkeit, der pure und einzigartige Genuss, eine Felswand hinaufzusteigen. Und wieder hatte ich Glück: Meine Sponsoren zogen mit und stehen nach wie vor ohne Einschränkung hinter mir.

Auf zu neuen Ufern!

Expeditionen zu fernen Punkten dieser Erde sind für mich die hundertprozentige Umsetzung meiner Philosophie vom Bergsteigen. Bei einem solchen Unternehmen geht es nicht nur darum, ob man eine schwierige Wand bezwingt. Sondern mehr noch darum, *wie*

man es tut. Dazu gehört für mich auch, auf welchem Weg und mit welchen Mitteln man diese Wand überhaupt erst erreicht – ob man etwa für ein kleines Vermögen einen Hubschrauber chartert und sich an ihrem Fuße absetzen lässt. Oder ob man vielmehr versucht, sich ihr aus eigener Kraft zu nähern, zum Beispiel mit einem Segelboot, Kajaks oder mit dem Hundeschlitten. Das ist natürlich unendlich viel mühsamer. Aber für mich auch irgendwie ehrlicher.

Und da sind wir wieder beim morgendlichen Blick in den Spiegel und der Frage: Stimmen Sein und Handeln in deinem Leben noch überein? Eine Zeit lang war ich mir nicht mehr ganz sicher gewesen. Mit meiner Entscheidung gegen das Klettern um Punkte und Pokale kehrte dann die Euphorie zurück. Plötzlich wusste ich wieder genau, dass die Bergsteigerei mein Leben ist. Viele meiner schönsten und nachhaltigsten Erinnerungen datieren aus der Zeit nach meinem Abschied vom Wettkampfzirkus. Die Expedition nach Kanada, die beiden Fahrten nach Grönland und zuletzt das vielleicht größte, waghalsigste Unternehmen, von dem in diesem Buch noch ausführlich die Rede sein wird: das Abenteuer Antarktis – jeder Moment dieser Abstecher in unbekannte Regionen steht mir heute lebhafter vor Augen als der strahlendste Sieg im Wettkampf.

Bevor ich jetzt aber der naiven Schwärmerei bezichtigt werde, sollte ich eines klarstellen: Auch das Klettern im Rahmen einer Expedition hat natürlich seinen Preis. Zunächst mal ganz wortwörtlich. Ein siebenwöchiger Ausflug ans andere Ende der Welt kostet eine hübsche Stange Geld – auch wenn man auf den Hubschrauber verzichtet und sich stattdessen selber vor den Schlitten spannt. Da ich diese Summe unmöglich alleine aufbringen kann, müssen meine Sponsoren und die Medien mitziehen. Und zwar über Monate hinweg. Das heißt: Der Druck und die Erwartungshaltung der Öffentlichkeit sind für mich heute ungleich höher als in meiner Zeit als Wettkampfsportler, in der ich eine schlechte Platzierung bereits wenige Wochen später durch einen Sieg vergessen machen konnte. Bei einer Expedition muss man auf den Punkt topfit sein und perfekt funktionieren. Sonst ist die Vorarbeit von mindestens einem Jahr mit einem Schlag zunichte. Eins jedoch ist gleich geblieben: Ich bin weiterhin ehrgeizig und brauche immer noch konkrete Ziele. Im Wettbewerb wollte ich immer der Beste sein; heute geht es mir um die bestmögliche Umsetzung eines Unternehmens vom Reißbrett in die Praxis. Die Frage ist nur, wie man das jeweilige Ziel definiert.

Die hohe Kunst der Zielsetzung

Meiner Erfahrung nach kann man sich Ziele nicht suchen; eher findet das Ziel den Menschen. Wenn mir zum Beispiel jemand von einer schwer zugänglichen, noch unbestiegenen Wand erzählt;

oder wenn ich in einem Bildband einen imposanten Felspfeiler sehe, den ich bisher nicht kannte; oder wenn ich auf einem Gipfel stehe und dahinter einen noch schöneren, noch bizarrer geformten Berg entdecke – das sind Momente, in denen bei mir ein Mechanismus einrastet und ich weiß: Da musst du hin, koste es was es wolle.

Aus welchen psychologischen Gründen dieser Zug zu genau diesem Ort in eben diesem Augenblick bei mir abfährt, lässt sich schwer vermitteln. Ich kann es nur abstrakt formulieren: Es liegt im Wesen jedes sinnvollen Zieles, dass man es vielleicht erreicht, vielleicht aber auch nicht. Was soll ich anfangen mit einem Ziel, für das ich mich nicht anstrengen muss? Und andersherum: Was nutzt mir eine Problemstellung, von der ich von Vornherein weiß, dass sie für mich sicherlich nicht zu lösen ist? Die Latte, über die man springen will, darf nicht zu tief, aber auch nicht zu hoch liegen, und an dieser Stelle muss man ganz ehrlich mit sich sein. Wenn ich also auf einem Gipfel stehe und den dahinter aufragenden Scheitel eines Bergriesen zu meinem nächsten Ziel erkläre, dann läuft in meinem Kopf vielleicht der folgende Dialog ab:

- Schaut toll aus, oder?
- *Klar, aber auch ganz schön schwer.*
- Aber du hast eine Chance, wenn du nur willst!
- *Kann sein. Kann aber auch nicht sein.*
- Du wirst es nur wissen, wenn du es probierst.
- *Es wäre ziemlich hoch gepokert …*
- Es käme auf einen Versuch an.

Die Möglichkeit des Scheiterns gehört zu jedem ehrgeizigen Projekt dazu. Es ist unheimlich schwer, sich das einzugestehen und im Vorfeld positiv damit umzugehen. Einerseits will und sollte man immer optimistisch denken und sich auch von begründeten Zweifeln nicht unnötig runterziehen lassen. Andererseits muss man auf den Fall der Fälle mental vorbereitet sein, um danach nicht völlig zu verzweifeln. Ich war lange Zeit ein reines Glückskind, an Siege gewöhnt und von spektakulären Niederlagen weit gehend verschont geblieben. Mein erster richtig großer Flop hat mich dann auch wirklich heftig erwischt.

Eine Nachtwache mit Folgen

Es war im August 1998, abermals an den *Drei Zinnen*. Wolfgang Widder und ich hatten uns Großes vorgenommen: Wir wollten drei Routen im achten und unteren neunten Schwierigkeitsgrad innerhalb von 24 Stunden durchsteigen, von Mitternacht bis Mitternacht. Kurt Albert hatte sich diese Aktion ausgedacht. Das Unternehmen war von uns ein Jahr lang – wie wir glaubten – bis ins Detail vorbereitet worden. Als es so weit war, wurden Medienvertreter von unseren Sponsoren an den Ort des Geschehens geladen, und sie erhofften sich natürlich eine tolle Story. Es wurde ein Fiasko. Im Schummerlicht der Stirnlampen war der Fels nur noch eine trübe Einheitsmasse, schon nach wenigen Seillängen mussten wir in die Haken greifen und die nächtlichen Freikletter-Ambitionen schließlich resigniert aufgeben. Unser glorreiches Unternehmen endete bereits in den frühen Morgenstunden; die bereits fertig vorliegenden Schlagzeilen sind nie gedruckt worden.

Ich habe mich damals deprimiert zurückgezogen und tagelang gegrübelt. Der Fehler hatte bei mir gelegen, das musste ich mir schließlich eingestehen, und er wog gleich doppelt schwer: Ich hatte die Möglichkeit verdrängt, dass ich beim Dreifachsturm auf die *Drei Zinnen* versagen könnte. Ich hatte mich außerdem längst nicht so akribisch vorbereitet, wie es die Gegebenheiten erfordert hatten. Und Vorbereitung, wie wir noch sehen werden, ist beim Freiklettern die halbe Miete.

Warum verkaufen Verkäufer?

»Was müssen unsere Verkäufer tun, damit wir möglichst schnell möglichst erfolgreich werden?« Oder: »Wie realisieren wir den höchsten Umsatz, den notwendigen Deckungsbeitrag und die anvisierten Marktanteile?« – »Helfen Sie als unser Berater mit den richtigen Tipps. Was motiviert Verkäufer?« So oder ganz ähnlich begannen in den letzten Jahren zahlreiche meiner Gespräche mit meinen Kunden.

Einfache Antworten hierauf kann ich nicht geben. Es gibt sie nicht. Ich komme eher auf Dinge wie Ausdauer, Handwerkszeug und konsequente Vorgehensweise zu sprechen. Altmodisch klingende Ansätze, die ohne modische Schlagworte auskommen. Ist erst mal akzeptiert, dass es das einfache und bequeme Rezept nicht geben kann, vertiefe ich die Eingangsfrage:

Warum verkaufen Verkäufer? Vielleicht wegen der lukrativen Bezahlung? Oder weil sie müssen, da sie keinen anderen Job gefunden haben? Manchmal ist es tatsächlich so, es verbirgt sich einfach nicht mehr dahinter. Aber sicher gilt dies nicht für die Mehrzahl der Verkäufer, und es trifft schon gar nicht auf die überdurchschnittlich erfolgreichen zu.

Aber warum tun sie es dann? Hier die wichtigsten Antworten, die jeweils auf alle erfolgreichen Verkäufer zutreffen, die ich in all den Jahren kennen gelernt habe:

Wegen des Selbstverständnisses

Werden Menschen, die im Vertrieb arbeiten, im Urlaub gefragt, welchen Beruf sie ausüben, antworten sie oft mit »Ingenieur«, »Bankkauffrau«, »PTA«, »Informatiker« oder anderen Berufsbezeichnungen. Schaut man sich Personalsuchanzeigen in den Samstagsausgaben großer, überregionaler Zeitungen an, kann man diverse Wortkreationen (vorzugsweise aus der englischen Sprache) wie »Key Account Manager«, »Field Sales Representative«, »Kundenberater« und Ähnliches finden.

Wo ist der Verkäufer? Warum wird er überall versteckt? Warum ist das Image, das Sozialprestige so schlecht? Warum erzählen so wenige Verkäufer aus dem Einzelhandel mit Stolz von ihrem Beruf? Offensichtlich macht es so vielen Verkäufern keinen Spaß, ihre Kunden zu bedienen. Liegt das alles an der typisch deutschen Unfähigkeit zur Dienstleistung? Ist die viel strapazierte »Dienstleistungswüste Deutschland« Ursache oder Folge der Millionen Klischees in unseren Köpfen?

Zurück zu den Verkäufern: Liegt es an den extremen Beispielen schlechter Verkäufer und ihrer indiskutablen Vorgehensweise, dass so wenige Verkäufer stolz auf ihren Job sind? Oder an den vielen wahren Geschichten, die man so gern erzählt, wenn man sich mal wieder richtig über mangelhaften Service geärgert hat? Ich kann in vielen Einzelfällen sehr gut verstehen, wenn Verkäufer und die Qualität ihrer Arbeit kritisiert werden. Mir selbst geht es ja oft nicht anders, wenn ich in einem Ladenlokal stehe und einen Wunsch habe oder abends von einem Vermögensberater angerufen werde. Manches Mal spottet das, was da passiert, wirklich jeder Beschreibung. Alles das stellt das Selbstverständnis vieler Verkäufer auf eine harte Bewährungsprobe! Ist das, was sie tun, eigentlich moralisch und ethisch zu rechtfertigen? Wo liegt der Sinn der zu erreichenden Umsatzzahl, wo der der Einführung eines neuen Produktes? Macht der Konzern nicht schon genug Gewinn? Meine persönlichen Antworten:

- Gewinne sichern Arbeitsplätze und damit die Zukunft der Menschen.
- Kunden suchen nach der idealen Lösung für ihre Wünsche und Probleme, sie arbeiten gerne mit Partnern zusammen.
- Es gibt keinen Fortschritt ohne Menschen, die das Bewährte in Frage stellen.
- Wir sind alle Nutznießer neuer Dienstleistungen und Produkte, die gerade wegen des Wettbewerbs um die Kundenaufträge entwickelt wurden.

Da steckt doch schon eine ganze Menge Sinn drin. Gehen wir trotzdem noch etwas weiter in die Details:

Bei der Frage, ob Verkaufen überhaupt ethisch und moralisch vertretbar sei, kommt es in Seminaren häufig zu einer kontroversen Diskussion. Dabei ist die folgende Feststellung eines Seminarteilnehmers meistens der Auslöser: »Ich kann nur das verkaufen, von dem ich selbst zu 100 Prozent überzeugt bin.« Ein anderer Teilnehmer ergänzt: »Ja, jeder Verkäufer muss sich mit seinem Angebot voll identifizieren, sonst ist er nicht glaubwürdig.« Die Mehrheit im Seminarraum ist fast immer auf der Seite dieser Teilnehmer. Dann bin ich es oft, der die Frage stellt, ob es wirklich in Ordnung sei, dass die Meinung des Verkäufers die entscheidende Rolle spiele? Denn nichts anderes ist mit den obigen Aussagen gemeint. Sind es also die Verkäufer, die entscheiden, ob es gut oder schlecht für einen Kunden ist, ein Produkt zu kaufen?

Verdeutlichen wir die Situation anhand zweier Beispiele: Ein Autoverkäufer müsste also den obigen Aussagen nach zu 100 Prozent von den Schiebetüren eines Minivans überzeugt sein, um dieses Auto verkaufen zu können. Darf er also auf keinen Fall die herkömmlichen Türen für die bessere Lösung halten?

Zweites Beispiel: Ein Buchhändler müsste nach der obigen Logik also jedes Buch in seinen Regalen nicht nur gelesen haben, sondern sich darüber hinaus mit den Inhalten der Bücher voll identifizieren.

Er würde also unglaubwürdig, wenn er ein Buch anbietet, dessen Inhalt er nicht überzeugend findet?

Nein! Nicht der Verkäufer mit seiner Meinung ist entscheidend, sondern der Kunde mit seiner Erwartungshaltung und seinen Wünschen. Der persönliche Eindruck, die subjektive Bewertung und der individuelle Nutzen des Kunden ist der allein richtige Maßstab für das gute oder schlechte Produkt. Der Verkäufer muss demnach nicht von der Schiebetür, sondern von deren Nutzen für diesen Autokäufer überzeugt sein. Der Buchhändler sollte demnach nicht vom Inhalt des Buches, sondern vom Lesespaß des Buchkäufers überzeugt sein. Natürlich gibt es Grenzen: Ich persönlich würde niemals Waffen, Drogen oder Horrorvideos verkaufen, obwohl es dafür einen Markt und zufriedene Kunden gibt. Auch habe ich schon den einen oder anderen Finanzierungswunsch von Kunden abgelehnt. Denn wenn ich nach sorgfältiger Beratung zu dem Schluss komme, dass dieser Kunde seine monatlichen Raten nicht bezahlen kann, werde ich den Kredit in dieser Höhe nicht verantworten. Es gibt eben persönliche Grenzen, die jeder für sich selbst bestimmen und für sich verantworten muss.

Die Grundlage Ihrer Entscheidung sollte nach meiner Überzeugung aber immer ein Beratungsgespräch mit dem potenziellen Käufer sein. Viele Verkäufer jedoch überhöhen ihre eigene Einschätzung und übertragen sie dann vorschnell auf die potenziellen Käufer des Produktes. Das hat dann aber mit Beratung und gutem Verkaufen nichts zu tun. Flapsig ausgedrückt: »Der Köder muss dem Fisch und nicht dem Angler schmecken!«

Kommen wir zurück zur Frage nach dem Selbstverständnis der Verkäufer. Ich meine: Professionelle Verkäufer, die partnerschaftlich mit ihren Kunden arbeiten, deren Nutzen suchen und eine echte Beziehung aufbauen, leisten einen wichtigen Beitrag zum Funktionieren einer Volkswirtschaft.

Professionelle Verkäufer können mit Recht stolz auf ihren Beruf sein! Ob und wie Sie sich mit diesen Gedanken auseinander setzen, wird sich später beim Kunden deutlich bemerkbar machen. Suchen Sie Ihren Weg, Ihre Einstellung und Ihre Werte. Helfen könnten Ihnen dabei dieses Buch, die Literaturhinweise, Gespräche mit erfolgreichen Kollegen und das eigene Nachdenken. Dabei sollte klar sein: Es gibt zunächst mal keine schlechten oder falschen Einstellungen. Es stellt sich vielmehr die Frage, ob eine Einstellung den Menschen, der sie hat, seinem Ziel näher bringt? Ist es praktisch, so zu denken, sich so zu verhalten (vgl. Sprenger, »Prinzip Selbstverantwortung«)? Noch eines: Sie alleine entscheiden letztlich über die für Sie richtigen Antworten und Grenzen. So wie Stefan, der in den Anfangsjahren, nach den ersten Erfolgen, auch nach Antworten und Grenzen gesucht hat. Auch er stellte sich die Frage nach Sinn und Moral seines Handelns. Auch er grübelte, ob er sich verkauft, wenn er für Geld klettert. Hätte er nie darüber nachgedacht, wäre er wohl schnell wieder in der Versenkung verschwunden. Geben Sie sich Ihre Antworten auf Ihre Fragen!

Ihr Selbstverständnis ist Kraftquelle
und Maßstab für Ihre Handlungen.

Den Rahmen, in dem ein Selbstverständnis entsteht oder verändert wird, könnte man mit »Kultur« umschreiben. Welche Kultur herrscht im Unternehmen, im Vertrieb oder im Expeditionsteam? Das Wechselspiel zwischen Individuum und Team/Unternehmen ist aus Sicht der Psychologen und Organisationsentwickler eine entscheidende Einflussgröße für den Erfolg eines Verkäufers im Umgang mit seinen Kunden (vgl. Anna Dollinger/Kirsten Schrick, »Das innovative Call Center«). Konkret bedeutet das: Der einzelne Verkäufer ist zwar für sich selbst verantwortlich, kann sich aber nur innerhalb der Rahmenbedingungen seiner Vertriebsorganisation persönlich weiterentwickeln. Und das im Positiven wie im Negativen: Die Kultur im

Unternehmen und die einzelnen Verkäufer werden sich irgendwann angeglichen haben. Oder anders ausgedrückt: Ein Unternehmen hat immer die Mitarbeiter, die es verdient – und umgekehrt. Und daraus ergibt sich letztlich auch der (Miss-) Erfolg bei den Kunden.

Erfolg lässt sich konkret mit Zahlen belegen, und damit bin ich bei meiner zweiten Antwort auf die Frage, warum Verkäufer verkaufen:

Wegen des Ziels

Stefan: »Nach Bardonecchia wollte ich der Beste sein.«

Stellen Sie sich für einen Moment eine Welt ohne Ziele vor: Was wäre, wenn kein Mensch mehr etwas vorhätte? Kein Kind würde laufen oder sprechen lernen, keine Nahrungsmittel würden mehr angebaut, keine Medikamente entwickelt, keine Autos produziert, kein Urlaub würde gebucht, keine Verabredung getroffen, kein Buch geschrieben, keine Melodie gespielt! Ziele sind ein so selbstverständlicher Teil unseres täglichen Lebens, dass wir sie kaum mehr wahrnehmen. Dass Ziele eine zentrale Rolle in unserem Handeln spielen, ist wirklich keine neue Erkenntnis:

»Die Seele des Menschen bedeckt sich vornehmlich dann mit Schmach, ... wenn sie bei ihren Handlungen und Bestrebungen kein Ziel verfolgt, sondern ihr Tun unbesonnen dem Zufall überlässt, während die Pflicht gebietet, selbst die unbedeutendsten Dinge auf einen Zweck zu beziehen.«

(Marc Aurel, 181 nach Christus, Zweites Buch, 16. Kapitel)

Ohne Ziele produzieren wir allenfalls durchschnittliche Ergebnisse, und damit wird kein anspruchsvoller Kunde gewonnen.

Natürlich sind Ziele individuell verschieden. Sie unterscheiden sich auch in ihrer Entstehung, ihrer Form und in ihren Konsequenzen.

Die Entstehung: Welche Ziele verfolgen Verkäufer, wenn sie am Morgen in den Tag starten? Ihre eigenen oder die Ziele ihrer Vorgesetzten? Ist es das eigene Ziel, dieses Produkt zu präsentieren, oder zwingt die aktuelle Verkaufsaktion dazu? Konnte der Verkäufer Einfluss nehmen und so zu einem »Beteiligten« werden? Sind die eigenen Ideen, Vorstellungen, Wünsche, Visionen und Erfahrungen in die Definition der Ziele eingeflossen? Hier können entscheidende Energien freigesetzt werden, denn trotz aller Abstriche, die bei der Umsetzung der eingebrachten Ideen gemacht werden, erfahren die Menschen ihre Einbeziehung als große Wertschätzung. Wenn Ziele allerdings den Charakter von Vorgaben oder Zwang haben, werden die vorhandenen Energien der Menschen nur zum Teil genutzt.

Die Form: Stefans Leistungen waren immer dann am größten, wenn über Kletterwettbewerbe ein messbares Ergebnis möglich wurde. Aus dem subjektiven Eindruck beim Klettern in den Alpen wurde durch die Auseinandersetzung mit vorgegebenen Aufgaben an der Wand ein objektiv messbares Ergebnis. Durch die Regeln, die konkurrierenden Kletterer und das Kampfgericht wurde Stefans Ziel, der Beste zu sein, eindeutig messbar. Und das müssen Ziele auch für Verkäufer sein. Was heißt hier »Endkunden für das neue Produkt gewinnen«? Was ist mit »Wir müssen bessere Preise am Markt durchsetzen« gemeint? Sind Ziele nicht konkret und damit messbar beschrieben, machen sie das Wichtigste unmöglich: Den Erfolg! Jeder Maßstab für die eigentliche Leistung fehlt. Ohne Orientierung arbeitet ein Verkäufer unter seinen Möglichkeiten, bis ihn dann früher oder später die Lust verlässt.

In der Planungs- und Umsetzungsphase fehlt oft ein realistisches Gefühl für die Erreichbarkeit des Zieles. Diese Erreichbarkeit hat wieder erhebliche Konsequenzen für die Verkäufer: Ist das Ziel zu niedrig, setzt es zu wenig Kraft frei (»Das schaffen wir locker!«) und das ganze Team bleibt unter seinen Möglichkeiten. Ist es zu hoch, frustriert es die Beteiligten (»Die spinnen im Management, diese Umsatzsteigerung ist dieses Jahr nicht zu schaffen!«). Gleichgültigkeit wäre die Folge. Optimal wäre: so hoch, dass es die Mehrzahl der Verkäufer – vielleicht zähneknirschend – gerade noch für machbar hält.

Die Konsequenzen: Die schlimmste Konsequenz wäre keine Konsequenz! Weniger Wertschätzung kann man einem Menschen wohl nicht entgegenbringen: Es ist einfach egal, was er wie mit welchem Erfolg tut. Es interessiert keinen, welche Arbeit, welchen Beitrag er geleistet hat. Ob gut oder schlecht, es ist egal – und damit letztlich nicht existent. Kann es Schlimmeres geben? Ein-, zweimal diese »Nicht-Konsequenz« und Führungskräfte können sich das Proklamieren irgendwelcher Ziele in Zukunft sparen. Sie interessieren jetzt keinen derjenigen mehr, die sie erreichen sollen.

Ein gemeinsamer Vergleich zwischen Soll und Ist rückt dagegen die Leistung der zurückliegenden Periode in den Mittelpunkt des Interesses. Alle Beteiligten können idealerweise ihre ganz persönlichen, subjektiven Wahrnehmungen einbringen. Wichtige Hinweise auf die entscheidenden Erfolgsparameter und natürlich auch auf Schwachstellen werden sichtbar. Dem Team gelingt es gemeinsam, die Vorbereitung für die nächste Periode, das nächste Etappenziel weiter zu optimieren. Die nächsten Ziele werden genauer in der Grauzone zwischen »selbstverständlich« und »utopisch« definiert. Und die Konsequenzen für den Einzelnen: Er erfährt bei richtigem Feedback motivierende Anerkennung und bekommt konkrete Handlungsoptionen für noch bessere Ergebnisse. Spätestens jetzt wird auch deutlich, welche Kultur des Umgangs miteinander in einem Unternehmen herrscht. Diese ist für den Gesamterfolg wichtiger als diverse Planungshilfen, die in den meisten MbO-(Management-by-Objectives)-Ansätzen typischerweise im Mittelpunkt stehen.

Ein letzter Gedanke: Der Maßstab jeglicher Zielerreichung ist letztendlich die Wahrnehmung des Kunden. Es sollte also nicht allein einzelnen Mitgliedern – insbesondere Führungskräften – des Unternehmens vorbehalten sein, über die Zielerreichung zu befinden. Übertragen gilt dies auch für das Klettern am Berg: Letztlich ist entscheidend, dass alle Expeditionsteilnehmer gesund ins Basislager zurückkehren.

Leistung ohne Ziel ist unvorstellbar.

Kommen wir noch einmal zurück zu unserer Ausgangsfrage: Warum verkaufen Verkäufer?

Wegen der Motivation

Es gibt wohl kein abgenutzteres Schlagwort im Zusammenhang mit Menschen und deren Leistung als »Motivation«. Von unzähligen Büchern bis hin zum »Power-Seminar« bei »Motivationstrainern« reichen die Möglichkeiten, etwas über dieses Phänomen zu erfahren. Zahlreiche Menschen – vom militärischen Vorgesetzten über den Pädagogen bis zum Unternehmer – sind dem Geheimnis, »wie Menschen zu bestimmten Handlungen zu bewegen sind«, auf der Spur. Unzählige Gurus werden dafür bewundert, den Schlüssel zu den vermeintlichen Beweggründen (lat. Motiv) gefunden zu haben. Getrieben werden sie alle von der Einschätzung, dass es allgemein an Motivation mangele. Dieser Umstand wird nämlich wiederum für unbefriedigende Ergebnisse verantwortlich gemacht. Heute, nach vielen Büchern, Seminaren, Jahren mit Führungsverantwortung, komplexen Beratungsprojekten, selbst gehaltenen Seminaren und Hunderten von Gesprächen weiß ich, dass ich nichts weiß. Ich bin aber sicher, dass kein Führungsstil, kein Guru, kein einfaches Rezept und keine allgemein gültige Antwort Motivation garantieren kann. Denn: »Die Kraft, die eigentümliche«, die in jedem Menschen steckt, »bei einem jeden nach seiner Art« (Schillers Wallenstein), ist ein faszinierendes Phänomen.

Die Kraft, die kribbelt, die antreibt, die Ängste überwindet, die so wahnsinnig viel Freude schenkt, die ungeahnte Dinge möglich macht, ist viel komplexer, als dass sie sich so einfach herbeizaubern ließe. Sie ist flüchtig wie ein Edelgas, belastbar wie ein guter Stahl und verdient großen Respekt.

So individuell wie die Menschen, so unterschiedlich sind auch ihre Motivationen und deren Quellen. Und so verschieden sind auch ihre Ansprüche an die Rahmenbedingungen. Einmal sichtbar, verschwindet die Motivation oftmals schnell wieder, wenn man nicht ... – ja, eben, es gibt keine pauschale Antwort. Motivation aufrechtzuerhalten ist immer währende Daueraufgabe aller Beteiligten. Ein Wechselspiel zwischen Führungskraft und Verkäufer, zwischen Expeditionsführer und einem Teilnehmer der Expedition. Keiner kann seinen Anteil, seine Verantwortung auf den jeweils anderen abschieben. So sicher, wie das Management oder der Bergführer für die Motivation mit verantwortlich ist, so sicher ist jeder einzelne Mensch »seines Glückes Schmied« und muss eine Menge dafür tun. Auch Stefan geht trotz Spaß am Klettern nicht jeden Tag gerne in den Kraftraum, um seine Trainingseinheiten zu absolvieren. Da ist es dann einfach nur Disziplin, der Tritt in den eigenen H... . Mehr nicht.

Also vergessen wir den Chef als allein verantwortliche »Motivationssteckdose«, den wir gerne so einfach mal eben anzapfen wollen. Wir würden jede Führungskraft im Laufe der Zeit mit diesem Anspruch überfordern – Frust bei allen Beteiligten wäre die Folge. Davon abgesehen kommt dieses Verhalten einer Selbstabwertung gleich, wie Süchtige würden wir an den Lippen der Führungskraft hängen und auf das nächste Lob (vgl. Reinhard K. Sprenger) warten.

Vergessen wir den Verkaufswettbewerb, das Incentive für schnelle Verkaufserfolge oder die Gratifikation. Diese »Karotten« alleine können es wohl nicht sein, die inflationäre Abwertung von Prämiensystemen ist längst bekannt. Und was macht man auf Dauer mit den vielen Verlierern, die nicht in den angekündigten Kurzurlaub mitfahren dürfen? Man überlässt sie sich selbst.

Ich selbst erinnere mich noch gut an einen Verkaufswettbewerb der Bausparkasse, für die ich in den achtziger Jahren gearbeitet habe: Am Schluss hatte ich das Ziel um 1,8 Prozent verfehlt – die Kollegen fuhren ohne mich zur Jeepsafari nach Tunesien. Die Krawatte mit dem Firmenlogo, die ich damals als Trostpflaster bekommen hatte, habe ich aus Wut und Enttäuschung niemals getragen. Seit diesem Ereignis konnte ich mich auch über Gewinne nie mehr richtig freuen, sie behielten immer einen schalen Beigeschmack.

Wieso glauben viele Chefs nicht an die Leistungsbereitschaft ihrer Mitarbeiter? Wer hat diese Menschen denn eingestellt? Wieso zweifeln so viele Führungskräfte an der Bereitschaft ihrer Mitarbeiter, alles zu geben – ein jeder nach seinen Möglichkeiten? Ein erschreckendes Menschenbild liegt zugrunde, wenn Zuckerbrot und Peitsche das herausragende Führungs- und Motivationsinstrument sind.

> Was bleibt, ist die Erkenntnis: Motivation ist Arbeit – Arbeit, die von allen Beteiligten zu leisten ist.

Stellen wir die Leitfrage dieses Kapitels: *Warum verkaufen Verkäufer?* noch einmal in leicht veränderter Form: *Warum verkaufen einige Verkäufer besonders erfolgreich?*

Ein Grund dafür ist bestimmt das individuelle Talent, die Begabung, die man »im Blut hat«. So wie Stefan über die rein körperlichen Voraussetzungen verfügt, um auf hohem Niveau zu klettern. Aber das ist nur die Grundlage. Entscheidend ist, was die Menschen daraus machen.

An dieser Stelle können wir schon einmal zusammenfassen, was für alle erfolgreichen Verkäufer gilt: Sie haben eine echte und ehrliche Leidenschaft für das, was sie tun. Das *Selbstverständnis* ist klar. Ihr Selbst-wert-gefühl stabilisiert sie, ihre Identifikation mit Aufgabe, Produkt, Vorgehensweise und anderen Aspekten ist groß. Moralische Fragen wurden ausreichend diskutiert, das Verhalten festgelegt. Darüber hinaus haben sie Lust und Neugier auf immer wieder neue Menschen und Situationen.

Die *Ziele*, an denen diese Verkäufer arbeiten, wurden gemeinsam im Rahmen der Möglichkeiten entwickelt. Diese Ziele sind konkret formuliert, anspruchsvoll, aber zu schaffen. Die Etappenziele werden für einen konstruktiven Vergleich zwischen Soll und Ist genutzt. Diese Kontrolle wird von allen akzeptiert und für das Wachsen an der Aufgabe genutzt. Konsequenzen sind nachvollziehbar und angemessen – im Positiven wie auch im Negativen.

Die individuelle Kraft der Menschen steht voll zur Verfügung. Die Rahmenbedingungen stimmen aus Sicht der Beteiligten, wobei nicht permanent das Optimum eingeklagt (Jammern auf hohem Niveau), sondern das Machbare akzeptiert wird. Für die *Motivation* fühlt sich jeder verantwortlich – sie ist die Aufgabe aller. Das heißt, der einzelne Verkäufer wie auch sein Vorgesetzter arbeiten an der Leistungsbereitschaft, an der Leistungsfähigkeit und an den Möglichkeiten, die Leistung sinnvoll einzubringen.

2

Wovon alles abhängt

Wer als Nichtprofi schon mal im Katalog eines Kletterausrüsters geblättert hat, dem brummte danach bestimmt der Schädel: *Expressschlingen, Jümars, Abseilachter, Gri-Gris, Cliffhangers, Wallhauler, Batbrakes, Rocks, Nuts, Freekeys, Friends* ... Wenn man sich überlegt, dass Anderl Heckmair, Wiggerl Vörg, Fritz Kasparek und Heinrich Harrer die *Eigernordwand* anno '36 noch mit Lodenhosen, Baumwoll-Anoraks und Stahlkarabinern angegangen sind, kann man schon fast wieder nostalgisch werden. In den Fachgeschäften tobt ein gnadenloser Verdrängungswettbewerb. Dinge, die die (Kletter-)Welt nicht zwingend braucht, kommen tagtäglich auf den Markt, werden eine Zeit lang für teures Geld verkauft und verschwinden dann oft recht schnell wieder von der Bildfläche – um der nächsten »großartigen« Erfindung Platz zu machen. Die Sportart Klettern ist zum Industriezweig geworden, und das Resultat ist ein verwirrendes Überangebot an Ausrüstung. Welcher Anfänger kann da noch unterscheiden zwischen notwendigem Material und überflüssigem Firlefanz?

Andererseits: Vielen Bergsteigern der dreißiger Jahre wäre der *Eiger* wohl kaum zum Verhängnis geworden, wenn sie damals Nylonseile und den einen oder anderen *Gore-Tex*-Anorak besessen hätten. Das Material ist die Lebensversicherung jedes Kletterers – wer die Bedeutung von Abseilachtern und Klemmkeilen unterschätzt, stürzt bei einem Fehlgriff womöglich in den Tod. Eines möchte ich klarstellen: Die Todessehnsucht, die man uns Freeclimbern immer wieder nachsagt, hat es für mich nie gegeben. Im Gegenteil – der bloße Gedanke daran hemmt mich. Natürlich ist es einfach, die kommerziellen Errungenschaften der Neuzeit zu verteufeln. Doch was die Wissenschaftler in den Laboren der Hersteller in den vergangenen zehn Jahren ausgetüftelt haben, trägt letztlich zu meiner Freiheit als Kletterprofi bei. Wie sonst könnte ich in der abschreckenden 800-Meter-Wand des grönländischen *Tupilak* meiner Kreativität freien Lauf lassen, wenn ich nicht wüsste, dass mein Körper an dem Seil mit den meisten Normstürzen hängt?

Vorsicht vor falschen Versprechungen

Doch wir müssen auf der Hut sein. *Investiere in Stiefel Marke* Nike, *und du fliegst wie Michael »Air« Jordan.* Oder: *Kauf dir den* Puma-*Tennisschläger, und du erwirbst den Aufschlag von Boris Becker.* Solche Slogans stecken voller Verheißungen und führen dennoch in die Irre. Das Material kann nur so gut sein wie sein Anwender – die *Performance* trägt kein Preisschild. Von einer guten Ausrüstung hängt mein Leben ab, meine Leistungsfähigkeit jedoch werde ich damit nicht um einen halben Schwierigkeitsgrad steigern. Ganz deutlich gesagt: Ich werde mir dieses *Beal*-Seil mit den meisten Normstürzen zulegen. Gebrauche ich es jedoch falsch, kann ich auch mit dieser luxuriösen Sicherheitsleine in den sicheren Tod fallen.

Können ist nicht käuflich

Klettern hat sehr viel mit Erfahrung zu tun. In welcher Situation man welchen Knoten knüpft – dieses einschlägige Wissen kann sich heute jeder durch ein Studium der Fachliteratur aneignen. Ob meine theoretischen Grundlagen in der Realität auch umsetzbar sind, lässt sich aber nur überprüfen, indem ich sie am Fels ausprobiere. Meine Lehrzeit im Wettersteingebirge ist im Grunde nichts anderes gewesen als eine Periode des *Trial and Error*. Ich turnte ohne große Bedenken – und oft auch ohne Sicherung – im vierten und fünften Schwierigkeitsgrad herum und habe mir ein paar Mal beinahe das Genick gebrochen. Einmal brach mir im Klettergarten ein Griff aus, ich fiel aus acht Metern Höhe auf den Boden, brach mir das Handgelenk und zertrümmerte das Fersenbein. Allein der Kompetenz des FC-Bayern-Arztes Müller-Wohlfahrt ist es zu verdanken, dass ich heute nicht als Hinkebein daherkomme. Es war eine schmerzhafte Erfahrung, doch wie heißt es so treffend: *Aus Schaden wird man klug.* Die Stahlplatte, die bis heute in meiner linken Ferse sitzt, wird mir auf ewig Erinnerung und Mahnung sein. Seit jenem Tag bin ich in großen Höhen nie mehr ohne Sicherung geklettert.

Ich habe das große Glück gehabt, mich an meinen Beruf intuitiv, ganz kindlich-unbedarft herantasten zu dürfen. Ich habe kein Internat für potenzielle Klettercracks besucht und nur wenig Fachliteratur gelesen. *Do-it-yourself* war mein Motto. Ich bin einfach so losgestiegen, oft auf die Schnauze gefallen und habe hinterher versucht, aus meinen Fehlern zu lernen. Dazu gehört dann auch die Einsicht, dass die Leistungsfähigkeit des Materials groß, aber dennoch endlich ist.

Viele Praktiker am Berg sind der Meinung, dass vor allem die Motivation über den Erfolg entscheidet. Da ist gewiss etwas dran. Die großen alpinen Leistungen unserer Zeit, Messners Expeditionen auf den *Everest* etwa oder die Besteigung des pakistanischen *Ogre* durch Sir Chris Bonington und Doug Scott – *nicht* die ausgeklügelte Raffinesse des Materials hat sie ermöglicht, sondern die Berge versetzende Kraft des Willens. Hätte Scott diesen eisernen Willen damals nicht besessen, aus der Erstbegehung wäre eine Tragödie geworden: Beim Abstieg im oberen Wandteil brach er sich beide Unterschenkel. Auf Knien robbend, von unmenschlichen Schmerzen geschüttelt, schleppte er sich trotzdem noch bis ins Basislager zurück.

Die individuelle Kraft des Willens und des Geistes lässt sich sinnvoll jedoch nur durch ein behutsames Provozieren von Grenzbereichen ergründen. Der Mensch ist viel leidensfähiger, als wir glauben - wie uns die Berichte aus den Krisengebieten dieser Welt auf traurige Weise täglich aufs Neue zeigen. *Der bis zum letzten ausgereizte Versuch, wie leistungsfähig der Geist tatsächlich ist, würde in den Tod führen.* Denn bevor die Grenze des Willens erreicht ist, hat der Körper schon längst aufgegeben. Schon viele Bergsteiger haben sich durch Übermotivation in lebensgefährliche Situationen manövriert. Die meisten Unfälle am Berg passieren, weil Hobbykraxler ihre Leistungsfähigkeit falsch eingeschätzt haben.

Schach vertikal

Situationen richtig einzuschätzen, das erfordert glasklares Denken - ein Grund, weshalb ein Mann wie Reinhold Messner zur *lebenden* Legende geworden ist. Dass Profikletterer nur tumbe Muskelprotze sind, dieses unvergängliche Klischee habe ich im ersten Kapitel bereits angesprochen. Wer diesem Irrglauben anhängt, dem kann ich nur empfehlen: Geh nur einmal zu einem Wettkampf und schau zu, wie sich die Kontrahenten auf den Weg durch eine hochdiffizile Kunstwand vorbereiten. Wie sie die Tücken ihrer Route bis ins Kleinste analysieren. Wie sie am Boden schon jeden Griff, jedes Eindrehen der Beine, jedes Hochschnellen des Oberkörpers vorausberechnen. Wie konzentriert sie sind. Der Freikletterer »durchsteigt« die geplante Route vorher im Geiste. Dabei versucht er, sich mit allen ihm zur Verfügung stehenden Informationen auf die jeweiligen Anforderungen einzustellen - und all dies womöglich

noch unter dem extremen Druck einer Wettkampfsituation. Keine Aufgabe für Deppen!

Ein Kletterer ist wie ein Schachspieler, der die Züge des Gegners weit über die Eröffnung hinaus vorherberechnen muss. Er muss sich auf den Punkt genau motivieren können. Er muss konzentriert sein bis zum Anschlag. Er darf auch in einer scheinbar aussichtslosen Situation nicht aufgeben. Sein Wille muss so stark sein, dass er die blutenden Fingerkuppen und das aufgeschlagene Knie nicht spürt. Kein Klemmkeil kann ihm dabei helfen.

Auch Muskeln haben ein Verfallsdatum

Der Körper gehört ebenso zu meinem Kapital als Kletterer, und dieses Kapital will gut angelegt sein. Ich kann ihn unter Auferbietung aller Kräfte vielleicht kurzfristig in Topform bringen. Ob er mir auch in zehn Jahren noch treue Dienste leisten wird, das steht freilich auf einem anderen Blatt. Als Hochleistungssportler kommt man immer wieder in Versuchung, seinem Körper mehr abzuverlangen, als er geben kann: die 100 Meter unter zehn Sekunden zu laufen, den Speer auf Rekordmarke zu schleudern, im Himalaya eine Wand im elften Schwierigkeitsgrad zu bezwingen. Der unbedingte Wille wird einem dabei gute Dienste leisten, aber er kann den Körper auch dauerhaft zugrunde richten. Dieser Tatsache muss sich jeder Profisportler bewusst sein und er darf vor den möglichen negativen Konsequenzen nicht die Augen verschließen. Ich will es mal ganz brutal ausdrücken: Wenn ich morgen wegen Steinschlags abstürze und ohne eigenes Verschulden für den Rest meines Lebens im Rollstuhl sitze, dann werde ich trotzdem nichts bereuen. Weil ich bis zu diesem Zeitpunkt das Leben leben konnte, wie ich es mir immer vorgestellt habe. Wenn ich aber als 40-jähriger schon am Stock gehe, weil ich meinen Körper auf Gipfel hochgequält habe, für die er nicht geschaffen war, dann habe ich damit ein Problem.

Ich befinde mich als Freikletterer also in einem dreifachen Abhängigkeitsverhältnis: Material, Motivation und Körper müssen bei meinen Unternehmungen mit- und zusammenspielen. Das Material kann ich kaufen, aber es wird meine Leistungsfähigkeit nicht steigern. Ich bin motiviert, aber Motivation allein genügt nicht. Meinen Körper kann ich trainieren – und er mag mir in einer extremen Situation dennoch den Dienst quittieren. Alle drei Faktoren müssen stimmen, sonst bleibe ich besser auf dem Boden der Tatsachen und genieße den Gipfel durchs Fernglas. Die wenigen wirklich guten Freikletterer haben eine realistische Selbsteinschätzung. Sie wissen, was sie leisten können. Sie wissen aber auch, wovon ihre Leistung letztlich abhängt. Es kommt aber noch ein weiterer Faktor hinzu, der allzu oft aus dem Blickwinkel gerät, weil das Klettern irgendwann mal fälschlicherweise in die Schublade »Individualsportart« geschoben wurde. Dieser vierte Faktor ist das Team.

Nur gemeinsam sind wir stark

Gewiss gibt es sie auch im Klettersport: die ewigen Eigenbrötler, die zu nachtschlafender Zeit mutterseelenalleine aus der Kiste steigen, um eines schönen Abends den Gipfel ganz für sich zu haben und ihn stolz und einsam zu genießen. In den Stunden dazwischen haben sie jeden gewonnenen Höhenmeter mühsam absichern müssen. Sich am Berg zu sichern ist im Alleingang ungleich riskanter, anstrengender und zeitraubender als in der Gruppe. Bei Expeditionen zu entlegenen Gipfeln können Einzelgänger in eine tödliche Falle tappen. Und ich behaupte einmal: Sie haben auch nur halb so viel Spaß.

Ich war noch nie ein einsamer Kämpfer. Klettern bedeutet für mich immer auch, interessante Leute kennen zu lernen, gute Gespräche zu führen und gemeinsam etwas auf die Beine zu stellen. Das war schon so, als ich im Wettersteingebirge meine ersten Wände kletterte. Und dieser Faktor ist noch wichtiger geworden, seit ich mit dem Wettkampf abgeschlossen und auf Expeditionen umgesattelt habe.

Die Zusammensetzung des Teams entscheidet maßgeblich über den Erfolg einer Expedition. Es ist eine wirklich schwere Aufgabe, die richtigen Leute für das jeweilige Unternehmen aufzutreiben. Hat man sie einmal gefunden, dann sind sie oft auch Partner für weitere Projekte. Alle müssen für das anvisierte Ziel gleichermaßen motiviert sein. Sie müssen das nötige Können und ausreichend Fitness mitbringen. Sie müssen vielseitig sein – es nutzt nichts, dass einer im zehnten Schwierigkeitsgrad zum Helden wird, wenn er auf Steigeisen nicht geradeaus über ein Schneefeld laufen kann. Außerdem müssen sich die Teilnehmer sinnvoll ergänzen.

Als das Team für meine Expedition nach Grönland 1997 feststand, hat jeder Teilnehmer schon im Vorfeld eine ganz bestimmte Aufgabe übernommen. Der eine hatte Beziehungen zu verschiedenen Herstellern, kümmerte sich also ums Sponsoring. Der andere ist ein Genauigkeitskünstler und stellte folglich die Ausrüstung zusammen. Der dritte besorgte die Flugtickets und erledigte für uns alle die Zollformalitäten. Und so haben wir es dann auch weiter vor Ort gehalten.

Es ist schon eine echte Wohltat zu wissen, dass man für jede Eventualität einen Spezialisten dabeihat. Wenn man sich zum Beispiel auf schwankenden Kajaks durch Wasser bewegt, das minus zwei Grad kalt ist und man weiß, dass nur drei Minuten in diesen höllischen Fluten den sicheren Tod bedeuten – dann braucht man einfach einen Typen wie Holger Heuber. Holger klettert im zehnten Schwierigkeitsgrad, fährt aber noch besser Kajak. Es ist eine seiner leichtesten Übungen, vor der grönländischen Küste mit einem voll bepackten Kajak eine saubere Eskimorolle hinzulegen. Kurt Albert wiederum ist ein Genie, was das Legen von Fixseilen angeht, mit denen man morgens schnell in die Wand und abends wieder heil ins Basislager kommt. Er hat außerdem jede Menge *Big-Wall*-Erfahrung in den Knochen. Jürgen Knappe ist ein wahrer Eisspezialist und könnte auf Steigeisen vermutlich auch Stepptänze machen. Gerd Heidorn, ebenfalls ein Routinier in der Wand, schießt auch in 800 Metern Höhe mit ruhiger Hand noch tolle Fotos. Na ja, und ich kann einfach sehr gut klettern.

Von Wasserträgern und anderen Helden

Aufgestellt werden nicht die elf besten Spieler, sondern die elf, die am besten zusammenspielen. – Wer hat das gesagt? Wie dem auch sei. Diese Fußballerweisheit hat auch fürs Klettern Gültigkeit. Den unfreiwilligen Beweis dafür hat übrigens kein Geringerer als Reinhold Messner geliefert. 1989 lud er einige der besten Alpinisten der Welt an die damals noch unbezwungene Südwand des 8000 Meter hohen *Lothse.* Die Versuchung par excellence.

Da reisten sie also an, die großen Meister, jeder von ihnen ein echter Bergsteig-Champion, und sollten gemeinsam diese Erstbegehung auf die Beine stellen. Und was geschah? Die meisten waren sich zu schade, für den anderen die Drecksarbeit zu machen. Fast jeder drückte sich davor, die Hochlager einzurichten, die Fixseile zu verlegen und weitere Ausrüstung in die Wand zu transportieren. Der Grund: die Kraft für den ultimativen Gipfelsturm hätte hinterher vielleicht nicht mehr gereicht. Das ganze Unternehmen wurde ein Fiasko.

Im Rampenlicht steht nur der Gipfelstürmer – und nicht der Schwerstarbeiter, der ihm den Weg bereitet hat. Es liegt aber im Wesen einer Expedition, dass jeder für die anderen irgendwann auch den Wasserträger spielen muss. Das kann so weit gehen, dass von fünf Teammitgliedern am Ende nur drei auf dem Gipfel stehen – weil zwei im unteren Abschnitt so viel uneigennützige Vorarbeit geleistet haben, dass ihnen oben die Kräfte ausgegangen sind. Das ist unheimlich bitter.

Ich habe die allergrößte Hochachtung vor jedem, der zugunsten der Gruppe auch mal verzichten kann. Der sein individuelles Heldentum opfert für den kollektiven Erfolg. Und diese Opferbereitschaft ist notwendig. Die Alternative nämlich lautet dementsprechend: Hätten sich damals bei uns in Grönland nicht zwei für die anderen drei abgeschuftet, dann wäre vielleicht gar keiner auf dem Gipfel angelangt.

Dieses selbstlose Miteinander – einer für alle, alle für einen –, das funktioniert natürlich nur, wenn man sich auch menschlich richtig gut versteht. Die Kletterer, mit denen ich meine Expeditionen unternommen habe, sind fast ausnahmslos Typen, mit denen ich auch privat gern Zeit verbringe. Ich *respektiere* sie für ihre Leistung. Aber ich *mag* sie für das, was sie sind. Anders wäre ein mehrwöchiges Beisammen sein auf allerengstem Raum, 24 Stunden am Tag, auch gar nicht auszuhalten. Mein Team, das sind zunächst einmal die Menschen, denen ich aus einem Meter Entfernung dabei zuschaue, wie sie vom Kajak aus »aufs Klo« gehen. Mit denen ich nach einem Kälteeinbruch tagelang rumsitzen, Däumchen drehen und die Zeit totschlagen muss, bis die Wand wieder abgetaut ist. Mit denen ich zu sechst in einem Dreimann-Zelt zusammengepfercht bin und Trockennahrung weichkoche, während draußen der Schneesturm tobt. Und es soll ja keiner glauben, dass mir dabei nicht manchmal auch der Kamm schwillt.

Die lächerlichsten Eigenarten treiben mich plötzlich zur Weißglut. *Mein Gott, wie der Typ die Gabel hält. Wie laut der sich schnäuzt. Wie der wieder seinen Fressnapf voll macht!* Besonders dem Futterneid sind keine Grenzen mehr gesetzt. In Grönland teilten sich fünf Mann vier Löffel pro Süppchen, und der Kampf ging bei jeder Mahlzeit wieder von vorne los. Gewöhnlich weiß ich in solchen Momenten aber ganz genau, was sich bei mir abspielt. Es ist einfach ein bisschen viel Nähe auf einmal, und weil sich daran erst mal nichts ändern lässt, muss ich mich disziplinieren. Meistens gehen solche Launen dann auch schnell wieder vorbei. Falls nicht, ist es ein echtes Problem für das Team und die Expedition.

Bei meiner Kanu- und Kletterexpedition in Kanada 1995 waren zwei Männer dabei, die schon von Vornherein nicht die gleiche Wellenlänge hatten. Es war ein großes Risiko, die Expedition in dieser Konstellation überhaupt zu wagen. Doch Gerd und Leo waren routiniert genug, um zu wissen, was für uns alle dadurch auf dem Spiel stand, und sie haben sich zusammengerissen bis zum Gehtnichtmehr. Wahrscheinlich wurde auf diesem Trip auch nicht mehr gestritten als bei anderen Expeditionen auch. Aber jeder wusste natürlich, die Stimmung ist angespannt. Als wir Wochen später am Münchener Flughafen landeten, haben sich die beiden verhinderten Streithälse die Hand gegeben und hinterher nichts mehr miteinander zu tun gehabt. Es ist eigentlich sehr traurig, wenn ein ansonsten wunderschönes Unternehmen so zu Ende gehen muss. Man kann vorher natürlich nie ganz genau wissen, ob eine Gruppe »funktionieren« wird. Aber man kann wenigstens so ehrlich zu sich selbst und zueinander sein, um dem anderen rechtzeitig zu sagen: *Mit uns beiden – sorry, ich glaub', das haut nicht hin*. Auch wenn's unangenehm ist. Denn dafür steht einfach zu viel auf dem Spiel.

Wer klettern lernen will, muss zuallererst vertrauen lernen. Schließlich steht am anderen Ende des Seils, an dem ich hänge, immer ein zweiter Mensch. Und der hält mein Leben in den Händen. Wenn ich mich nicht hundertprozentig auf ihn verlassen könnte, wäre ich ein toter oder zumindest: ein sehr beunruhigter Mann.

2

Wichtige Faktoren für den Verkaufserfolg

Eine Kollegin – sie ist Personalentwicklerin und arbeitet als erfahrene Psychologin in manchen Projekten mit mir zusammen – fragte mich: »Wie ist das mit dem Verkauf? Manche behaupten, es hätte sich nichts geändert, in anderen Büchern wiederum lese ich laufend neue Begriffe, Schlagworte oder Strategien, die das Verkaufen in der Zukunft prägen sollen.«

Eine einfache Antwort kann ich nicht geben: Ja, einiges verändert sich rund um den Verkauf: Die Märkte, verfügbare Techniken, Absatz- und Handelsformen, die Werbung, Anbieterstrukturen, die formalen Ansprüche der Kunden, um nur einige Beispiele zu nennen.

Wenn wir diesen Gedanken wiederum in die Welt des Kletterns übersetzen, heißt das: neue, leistungsfähigere Materialien in der Sicherungstechnik, leichtere Seile, neuartige Bekleidung, bessere Ernährung oder Satellitennavigation und Handy sind Innovationen, die heute jeder Bergsteiger nutzt. Aber die Berge sind dieselben geblieben: Sie sind noch genauso hoch, der Fels ist und bleibt brüchig. Die Schwerkraft zieht weiterhin nach unten, und der Sauerstoff wird über 8 000 Meter immer noch knapp.

Im Verkauf gibt es auch etwas, das sich nicht geändert hat: Die Menschen sind dieselben geblieben. Vom Stoffwechsel bis zu ihren emotionalen Strukturen haben die Menschen unveränderte Eigenschaften und Bedürfnisse. Noch immer fürchten sich die Menschen, wollen Spaß haben, brauchen Unterstützung, haben es gerne bequem, müssen Geld verdienen, ärgern sich über falsche Versprechungen, finden das Neue faszinierend und wollen wertschätzend behandelt werden.

Die Formen und Möglichkeiten im Verkauf haben sich gravierend geändert, sie werden sich weiter ändern. Neue Technologien, die Fusionswellen in vielen Branchen, die Kreativität und die Ideen rund um den Globus werden dem Verkauf immer wieder neue faszinierende Facetten und Chancen geben. Vertriebsorganisationen wie auch der einzelne Verkäufer werden dann erfolgreich sein, wenn sie die Veränderungen schnell erfassen, ihre Vorgehensweise darauf abstimmen und drei wichtige Faktoren konsequent beachten. Denn diese Faktoren werden nie an Bedeutung verlieren:

1. Das Können des Einzelnen
2. Das Team und seine Leistungsfähigkeit
3. Der effektive Einsatz von Ressourcen

Schauen wir uns diese drei Faktoren also genauer an:

Was muss man können?

Schade, dass ich kein Physiker, Chemiker, Techniker bin oder einen anderen Beruf habe, dessen Grundlage unumstößliche Naturgesetze sind. Mir, dem Verkäufer, fehlen Gesetzmäßigkeiten und Formeln, die Hypothesen berechenbar machen. Aber stopp! Es gibt doch die Wirtschaftswissenschaften, die erklären, was passiert, wenn Menschen oder Unternehmen Geschäfte machen. Da ist das Geld, das doch schließlich im Mittelpunkt der Wirtschaft und damit auch des Verkaufs steht. Es muss sich rechnen – für Verkäufer und für Kunden, die einen stellen eine Leistung zur Verfügung, die anderen müssen dafür einen bestimmten Preis zahlen. Angebot und Nachfrage. Darüber gibt es schließlich umfassende – wissenschaftlichen Ansprüchen genügende – Abhandlungen, die den Markt, die Nachfrage, das Angebot, die Preisbildung und noch vieles mehr präzise aufarbeiten. Können diese Abhandlungen erklären, was Verkaufen ist? Ist irgendwo zwischen den unzähligen Seiten die Antwort versteckt? Können sie erklären, warum

- viele Kunden das Teure kaufen,
- andere wegen zwei Pfennigen Preisdifferenz nicht kaufen,
- einige Kunden Fehler des Produktes tolerieren,
- andere wiederum das »Haar in der Suppe« suchen,
- eine Reihe von Verkäufern mit wenigen Kunden viel Umsatz macht,
- viele Verkäufer ihre Ziele trotz gleichem Produkt nicht erreichen?

In den oben erwähnten Abhandlungen habe ich die Antwort auf diese Fragen nicht gefunden. Aber die Menschen, denen ich als Verkäufer, Berater und Trainer begegnet bin, haben mir Antwort gegeben. Sie haben mir erzählt

- von Ihren Zielen,
- von den Visionen, die sie träumen,
- von den Sorgen, die sie plagen,
- von der Hilfe, die sie sich wünschen,
- von dem Druck, unter dem sie stehen,
- von den Risiken, die sie eingehen,
- von den Chancen, die sie sehen,
- von den begrenzten Mitteln, die sie einsetzen können,
- von dem Zeitdruck, der sie drängt,
- von den Erwartungen, denen sie gegenüberstehen,
- von den Kunden, die sie gerne hätten,
- von den Ideen, die ihnen durch den Kopf gehen,
- von den Konflikten, die sie lösen müssen,
- von den Idealen, die sie gerne verwirklichen würden,
- und von vielem mehr.

Und warum haben sie mit mir geredet? Weil sie sich Hilfe, Unterstützung, Kreativität, Ideen versprochen haben. Und damit haben sie mir eine Chance gegeben. Eine Chance als

- *Problem*-löser,
- *Chancen*-finder,
- *Ziel*-realisierer,
- *Ideen*-verwirklicher,
- *Druck*-nehmer,
- *Konflikt*-bereiniger,
- *Kunden*-gewinner,
- *Angst*-nehmer,
- *Genuss*-schenker,
- *Traum*-umsetzer,
- und so weiter!

Eine Chance als Verkäufer.

Die Profis in Stefans Antarktis-Team müssen von Zeit zu Zeit dieselben Rollen füreinander übernehmen. Auch hier machen nicht die physische Kraft oder die Erfahrung den Könner aus. Sondern die Fähigkeit, diese Dinge in den Dienst des Teams zu stellen. Gemeinsam können dann gewaltige Herausforderungen gemeistert werden.

Als Verkäufer werden wir täglich herausgefordert: Wir haben es mit gut informierten, selbstbewussten Kunden zu tun. In den meisten Märkten gibt es eine Spitzengruppe von Anbietern, die qualitativ weit gehend identische Produkte und Dienstleistungen verkauft. Es ist kaum noch ein »schlechter« Anbieter im Markt, die weltweite Transparenz und Verfügbarkeit sortiert diese Angebote konsequent aus. Die Vergleichbarkeit ist damit zumindest auf den ersten Blick gegeben. Diese Vergleichbarkeit ist einer der Hauptgründe für den tobenden Preiskampf in so vielen Branchen. Leider können viele Kunden keine Verkäufer mehr finden, die das tun, wofür diese Kunden sie dann – jedenfalls mit einer hohen Wahrscheinlichkeit – auch bezahlen würden: Ihnen nämlich zu erklären, welche positiven Auswirkungen nach dem Kauf des Produktes, der Dienstleistung eintreten. Da bleibt dann oft nur noch der Preis als einzig wahrnehmbarer Unterschied. Ein trauriger Zustand!

Darum lieber richtig verkaufen: Das eigene Produkt oder die Dienstleistung so in die Welt des Kunden integrieren, dass genau das eintritt, was dieser sich wünscht.

Lesen Sie sich noch einmal durch, was mir die Menschen erzählt haben: Schaffen wir es, diese Chancen umzusetzen, dann können wir davon reden, unseren Kunden einen Nutzen zu verschaffen. Und dieser Nutzen ist:

Eine konkrete, positive Auswirkung auf die Welt des Kunden.

Diejenigen Verkäufer sind also Könner, die es schaffen, positive Auswirkungen plausibel zu kommunizieren, sie begreifbar und einsichtig darzustellen. Wie das geht, erarbeiten wir gemeinsam in den nächsten Kapiteln.

Wann ist ein Team leistungsfähig?

Stellen Sie sich bitte folgende Situation vor: Ein Besprechungszimmer der Firma »Antarktis-Medizintechnik«, Dienstag, 10 Uhr: Zwei Frauen und drei Männer betreten den Raum und beginnen, sich nach einer kurzen Begrüßung über einen Termin zu unterhalten, den zwei der Anwesenden morgen früh um 8 Uhr bei der Firma »Großkunde« haben werden. Die Anwesenden sind:

Frau Eis: .... Kundendienstleiterin
Frau Himmel: .... Produktmanagerin
Herr Sturm: .... Verkaufsleiter

Herr Polaris: .... Key Account Manager
Herr Frost: .... Leiter Anwendungstechnik

Herr Sturm eröffnet die Besprechung, indem er die Wichtigkeit des morgigen Kundentermins deutlich herausstreicht. Es gehe um die Chance, einen Großauftrag an Land zu ziehen: »Koste es, was es wolle, ich will diesen Auftrag haben.« Da wendet Frau Himmel ein, dass »die Anforderungen dieses Kunden erhebliche Änderungen im Produktdesign zur Folge haben werden. Wer bezahlt das?« Herr Polaris, der diesen Kunden seit drei Jahren betreut, wiederholt die Frage in anderer Form: »Der Einkäufer, den wir morgen treffen werden, wird uns kaum die Chance geben, bei diesem Auftrag noch Geld zu verdienen. Unser Produkt ist zu teuer, vor allem die Folgekosten im Service- und Wartungsbereich sind höher als bei der Konkurrenz!« Da meldet sich Frau Eis zu Wort: »Also, mein Team und ich, wir könnten auf diesen Kunden wirklich verzichten. Es ist fast unmöglich, dem jemals etwas recht zu machen.« Herr Frost sagt nichts, sein Gesichtsausdruck macht aber deutlich: Er hat keine Zeit für diese »Laber-Meetings«, er hat genügend Arbeit auf seinem Schreibtisch.

Stellen Sie sich die nächsten zwei Stunden dieser Besprechung vor. Wird diese Gruppe zu einem Team, das am gleichen Seil zieht? Wohl kaum. Die Firma »Großkunde« wird ihren Lieferanten »Antarktis-Medizintechnik« niemals als leistungsfähigen, belastbaren Partner erleben.

Über die Konsequenzen eines schlecht eingespielten Teams berichtet die Fachzeitschrift *absatzwirtschaft*: »Erfolg durch starke Kundenbeziehungsteams: Die vorliegenden Ergebnisse einer Studie zeigen deutlich, dass in zahlreichen Unternehmen Kundenbeziehungsteams unzureichend gestaltet sind und folglich wertvolle Kundenpotenziale nicht ausgeschöpft werden.« (Ausgabe 1/99)

Teams im Vertrieb müssen an der gleichen Checkliste arbeiten, die auch der Leiter einer Expedition permanent im Kopf haben muss:

1. Haben wir das gleiche große Ziel?
2. Sind wir alle in der Lage, mit unseren persönlichen Leistungen zum Gesamterfolg beizutragen?
3. Haben wir die gleichen Werte, an denen wir unsere Handlungen ausrichten?
4. Stimmt die Kommunikationskultur?
5. Ergänzen wir uns in unseren Fähigkeiten?
6. Sind wir alle grundsätzlich bereit, zu geben und zu nehmen?
7. Stimmt die Größe des Teams?
8. Stehen dem Team die notwendigen Ressourcen, das Material, zur Verfügung?

Können diese Punkte nicht klar mit »Ja« beantwortet werden, schränkt das die Erfolgsaussichten jeder Expedition erheblich ein. Das gilt ebenso für die Vertriebsteams, denn

1. laufen die Einzelziele unkoordiniert auseinander, wird die Schnittmenge zu klein. Damit verlieren wir Kraft, die wir für die kritischen Phasen dringend brauchen. Trivial, aber schauen Sie sich die Realität in vielen Unternehmen an! Wer sorgt also dafür, dass die verständlichen Einzelinteressen in ein Gruppenziel münden, mit dem sich alle Beteiligten ausreichend identifizieren können?
2. Nur wer sich in der Lage sieht, einen persönlichen Beitrag zu leisten, fühlt sich als vollwertiges Mitglied eines Teams und ist damit ausreichend motiviert. Kein Mensch hat Lust, als unnötiger »Bremser« in der Wand zu hängen, von den anderen nur mitgeschleppt zu werden. Das Team würde ihn auch nicht lange akzeptieren, sondern schnell ausgrenzen.
3. Nur wenn die einzelnen Menschen in etwa gleich über Engagement, Offenheit, Toleranz und Solidarität denken, werden sie sich verstehen, respektieren, vielleicht sogar mögen und miteinander erfolgreich arbeiten. Nur dann ersetzt das Zutrauen das Misstrauen untereinander.

4. Nur wenn jeder im Team sich traut, seine Meinung offen zu sagen, stehen dem Team alle relevanten Informationen und die uneingeschränkte Lösungskompetenz zur Verfügung. Wenn es keinen offenen Austausch aller subjektiven Sichtweisen gibt, wird es nie eine breit akzeptierte Basis für die weitere erfolgreiche Vorgehensweise geben.
5. Nur wenn alle Fähigkeiten, die wir vermutlich brauchen werden, beteiligt sind, werden wir unsere Kompetenz vollständig zum Tragen bringen. Wir brauchen keine identischen Fähigkeiten doppelt und können uns keine Lücken leisten. Der Kunde kauft das »System« und keine Einzelbausteine.
6. Nur wenn jeder Einzelne die Bereitschaft zum Geben – das bedeutet in diesem Fall Erfolg für den Kollegen – mitbringt, schaffen wir den Erfolg für den Kunden. Herrschaftswissen, Heimlichtuerei, Egoismus sind fehl am Platz. Das Gleiche gilt für Sturheit – »also, das haben wir schon immer so gemacht« – und mangelnde Kraft zur Einsicht. Nur die beste aller Lösungen wird sich beim Kunden behaupten können. Da ist für persönliche Vorlieben des Verkäufers kein Platz. Außerdem sollte sich keiner zu schade sein, auch einmal ungeliebte Teilaufgaben zu übernehmen.
7. Ist das Team zu klein, sind die einzelnen Mitglieder permanent überfordert; komplexe Aufgaben können kaum bewältigt werden. Ist das Team zu groß, steht man sich schnell auf den Füßen herum. Oft kann man bei zu großen Teams auch beobachten, dass sich die einzelnen Teammitglieder nicht mehr verantwortlich fühlen: »**T**oll-**E**in-**A**nderer-**M**acht's«. Damit wird das Team dann endgültig zur Farce.

Es lohnt sich also sehr, die richtigen Kollegen zu finden, aus ihnen ein Team zu bilden, auf das diese Erfolgsfaktoren zutreffen. Dann können selbst schwierige Kundenprojekte mit guten Erfolgsaussichten angepackt werden. Ist das Team kein Team, sondern nur eine Gruppe zur Kundenbearbeitung, werden die Kunden das sehr schnell merken. Warum sollte der Kunde bei einer Firma kaufen, in der sich niemand so recht für ihn verantwortlich fühlt? Wo er über die Urlaubszeit in der Luft hängt, weil Informationen beim Lieferanten nicht verfügbar sind; wo die Aussagen der Techniker nicht mit denen der Verkäufer zusammenpassen? Die Liste der Beispiele ließe sich beliebig verlängern. Verkürzen Sie diese Liste in Ihrem Vertrieb gegen Null, investieren Sie in die Teamqualität – Sie investieren damit in Ihre Kundenbeziehungen.

Wie setzt man Ressourcen effektiv ein?

Verkäufer werden durch Kunden gefordert wie Kletterer durch Berge. Der einzelne Mensch, nicht einmal im Team, kann diese Herausforderungen ohne entsprechende Ressourcen und Hilfsmittel erfolgreich bewältigen. Eine triviale Erkenntnis, deren Umsetzung aber doch immer wieder Lücken hat: Merken Sie sich einfach mal das Stichwort »Hartmetallbohrer« und Sie werden später beim Lesen wieder an diese Stelle denken.

Welche Ressourcen könnten im Verkauf genutzt werden? Hier eine Liste von Möglichkeiten, die weder vollständig noch allgemein gültig ist. In der Vorbereitung auf einen Kundenkontakt:

- Unterlagen aus der Kundendatenbank des Unternehmens,
- eigene Notizen/Erinnerungen vom letzten Kontakt,
- Tages- und Fachpresse (ein überregionaler Wirtschaftsteil pro Tag ist Pflicht),
- Branchenreports zum Beispiel von Verbänden,
- Fachbücher (was liest der Kunde, lesen die Gesprächspartner?),
- Unterlagen des Kundenunternehmens (Geschäftsberichte, Imagebroschüren, Prospekte, Veröffentlichungen, Hauszeitschriften, Mitarbeiterzeitschriften),

- Messekataloge,
- Internet mit Homepages und Datenbanken,
- Gespräche mit Kollegen, Kunden des Kunden, Menschen, die in irgendeiner Weise Kontakt mit dem Kunden haben oder hatten.

Überprüfen Sie doch einmal selbstkritisch, wie sorgfältig Sie selbst Ihr Hintergrundwissen über einen Kunden erarbeiten und ständig weiter vertiefen. Welche Quellen könnten Sie zumindest bei Ihren wichtigen Kunden oder in der Ansprache neuer Kunden nutzen? Wie könnten die Kontakte hergestellt werden? Per:

- Telefon (professioneller Umgang vorausgesetzt),
- Mobiltelefon (für die Kontakte zwischendurch),
- Fax,
- E-Mail,
- Homepage,
- Serienbrief,
- individuellem Brief,
- Geste zu Festen, Einweihungen oder Jubiläen,
- Besuch bei den Gesprächspartnern vor Ort,
- Besuch der Gesprächspartner in Ihrem Unternehmen, in der Firmenzentrale,
- gemeinsamem Besuch von Veranstaltungen wie Messen, Kunstausstellungen,
- Kundenveranstaltung wie zum Beispiel eine Hausmesse,
- Seminaren und Vorträgen für Ihre Kunden,
- Vorträgen des Kunden bei Ihnen im Haus.

Wie können Sie weitere Informationen über Ihre Kunden sammeln? Seit mehreren Jahren als Berater und Trainer arbeite ich für DHL Worldwide Express GmbH, einen weltweit arbeitenden Dienstleister für Expresslogistik. Die erfolgreichen Verkäufer der DHL tauschen sich regelmäßig mit den Kurierfahrern über ihre Kunden und die Situationen in der Tagesarbeit aus. Ja, sie fahren sogar immer wieder mit den Kurieren mit, wenn diese Sendungen zustellen oder abholen. So gewinnen diese Verkäufer neue Blickwinkel auf die bestehenden und potenziellen Kunden in ihrem Verkaufsgebiet. Dass sie dabei viele wertvolle Informationen sammeln können, versteht sich von selbst.

Wer könnte Ihnen helfen und Sie unterstützen? Welche Möglichkeiten könnten Sie noch nutzen?

Ihre Kollegen:

- im Innendienst,
- im Labor,
- in der Anwendungstechnik,
- im Kundendienst,
- in der Rezeption,
- im Key Account Management,
- in der Geschäftsleitung,
- in der Produktion,
- im Produktmanagement,
- ?

Die Technik:

- Visualisieren Sie die Inhalte (Papier und Stift genügt oft schon);
- erlernen Sie Präsentationstechniken (von der Folie bis zum Beamer);
- sorgen Sie für eine leistungsfähige PC-Ausstattung am Arbeitsplatz oder vor Ort (Laptop);
- schulen Sie sich in der Anwendung von Kommunikationstechniken;
- nutzen Sie unterstützende Software;
- setzen Sie Vorführgeräte ein;
- ?

Hier soll es nicht darum gehen, die Neuheiten der letzten CeBit vorzuführen. Nicht jede elektronische Funktion bringt zwangsweise eine höhere Qualität in der Vertriebsarbeit. Ich habe da einen Key Account Manager vor Augen, der so mit seiner interaktiven CD-ROM und seinem Laptop beschäftigt war, dass er den Kunden darüber immer wieder für Minuten schlicht vergessen hat. So lieber nicht.

Die Kunden:

- Analysieren Sie alle Entscheidungskriterien.
- Wie schätzen Ihre Kunden Trends, Chancen oder Risiken ein?
- Analysieren Sie die Zufriedenheit Ihrer Kunden.
- Beziehen Sie Ihre Kunden ein durch Tests, Probeeinsätze, Schnupperwochen.
- Nutzen Sie zufriedene Kunden als Referenzen.
- Initiieren Sie Kundenclubs oder Kundenbeiräte.
- ?

Die Partner:

- Wählen Sie Lieferanten mit professionellem Know-how.
- Suchen Sie sich Kooperationspartner mit kreativen Ideen.
- Informieren Sie sich über den aktuellen Forschungsstand, zum Beispiel an Universitäten.
- ?

Die Öffentlichkeit:

- Steigern Sie Ihren Bekanntheitsgrad durch Veranstaltungen.
- Pflegen Sie Ihr Image durch Sponsoring.
- Verbessern Sie Ihr Ansehen durch Engagement im sozialen Bereich.
- Gewinnen Sie an Einfluss durch die Mitarbeit zum Beispiel in Verbänden.
- ?

Und jetzt das Wichtigste: Die kreative Verknüpfung aller Möglichkeiten. In den Köpfen und Herzen der beteiligten Menschen liegen die Chancen für die entscheidenden »Zentimeter Vorsprung« vor der Konkurrenz – und damit Ihre Chancen! Lassen Sie sich überraschen, fangen Sie doch einfach mal mit einer unvoreingenommenen Ideensammlung an.

Was könnten wir Neues tun, um mehr Kontakt zu bekommen?

Ein Tipp noch: Wenn Sie eine neue Idee, einen ungewohnten Ansatz durchdenken oder mit anderen Menschen diskutieren: Lassen Sie bitte nicht zu, dass eine womöglich geniale Lösung nie entwickelt wird, nur weil schnell der Gedanke »Das geht nicht, weil ...« im Raum steht. Zu viele Chancen wurden schon verschenkt, weil Kreativität vorschnell durch scheinbare Vernunft vernichtet wurde.

Es könnte gehen, wenn ...! Mit diesem praktischen Ansatz werden keine Blockaden und Hinderungsgründe beschrieben, sondern Voraussetzungen formuliert. Voraussetzungen, die, wenn sie erfüllt werden, zur Lösung führen.

Dieser konstruktiven, optimistischen Denkweise haben wir zahlreiche neue Techniken, neue Produkte, neue Serviceideen, neue Absatzformen und vieles mehr zu verdanken: So lernten Flugzeuge fliegen, obwohl es viele Gründe gibt, warum sie eigentlich nicht fliegen dürften. Die Swatch-Uhren wurden so gegen erbitterten Widerstand durchgesetzt und auf den Markt gebracht. Erfahrene Banker hatten noch vor wenigen Jahren den Selbstbedienungsautomaten in Banken oder gar den Direktbanken keine Chance gegeben. Im Internet entstehen permanent neue Dienstleistungen, die irgendwelche »Spinner« heute entwickeln – und morgen sind ihre »Schnapsideen« erfolgreiche Firmen, deren Aktien an den Börsen gehandelt werden. Überraschen Sie Ihre Kunden mit

- dem Lieblingsbuch auf dem Nachttisch seines Hotelzimmers,
- dem Akquisitionsbrief, der den Werbeslogan seiner Anzeigen aufgreift,
- einem Jahresgespräch, in dem kein einziges Mal über ein Produkt, sondern über seine Situation gesprochen wird,
- einem Fax-Service, der ihm zeigt, dass Sie an ihn denken,
- einer Seminareinladung, die ihn stolz macht,
- einer Verkaufshilfe, die seinen Quadratmeterumsatz verdoppelt,
- einer Schulung für seine Azubis, die lange in seinem Gedächtnis bleibt,
- Abwechslung in den Akquise-Kontakten, die ihn neugierig macht,
- einer Mehrleistung, die er nicht bezahlen muss,
- netten Kollegen aus dem Innendienst, die ihm gerne helfen,
- Aktionen bei seinen Kunden, die ihm helfen, mehr Umsatz zu machen.

Viel Spaß bei Ihren Ideen!

Jeder einzelne anspruchsvolle Kunde fordert das Zusammenspiel aller drei Faktoren. Er will *das Können* des Einzelnen spüren und von *der Gesamtleistung des Teams* profitieren. Er erwartet sicher auch, dass wir das *nötige Material* einsetzen, um den maximalen Nutzen für ihn zu erarbeiten. Wie die Kletterer befinden auch wir Verkäufer uns also in einem komplizierten Abhängigkeitsverhältnis – und jeder der drei Faktoren beeinflusst wieder den anderen.

Der *Cape Renard Tower* wird zeigen, wie.

3

Abenteuer Antarktis – die Vorbereitung

Es ist der 15. Juni 1996 – Momentaufnahme: Auf der Friedrichshafener Bergsportmesse stehe ich wie gebannt, und um mich herum versinkt die Welt. Ich höre nicht, wie der Mann am benachbarten Stand seine neuen Wunderstiefel anpreist. Ich habe kein Gefühl mehr für die vielleibige Masse, die sich schwitzend und lärmend schon seit Stunden an mir vorüber drängelt. Ich übersehe schlicht und einfach, dass mein Freund Uwe neben mir bereits ungeduldig von einem Bein aufs andere tritt. Ich mache – was? Ich blättere in einem Bildband.

Berggiganten mit zerfurchtem Antlitz, Gletscher schimmernd im fahlen, kalten Licht der Sonne. Abgründe in Blau. Schneeflächen wie wogendes Meer, auf die noch kein Mensch seine Zeichen geschrieben hat, unbehauste Wüsten bis zum Horizont. Blendendes Weiß, unendliche Weite. Hunderte von Seemeilen von der Zivilisation entfernt. Terra Incognita. Ein Wunder! Die Welt ist nicht mehr da. Aufgelöst, in Eiskristalle.

Ob ein Weg ein Ende finden wird, kann man nie wissen, doch er hat immer einen Anfang. Und an diesem 15. Juni hat er unwiderruflich angefangen, mein langer Weg in die Antarktis. Mit dem Bildband von Ivar Erik Tollefsen über das *Queen-Maudland*-Gebiet war mir mein nächstes großes Ziel quasi in die Hände gefallen. – Zwischen diesem ersten, diffusen Eindruck und dem ersten Schritt aufs ewige Eis lagen zwei Jahre. Die alten Kumpels waren schnell begeistert. Wir wurden uns im Handumdrehen einig, dass wir das Abenteuer Antarktis wollten. Aber wir wussten lange nicht, wie dieses Abenteuer praktisch aussehen könnte.

Mit Eisbrecher, Schneeraupe und Helikopter

Das Expeditionsteam mit seinem charismatischen Expeditionsleiter Tollefsen hatte 1995 in *Queen Maudland* den 1 000 Meter hohen Wandabbruch des *Ulvetanna* erstbestiegen. Wie ein riesiger Haifischzahn ragt dieser Koloss über die Schneewüste hinaus; auf den ersten Blick erscheint er unzugänglich. Der Aufwand, den die Norweger rund um ihr Meisterstück betrieben hatten, war allerdings auch gigantisch gewesen.

Der *Ulvetanna* liegt im Landesinneren, von der antarktischen Küste trennen ihn rund 500 Kilometer, davon 100 Kilometer Schelfeis. Zu Fuß – mit Kletterausrüstung und Proviant für sechs Wochen auf einem Schlitten, den man selber ziehen müsste – ist das praktisch nicht zu schaffen. Tollefsen und seine Männer hatten also einen Eisbrecher gechartert und sich so nahe wie möglich an ihr Ziel heranfahren lassen; den Rest der Strecke legten sie per Hubschrauber zurück. Vier Wochen später wurden sie dann am Berg von einer großen Schneeraupe abgeholt und zu einer 400 Kilometer entfernten russischen Station gebracht. Dort wartete abermals ein Helikopter. Wir haben Ivar Erik Tollefsen Monate später in Norwegen besucht. Die Expedition, erzählte er uns, hatte weit über 200 000 Dollar gekostet.

So viel Geld hatten wir nicht, und der technische Aufwand schreckte uns ab. Und außerdem ist ein Unternehmen für mich nur wirklich befriedigend, wenn ich mir hinterher sagen kann: Du hast es aus eigener Kraft geschafft. Davon aber hätte beim Einsatz so vieler Pferdestärken, Hilfskräfte und Dollars nicht mehr die Rede sein können. Nach verschiedenen Gedankenexperimenten schied *Queen Maudland* als Ziel unserer Tour also aus. Ich träumte davon, die Antarktis von Feuerland aus mit einem Segler zu erreichen. Doch bei den ersten Recherchen stellte sich heraus, dass der sechste Kontinent für Schiffsreisende praktisch unzugänglich ist. Um 95 Prozent der Küste herum spannt sich ein gefährlicher Schelfeisgürtel, riesige Gletscher versperren den Weg ins Binnenland und verhindern jedes Anlandemanöver. Handfeste Zweifel plagten uns: War die Antarktis mit unserer Philosophie vom Expeditionsklettern überhaupt zu vereinbaren?

Eine Begegnung mit Folgen

Etwa um diese Zeit herum trafen wir durch einen glücklichen Zufall auf den Skipper Wolf Kloss. Er war irgendwann in den achtziger Jahren aus Deutschland ausgewandert, ein paar Jahre lang kreuz und quer durch die Karibik gesegelt und eines schönen Tages in Feuerland an der Südspitze Argentiniens hängen geblieben. Ein echter Aussteiger also. Wolf hatte schon viele Abenteurer Richtung Antarktis verschifft, er kannte Eiskanäle und Ankerplätze und präsentierte uns voller Begeisterung Fotos der fantastischen Peninsula. Vor seiner Segelzeit ist Wolf übrigens selbst ein leidenschaftlicher Bergsteiger gewesen und wusste darum ganz genau, mit welchen Leckerbissen er uns Kletterer locken konnte. Er wies uns auf diesen Berg hin, einen stolzen Riesen namens *Cape Renard Tower*, dessen 800 Meter hohe Wand bis ins Meer abfällt. »An diesem Abschnitt der Küste hätte ein Landemanöver mit dem Schlauchboot vielleicht Aussicht auf Erfolg«, sagte Wolf.

»Und ...« – er legte eine kleine Kunstpause ein – »der *Renard* ist noch unbestiegen.« Es war ein guter Köder. Wir bissen an.

Kein guter Film ohne plausibles Drehbuch

Eine Expedition kann am Ende nur so solide sein wie die Planung, die ihr vorausgegangen ist. Wer ohne gründliche Vorbereitung aufbricht, der provoziert das Scheitern des gesamten Unternehmens und riskiert sein Leben. Ich habe im zweiten Kapitel erklärt, wie sich ein Wettkampfkletterer auf seinen kurzen Weg durch eine Kunstwand mental vorbereitet. Nun, mit einer Expedition ist es genau dasselbe – nur in ganz anderen Dimensionen. Man muss vom ersten Schritt in die Wildnis bis zur glücklichen Rückkehr zum heimatlichen Flughafen jeden möglichen Fehltritt, selbst den kleinsten anzunehmenden Unfall in Betracht ziehen, um den möglichen Schaden für das Unternehmen schon im Voraus minimieren zu können. Eine Expedition zu planen, das kann man mit den Vorbereitungen für einen Film vergleichen: Bevor zum ersten Mal die Klappe fällt, muss ein Drehbuch geschrieben werden. Das Drehbuch sollte allen logischen Einwänden standhalten. Es muss alle Beteiligten davon überzeugen, dass ihre Zeit, ihr Können und ihr Geld gut angelegt sind.

Diese Einsicht erfordert eine wahnsinnige Disziplin. Im Geiste knirscht das Eis ja schon unter den Stiefeln, man spürt den Polarwind im Gesicht – aber in Wahrheit hockst du immer noch in dieser Garmischer Kneipe, hast einen Notizblock voller ungeklärter Posten vor dir, und bis das Eis tatsächlich knirscht, dauert es wahrscheinlich noch ein volles Jahr. Es braucht also einen langen Atem, und der Geist wird arg strapaziert. Es grenzt mitunter schon an Masochismus, sich die kleineren und größeren Widrigkeiten auszumalen, die sich vielleicht ereignen könnten. Alle Eventualitäten müssen im Geiste durchgespielt werden. – *Was machen wir, wenn die Küste so vereist ist, dass wir mit dem Segelboot nicht durchkommen? Wie gehen wir vor, wenn sich einer von uns ernsthaft am Berg verletzt? Was wäre, wenn wir im Basislager eingeschneit würden und die Trockennahrung nicht reicht?* Das waren die Fragen, die uns im Vorfeld den Nerv und manchmal auch den Schlaf geraubt haben.

Sich geduldig und ehrlich mit solchen Problemen auseinander zu setzen ist für mich lästig, aber letztlich unumgänglich. Meine Antworten müssen flexibel ausfallen. Es hilft nun mal nichts, dass man sich in penibler Vorarbeit ein genaues Handlungsgerüst zusammengezimmert hat, wenn man in der Wand plötzlich im Schneesturm ohne Handschuhe dasteht – weil der Wintereinbruch auf dem Plan dummerweise nicht draufstand. Planen bedeutet, zunächst eine Ideallinie zu entwerfen und sie an kritischen Punkten dann mit vielen kleinen Seitenästen zu versehen. Vor Ort werde ich erst einmal versuchen, meiner Ideallinie treu zu bleiben. Falls das nicht machbar ist, muss ich mutig genug sein, den ganzen schönen Handlungsstrang auszuradieren und wieder von vorne zu beginnen.

Es kommt meist anders als geplant

Auf unsere zweite Grönland-Expedition hatten wir uns akribisch vorbereitet. Wir hatten über Karten gebrütet, Erfahrungsberichte gelesen und Informationen über die Witterungsbedingungen eingeholt. Uns stand ein ideales Bild vor Augen – und als wir mit der Realität konfrontiert wurden, stellte diese sich ganz anders dar. Unser Plan sah ursprünglich vor, mit dem Kajak durch Fjorde zu einem Gletscher vorzudringen. Über diesen Gletscher wollten wir – die Kajaks im Schlepptau – die dahinter liegende Wand erreichen, sie besteigen und dann auf einem anderen Weg wieder hinunter zur Küste stoßen. Vor Ort erkannten wir dann auf den ersten Blick, dass unser Konzept nicht praktikabel war. Der Gletscher, den wir ursprünglich passieren wollten, war durch und durch zerklüftet – über diese Fläche zu laufen wäre einfach glatter Selbstmord gewesen. Wir wählten also einen vertrauenerweckenderen Seitenarm und gelangten auf demselben Weg auch wieder zurück. Den Plan, beim Rückweg zu variieren, haben wir gänzlich aufgegeben. Selbst vom Gipfel aus betrachtet ließ sich nicht mit letzter Sicherheit feststellen, ob an anderer Stelle der Zugang zum Meer möglich sein würde. Es hat viel Zeit und Kraft gekostet, unserer Ideallinie endgültig *Goodbye* zu sagen. Wir waren die möglichen Alternativen vorher aber zum Glück schon durchgegangen, und so traf uns diese Wendung nicht ganz unvorbereitet. Den Weg mussten wir ändern. Das Ziel jedoch blieb das gleiche und wurde schließlich auch erreicht.

Vor jeder Tour auf einen Berg sollte man alle vorstellbaren Szenarien im Kopf schon durchgespielt haben. Man sollte vor allem inhaltlich gründlich vorbereitet sein, also so viel wie möglich wissen über die Wand, den potenziellen Weg, die lokalen Bedingungen. Jede scheinbar noch so unwichtige Information kann sich am Ende als wertvoll erweisen. Was aber, wenn solche Infos erst gar nicht zur Verfügung stehen? Wenn man sich (zum Beispiel vor einer Bergtour in der Antarktis) nach den örtlichen Gegebenheiten erkundigen will, die Recherche jedoch ins Leere läuft: Bläst man das Ganze wieder ab? Oder versucht man trotzdem sein Glück?

Wolfs Erfahrungsberichte und Ratschläge überzeugten uns. Wir beschlossen, von Feuerland aus an Kap Horn vorbei über die *Drake Passage* an die Küste der antarktischen Peninsula zu segeln. Dort wollten wir den *Cape Renard Tower* erstbesteigen und danach mit Schlitten ins Hinterland vorstoßen. Nachdem dieses grobe Raster einmal feststand, galt es, die Feinarbeit, sprich: die detaillierte theoretische Vorbereitung in Angriff zu nehmen. Und an diesem Punkt mussten wir feststellen: Es ging nicht.

In der Sackgasse

Die Antarktis ist in unserer weit gehend erforschten Welt eine Terra Incognita geblieben; ein »weißer Fleck« im doppelten Sinne des Wortes. Wenige Menschen sind jemals dort gewesen, noch weniger kamen mit brauchbarem Kartenmaterial und schlüssigen Expeditionsberichten zurück. Das macht diesen Kontinent für Abenteurer so reizvoll. Das macht ihn aber auch praktisch unberechenbar. Von dieser Küste aus ins Inland aufzubrechen, das kann man damit vergleichen, mit verbundenen Augen in den brasilianischen Regenwald zu stolpern: eine Reise ins Ungewisse.

Es gab kaum Kartenmaterial. Auf den wenigen Seekarten, die uns in die Hände fielen, waren Berge nicht verzeichnet. Die Küste selbst ist nur sehr vage kartografiert – kein Wunder, da sie sich ständig verändert: Über 2 000 bis 3 000 Meter hohe Felswände brechen beständig gigantische Eistrümmer zum Meer hin ab. Wir wollten dann Luftaufnahmen der Küste beim argentinischen Militär besorgen, ließen es jedoch bleiben, weil uns das Ganze 2 000 Dollar gekostet hätte. Daraufhin versuchten wir unser Glück in der Münchener

Bibliothek des Alpenvereins, ein wahres Schatzkästlein für Bergsteiger, in dem man eigentlich immer fündig wird. Doch selbst hier Fehlanzeige. Literatur über den Rekordwettlauf von Scott und Amundsen zum Südpol - in Massen. Bildbände über den Sechsten Kontinent als Lebensraum - vorhanden. Berichte von Bergsteigern am antarktischen *Mount Vinson* – ebenfalls archiviert. Aber mehr war nicht zu kriegen, und was wir hatten, das half uns keinen Schritt weiter. Es war ziemlich frustrierend.

Bei der Lektüre des *American Alpine Journal*, einem Sammelband von und für Alpinisten, der alljährlich erscheint, wurde unsere Hartnäckigkeit dann aber doch belohnt. In der Ausgabe von 1998 fand sich auf den Seiten 131 bis 139 ein Aufsatz des Amerikaners Greg Landreth, der ein Jahr zuvor an der antarktischen Halbinsel festgemacht hatte, ebenfalls den *Cape Renard Tower* (allerdings über eine leichtere Route) besteigen wollte und gescheitert war. Das klang zunächst nicht sehr ermutigend. Aber als Erfahrungsbericht war dieser kurze Aufsatz für uns von unschätzbarem Wert. Außerdem sahen wir dort zum ersten Mal eine Abbildung von »unserem« Berg. Imponierend, abweisend und überirdisch schön sah er aus, wie er mit seiner steilen Doppelzacke direkt aus der See in den Himmel aufwuchs. Auf seinem Haupt: eine hohe Kappe von Schnee und Eis. Wir schluckten ein paar Mal, atemlos. Und waren begeistert.

Wir besorgten uns die Messwerte von meteorologischen Stationen, studierten alle verfügbaren Klimatabellen und ordneten unsere Seekarten. Schließlich hatten wir einen Verbündeten in unseren Reihen, der die wichtigsten Daten über unsere Wunschland wie auf Knopfdruck ausspucken konnte. Die Erinnerungen von Wolf Kloss bildeten die Basis unserer Antarktica-Expedition, und wenn ich im Nachhinein daran zurückdenke, erscheinen sie mir unbezahlbar. Wolf hatte auf viele bange Fragen eine Antwort: Wann der beste Zeitpunkt für die Überfahrt war, wie lange sie ungefähr dauern würde, was wir Landratten dabei zu erwarten hatten, auf welches Wetter wir uns ungefähr einstellen mussten ... und so weiter, und so fort. Was er nicht wusste, wäre vermutlich in keinem Archiv der Welt aufzutreiben gewesen. Ich will trotzdem nicht verschweigen, dass am Ende unserer Recherchen manches Fragezeichen blieb, die Expedition mit einem großen Risiko behaftet war. Viele Unsicherheiten konnten im Vorfeld nicht ausgeräumt werden: *Wie ist das Gestein der Wand beschaffen? Wo genau landen wir an? Wie sieht es rund um den* Renard Tower *eigentlich aus?* Die eine oder andere Landkarte für Alpinisten hätte unserem Unternehmen sicherlich gut getan. Doch sie existierte nicht. Wir begannen erst dann mit den praktischen Vorbereitungen, als wir überzeugt waren, das Risiko einigermaßen unter Kontrolle zu haben.

So viel Sicherheit wie möglich, so viele Kilogramm wie nötig

Was nimmt man mit auf einen sechswöchigen Ausflug in die Antarktis? Es darf nicht zu viel sein und auf keinen Fall zu wenig. Es muss dem Kletterer die größtmögliche Freiheit und Sicherheit eröffnen, und das beim geringstmöglichen Gewicht. Dieser Punkt in der Vorbereitungsphase erweist sich oft als kritisch, denn hier zeigt sich nicht zuletzt, ob die verschiedenen Entwürfe und Gegenentwürfe tatsächlich in die Praxis umzusetzen sind. Wenn wir etwa beschlossen haben, im Falle eines Schneesturms eine Woche lang am Fuße des *Cape Renard* auszuhalten und eine Verlängerung unseres Aufenthalts zu riskieren – dann stellt sich bei der Sichtung des Materials vielleicht heraus, dass wir die Nahrung für eine zusätzliche Woche gar nicht transportieren könnten. Das heißt, wir müssen wieder zurück ins »Planungsbüro« und uns für diesen Fall eine andere Lösung überlegen. Die begrenzte Kapazität der Ausrüstung wirkt sich also direkt auf das Unternehmen aus. Es gibt Dinge, die muss man einfach immer dabeihaben, und sie machen in der Regel bereits zwei Drittel des Gesamtvolumens aus. Die Seile oder Akkus oder Lebensmittel, die man zusätzlich mitschleppt, um sich gegen unkalkulierbare Ereignisse abzusichern, die luxuriösen Extras, die man vielleicht brauchen wird – ihre Auswahl erfordert große Übersicht und viel Erfahrung.

Nachdem wir all das bedacht hatten, kamen wir also bei der folgenden Aufstellung an:

Klettern

- zehn Kletterseile
- 200 Meter statische Fixseile (es gibt primär zwei Stilarten bei der Begehung einer großen Wand: Entweder man nimmt so viel Ausrüstung – Verpflegung und Hängezelte – mit, dass man notfalls tagelang in der Wand bleiben kann, bis der Gipfel erreicht ist. Oder – wie wir es für unsere Tour entschieden hatten – man sichert die zurückgelegte Strecke mit Fixseilen und seilt sich an ihnen abends wieder ins Lager hinunter ab. Am nächsten Morgen gelangt man an diesen Rettungsleinen relativ schnell und kräftesparend an die bereits erreichte Stelle in der Wand zurück.)
- 150 Karabiner und 30 Expreßschlingen
- vier Sätze *Friends* (variable Klemmkeile)
- vier Sätze *Rocks* (einfache Klemmkeile)
- 20 Eisschrauben
- 200 Bohrhaken, 60 Normalhaken und sechs Hämmer
- eine Akkubohrmaschine sowie vier Akkus
- vier Bandleitern
- acht Steigeisen
- zehn Eispickel
- drei *Porterledges* (die erwähnten Hängezelte zum Übernachten in der Wand)

Weitere Ausrüstung und Verpflegung für sechs Mann:

- sechs Paar *Salomon*-Tourenski
- zwei Dreimann-Expeditionszelte von *Jack Wolfskin*

- sechs Schlafsäcke und Isomatten
- sechs *Gore-Tex*-Biwaksäcke
- sechs dreilagige *Gore-Tex*-Kombis (Hose und Jacke, wasserdicht, atmungsaktiv und vor allem ... warm!)
- 18 Paar Handschuhe
- *Simpert-Reiter*-Trockennahrung für drei Wochen (4000 Kalorien am Tag) und jede Menge *Red Bull*
- *Huger* Höhen- und Windmesser sowie Geräte für die Wettervorhersage
- Außerdem: Mützen, Sturmhauben, Schals, Helme, Klettergurte, Plastikdoppelbergschuhe, Medikamente, Bücher, Glücksbringer ...

Nach dem Studium dieser Bestandsliste lässt sich vielleicht erahnen, was auf den armen Rücken eines jeden Bergsteigers da zukommt. Das Gesamtgewicht unserer Ausrüstung betrug ungefähr 450 Kilogramm. Auf den Einzelnen entfielen also gut eineinhalb Zentner.

Ich werde immer wieder gefragt, wie ich es bei meinen Expeditionen mit der Ernährung halte. Schlankheitsfetischisten kriegen dann meist große Augen: *4000 Kilokalorien am Tag* – der Tod jeder *Brigitte*-Diät! Doch die reine Zahl trügt. Bei einer Klettertour im Himalaya kann der Körper unter extremen Bedingungen innerhalb von 24 Stunden bis zu 7000 Kalorien verbrennen, die man ihm unmöglich wieder zuführen kann. Ich konnte auf solchen Ausflügen also so viele Energieriegel und kalorienhaltiges Kraftfutter in mich hineinstopfen, wie ich nur wollte – zu Hause angekommen, brachte ich doch jedes Mal ein paar Kilo weniger auf die Waage.

Zu jeder gut durchdachten Expedition gehört also immer auch ein passender Ernährungsplan. Da verlasse ich mich mittlerweile auf meine Erfahrung als Profi, vor allem, nachdem ich einmal fast verhungert wäre. Vor der Tour nach Kanada hatten wir unsere Lebensmittelrationen von einem angeblichen Experten ausrechnen lassen. Wir haben uns strikt an seine Empfehlungen gehalten. Das Ergebnis: Fünf Tage vor Abschluss standen wir praktisch ohne Verpflegung da. Ich will jetzt keine Vermutungen darüber anstellen, was hätte passieren können, wenn uns in dieser Situation eine Schlechtwetterfront an Ort und Stelle festgehalten hätte. Aber ich glaube, es wäre verdammt eng geworden ...

Ein Tagesmenü in der Antarktis sieht ungefähr so aus: morgens Tee oder ein Energie-Drink, dazu mit Wasser angerührtes Müsli; danach in regelmäßigen Abschnitten eine Energieschnitte. Mittags Suppe aus der Thermoskanne und Energieschnitten. Abends ballaststoffreiche Spezial-Fertiggerichte aus der Alutüte: Nudeln, Reis, Curry-Huhn, Gemüse, als Dessert eine kalorienhaltige Creme und – noch mehr Energieschnitten. Anbeter der *Haute Cuisine* werden dabei wohl kaum auf ihre Kosten kommen. Aber ich finde, es schmeckt ganz gut. Es hätte sowieso keinen Sinn, fehlenden Appetit vorzuschützen. Ich muss meinen täglichen Kalorienbedarf abdecken, um leistungsfähig zu bleiben, und seien die Spaghetti noch so glibberig. Mit der Flüssigkeitszufuhr ist es wieder eine andere Sache: Drei Liter Wasser pro Mann pro Tag, das ist in der Eiswüste echte Knochenarbeit. Wer schon mal einen Riesentopf voll Schnee auf einen Gaskocher gestellt, eine geschlagene Viertelstunde lang gewartet hat und hinterher trotzdem nur ein halbes Glas voll Wasser leeren konnte, der weiß, wovon ich rede.

Und wer bezahlt das alles?

Wir hatten unseren Antarktis-Trip also, so weit als möglich, bis ins kleinste Detail geplant. Wir hatten uns auf Art und Umfang der Ausrüstung geeinigt und einen sinnvollen Ernährungsplan zusammengestellt. Wir hatten uns diszipliniert und nichts überstürzt. Blieb nur noch eins zu klären: die Finanzierung. Das ist immer wieder ein heikler Punkt, denn wer das Geld für ein großes Unternehmen selbst nicht aufbringen kann, ist auf Sponsoren angewiesen. Das heißt, man macht sich in gewisser Weise abhängig. Natürlich habe ich Verpflichtungen den Firmen gegenüber. Aber: Kein Geldgeber hat mir bei einer Expedition je reingeredet oder gar versucht, mir vorzuschreiben, wie mein Leben ansonsten auszusehen hätte. Kein Sponsor hat bisher verlangt: Tu jetzt mal was wirklich Gefährliches, das macht sich dann gut im Katalog. Meine Expeditionen waren immer Ausgeburten eigener Träume und Phantasien – dass ich sie auch praktisch ausleben konnte, verdanke ich anderen.

Das Budget der »Rock & Ice Expedition 1999« lag bei 60 000 Mark. Das klingt zunächst nach sehr viel Geld, ist tatsächlich aber eine bescheidene Summe, wenn man sich überlegt, dass dafür sechs Männer von München nach Feuerland, von Feuerland in die Antarktis, dort auf einen noch unbestiegenen Berg und wieder zurück kommen sollen. 90 Prozent dieser Summe waren durch Sponsoren gedeckt. Unsere Gegenleistung sah folgendermaßen aus:

- Produkttests: *Jack Wolfskin* und *Gore-Tex* bestückten uns mit neuen Oberstoffen und Laminaten; wir überprüften Kleidung und Ausrüstungsgegenstände auf ihre Leistungsfähigkeit unter extremen Bedingungen. Für die Firmen sind solche Tests unheimlich wertvoll: Ihre Laborwerte, ihre Erwartungen an Materialien und Schnitte können sich letztlich nur in der Anwendung bewähren.
- Markenpräsenz: Das Segel unserer Yacht, Zelte, Schlafsäcke und Kletter-Outfits trugen Firmenlogos.
- Vermarktung: Der Fotograf und Dokumentarfilmer Gerd Heidorn sowie unser Kameramann Hans Martin Götz sicherten die optische Darstellbarkeit und damit auch die mögliche Verwertung des dokumentierten Unternehmens in den Printmedien und im Fernsehen.

Für einen Außenstehenden mögen dies harte Auflagen sein. Und zugegeben: Man fragt sich manchmal schon, ob man als Kletterprofi nur noch eine Marionette ist, die an den Fäden einflussreicher Strippenzieher ihre Kunststückchen vollführt. Mir ist natürlich bewusst, dass Geldgeber die Rentabilität eines »Stefan Glowacz« nach der Zahl seiner Auftritte in den Medien bemessen werden. Aber ich habe auch realisiert, dass die Sponsoren letztlich meine Freiheit als Kletterprofi sichern. Unterm Strich steht ein Geben und Nehmen auf beiden Seiten, eben ein fairer Kompromiss. Die Finanzierung unseres ganz persönlichen Abenteuers Antarktis durch eigennützige Geldgeber hat uns dann auch nicht eine Sekunde lang die Stimmung verdorben.

Die Phase der Planung und des Wartens ging vorüber. Zwei Jahre lang hatten wir uns auf unser Wunschland vorbereitet, alles Erdenkliche getan und manche Ungeduld hartnäckig unterdrückt. Als es schließlich so weit war, schien die Zeit beinah zu schnell vergangen zu sein. Am 22. Januar, um fünf Uhr abends, fanden wir uns alle auf dem Münchener Flughafen ein. Die »Rock & Ice Expedition 1999« begann.

3

Rein in die Welt des Kunden

Erinnern Sie sich an den Hauptmann von Köpenick? Perfekt täuschte er seiner Umgebung vor, etwas zu sein, das er nicht war. Man nahm ihm seine Rolle ab, warum auch nicht? Er sah aus wie ein Hauptmann, er dachte wie ein Hauptmann, er sprach wie ein Hauptmann und er verhielt sich wie ein Hauptmann. Er war in die Rolle hineingeschlüpft: Er wurde ein Hauptmann.

Die Gründe für seinen Erfolg? Spaß und Hintergrundwissen! Spaß am Betreten des letztlich neuen, fremden Terrains; Hintergrundwissen, das es ihm nicht nur ermöglichte, nicht negativ aufzufallen, sondern es ihm sogar ermöglichte, aktiv und gestaltend einzugreifen.

Stefan und seine Freunde verhalten sich im Prinzip genauso, wenn sie zum Beispiel in der Antarktis unterwegs sind. Sie haben Spaß – was die meisten Menschen nur mit einem Kopfschütteln quittieren – am Betreten des neuen und fremden Terrains. Neugierig und fasziniert beobachten sie Dinge, die sie noch nie vorher gesehen haben.

Um möglichst kein Fremdkörper zu sein – die Natur würde sie schnell entlarven –, haben sie sich schon zu Hause in Europa so viel Hintergrundwissen wie möglich verschafft.

Die Chancen des wissenden Verkäufers

Erfolgreicher sein als die Wettbewerber? Gut möglich, wenn Spaß am Betreten der Kundenwelt und eine Menge Hintergrundwissen zusammenkommen. Dieses Wissen ermöglicht es dann, die beste Route zum Umsatz, die Brücke über trennende Gräben zu finden. Der Spaß sorgt für viel Motivation, um auch bei Gegenwind weiterzulaufen.

Schneller am Ziel als die Wettbewerber? Ja natürlich, wenn klar ist, wo man abkürzen kann, wie dünn das Eis tatsächlich ist, wenn die Auswirkungen der Großwetterlage auf das Klima in dieser Region richtig eingeschätzt werden, ist der Verkäufer schneller und sicherer unterwegs.

Besser als der Wettbewerber? Nein, das wäre arrogant und ist vermutlich sowieso nicht überzeugend darstellbar. Aber anders! Anders – weil begreifbarer – in der Darstellung des möglichen Produktnutzens. Anders – weil überzeugender – in der Preiserklärung. Anders – weil kreativer – in der Neukundenakquise. Anders – weil sicherer – in der Abschlussphase. Anders – weil unterscheidbar – als der Wettbewerb.

Alles in allem: Besser passend zum Anforderungsprofil des Kunden und damit erfolgreicher!

Wissen aus der Welt des Kunden:
Der Vorsprung vor den Wettbewerbern.

Unendlich viele Chancen bieten sich Ihnen, dem informierten Verkäufer, denn täglich werden Kunden tief enttäuscht. Diese merken schnell, dass

- der Pharmareferent sich in der Krankenhauswelt nicht auskennt und deshalb auch nicht über das »GmbH-Modell« für Krankenhäuser diskutieren kann;

- die Dame an der Hotelrezeption keine Ahnung von Geschäftsreisen hat und deshalb die Frage nach der Art des Telefonanschlusses nicht versteht;
- der Logistikspezialist das wichtige Autorennen nicht in seine Beratung bei ihm, dem Sportwagenhersteller, mit einbezieht;
- die Beraterin im Call-Center der Bank sich die Sorgen eines Selbstständigen nicht vorstellen kann und deshalb genervt auf seinen Einwand reagiert;
- der Einrichtungsberater im Möbelhaus über *Mies van der Rohe* nicht reden kann, da er fieberhaft überlegt, ob dieser Maler, Architekt oder Designer war;
- die Personalreferentin des Unternehmens für Zeitarbeit, die über den Arbeitsplatz in der Hightechbranche redet, weder mit *R3* noch mit *Datenmigration* etwas anfangen kann;
- der Besitzer des Reitstalls keine Ahnung hat, warum die Eltern der Ferienkinder nach einer Möglichkeit für Nachhilfeunterricht in den Osterferien fragen.

Hintergründe, Lebens- oder Arbeitssituationen, Fachterminologie, Zusammenhänge, Ziele, Handlungsimpulse, Zwänge, Trends, gesetzliche Bestimmungen, Implikationen und so weiter: In all diesen Beispielen mangelt es an fundiertem Hintergrundwissen! Dabei liegt der Erfolg immer noch auf der Straße und wird aufgegriffen durch

- den Pharmareferenten, der die Fachpublikationen und das Gesundheitsstrukturgesetz mit seinen Auswirkungen auf die Krankenhäuser verstanden hat;
- die Dame an der Hotelrezeption, die erklären kann, wie mittels Laptop, Modem und Impulswahlverfahren die E-Mails in der Firma abgerufen werden können;
- den Logistikspezialisten, der den Produktnutzen am Beispiel »Ersatzteile schnell nach Le Mans« deutlich macht und den Preis damit schnell relativieren kann;

- die Beraterin im Call-Center, die den Selbständigen in seiner Gründungsphase mit Einfühlungsvermögen und den für ihn relevanten Informationen unterstützt;
- der Einrichtungsberater, der ein umfassendes Wohnkonzept, ein Raumdesign abgestimmt auf den Geschmack seiner jeweiligen Kunden entwickelt;
- die Personaldisponentin, die typische Anwendungsbeispiele der SAP-Software wenigstens so tief verstanden hat, dass ihr Qualifikationsunterschiede deutlich werden, und die dieses Know-how in der Kundenakquise umsetzen kann;
- die Reitstallbesitzer, die ein motivierendes, professionelles und flexibles Nachhilfekonzept für Ferienkinder im Angebot haben und mit der pädagogisch wie didaktisch richtigen Kombination aus »Lernen« und »Bewegung« die Kinder, deren Eltern und sogar die Lehrer begeistern.

Neukunden, Stammkunden, Marktanteile, Umsatz und Gewinn durch Spaß und Hintergrundwissen.

Sie werden Ihre Kunden damit – jetzt im Gegensatz zum Hauptmann von Köpenick – weder täuschen, noch müssen Sie Sorge haben, entlarvt zu werden. Sie spielen sich ja nicht als Vorgesetzter auf, sondern nehmen Ihre Aufgaben als »Partner« engagiert war. Sie sind in seiner Welt zu Hause.

Wie kommt man rein in die Welt der Kunden?

Ich arbeite für einen Bankkonzern im Bereich des Firmenkundengeschäftes. Die Banker, mit denen ich in diesem Projekt zusammenarbeite, haben die Aufgabe, größere mittelständische Firmen und kleinere Konzerne zu betreuen. Betreuen heißt natürlich, diesen Kunden möglichst viele Produkte und Dienstleistungen der eigenen Bank zu verkaufen. Dabei geht es dann nicht nur um den klassischen Kredit oder Produkte aus dem Zahlungsverkehr. Alle Banken versuchen, großen Kunden in den Bereichen Pensionsrückstellungen, An- und Verkäufe ganzer Unternehmen oder auch bei Nachfolgeregelungen komplexe Produkte und Dienstleistungen zu verkaufen. Dass die Verkäufer – die Banker hören diese Berufsbezeichnung auch heute noch nicht gerne – bei den oben genannten Beispielen tief in die interne Struktur, in die vertraulichsten Bereiche Einblick haben müssten, um optimale Lösungen zu erarbeiten, können Sie sich vorstellen. Ja, die Verkäufer der Bank brauchen das weit gehende Vertrauen vieler Ansprechpartner, bis hin zu den Vorständen und Eigentümern der Unternehmen. Aber das bekommen sie nicht immer. Warum nicht?

Meines Erachtens liegt es sehr oft daran, wie die Beteiligten – Banker und Kunden – die Geschäftsbeziehung zwischen Bank und Kundenunternehmen erleben: Da gewähren Banker selbstherrlich Kredite oder kürzen im Gegenteil arrogant die Kreditlinien. Die Banken wollen unangemessen viele Sicherheiten und verlangen Kontrollmöglichkeiten in Bezug auf die laufende Umsatz- und Kostenentwicklung. Und umgedreht: Kunden sind zu stur, die laufenden Quartalszahlen auszuhändigen. Den Kunden muss ab und an mal ordentlich auf die Füße getreten werden, damit sie wissen, dass sie ihre Kreditlinie nicht so ohne weiteres überziehen können. Und überhaupt sollen Kunden gefälligst erklären, warum ihre Zahlen schlechter sind als die der gesamten Branche, in der sie tätig sind.

Die Geschäftsbeziehungen sind häufig geprägt von Distanz, Misstrauen, Kontrolle und Unverständnis füreinander. Da liegt es auf der Hand, dass das Kundenunternehmen nur spärlich und verzögert Informationen an die Bank weiterleitet. Es überrascht dann auch nicht, dass der Unternehmer seine mittelfristigen Pläne eher mit einem Wirtschaftsprüfer seines Vertrauens als mit seiner Bank bespricht. Die Banker spüren die Distanz, behalten die Risiken im

Auge, sind entsprechend vorsichtig, das ist schließlich eine ihrer Aufgaben. Ein Teufelskreis beginnt, zumindest ist für beide Seiten keine befriedigende Geschäftsbeziehung in Sicht. Nur noch die notwendigen Geschäfte werden miteinander gemacht, die operative Tagesarbeit macht keinem der Beteiligten Spaß.

Wie kommt man jetzt noch zu einer befriedigenden, für beide Seiten ertragreichen Zusammenarbeit? Schauen wir uns einfach mal eine gut funktionierende Geschäftsbeziehung an. Dass es die auch bei Banken gibt, soll mit den obigen Ausführungen ja nicht in Abrede gestellt werden. Also, wo ist der gravierende Unterschied? Hat man mit den Beteiligten in der Bank wie auch mit Kunden gesprochen, wird schnell klar: Auch hier ist man sich nicht immer über alle Details der Tagesarbeit einig, wird nicht jeder Zinssatz sofort akzeptiert und es gibt auch sehr ernste Gesprächsrunden. Aber man spürt, dass ein grundsätzliches Vertrauen zwischen den Parteien herrscht. Die Beteiligten begreifen sich als Partner, die den gemeinsamen Erfolg suchen. Der gegenseitige Informationsaustausch ist keine Kontrolle im negativen Sinn, sondern gibt der Bank Möglichkeiten, dem Kundenunternehmen frühzeitig mit Rat und Tat zur Seite zu stehen und natürlich auch Geschäfte zu machen. Der Unternehmer fühlt sich nicht beaufsichtigt, sondern begleitet. Damit ist die Basis für den Erfolg der Geschäftsbeziehung gelegt.

> Der grundsätzliche Charakter der Geschäftsbeziehung
> und die gegenseitigen Erwartungen.

Ein erfolgreicher Verkäufer übernimmt die Verantwortung für den Charakter der Geschäftsbeziehung. Er führt deshalb immer wieder Grundsatzgespräche mit allen Beteiligten und stellt die Fragen in den Raum: Welche Erwartungen haben wir – und warum – aneinander und wie organisieren wir unsere Beziehung?

Ist die Geschäftsbeziehung eher unbefriedigend, kann ich nur raten, schnell ein solches Grundsatzgespräch zu führen und dabei Folgendes zu beachten: Der Gesprächstermin muss gut geplant sein, das heißt, Ort und Zeit müssen zum Anlass passen. Dieser Termin hat nichts mit dem Tagesgeschäft zu tun, deshalb wird dazu auch nichts besprochen. Die Kunden werden vorher über die Zielsetzung des Gespräches informiert. Am Anfang des Gespräches müssen die Beteiligten erst einmal »vergessen«. Im oben beschriebenen negativen Szenario heißt das: Die Banker vergessen die Sturheit und Verschlossenheit der Kunden. Die Kunden vergessen die Klischees bezüglich der Arroganz und Unverschämtheit der Banken. Vergessen die Beteiligten nicht, haben sie nach wenigen Minuten wieder Vorwürfe und Kritik im Raum – es ändert sich nichts. Nach einem solchen Gespräch müssen dann beide Parteien für sich feststellen, ob die Geschäftsbeziehung Sinn macht. Im Einzelfall wird man sicher auch feststellen, dass sie keinen Sinn macht und sie dann konsequenterweise reduzieren oder ganz einstellen. Egal wie das Ergebnis auch aussieht, eine Klärung herbeizuführen ist sinnvoll und notwendig. Ich habe mit den oben angesprochenen Bankern diese Vorgehensweise im Seminar diskutiert, vorbereitet und geübt: Der Erfolg hat uns Recht gegeben. Jetzt dürfen die Verkäufer der Bank in vielen Fällen schneller, unkomplizierter und tiefer in die Welt ihrer Kunden hineintreten. Jetzt ist die Bank in vielen Fällen der Gesprächspartner für Themen, die vorher ausschließlich mit Dritten diskutiert wurden.

Nach diesem Ausflug in die Welt der Banken – stellvertretend für viele andere Dienstleistungsbranchen – noch ein Beispiel aus einer ganz anderen Welt: Gehen wir in eine Apotheke. Die Gesundheitsbranche ist wie auch die Bankenwelt voller Klischees und Vorurteile. Durch die wirtschaftlichen und gesetzlichen Veränderungen – denken Sie nur an die Diskussion um die Kosten im Gesundheitswesen – stehen viele Apotheker vor großen Herausforderungen: Die Verbraucher sind kritisch und anspruchsvoller denn je, viele Artikel aus der

Apotheke kann man inzwischen aber zum Beispiel auch in Tankstellen kaufen und die Ertragssituation zwingt die Apotheker, sich stärker als früher mit dem Umsatz in ihrem Ladenlokal zu beschäftigen. Oft wird neidisch auf die Heilpraktiker oder andere alternative Mediziner geschaut, bei denen die Menschen viel Geld, auch für diverse Produkte, ausgeben. Mancher Apotheker – ich habe viele über eine Vortragsreihe kennen gelernt – fragt sich jetzt, wie er die Menschen an seine Apotheke binden und möglichst auch Umsatz mit ihnen machen kann?

Hier stellt sich jetzt – wie bei den Bankern – die Frage nach der Art der Kundenbeziehung und den Erwartungen der Menschen, der Kunden, an den Apotheker. Wie soll er auf die Menschen zugehen? Stellen Sie sich folgende Situation vor: Aus Zeitmangel ging ich mit einem Rezept ausnahmsweise nicht in meine Stammapotheke, sondern in eine Apotheke in unserer Nachbarstadt. Ich konnte eine Angestellte beobachten, wie sie einer älteren Dame vor mir eine Menge Medikamente wortlos aus den Schubladen holte, die Tagesdosierung herunterleierte, während sie alle Schachteln in einer Plastiktüte verstaute. Es waren weitere Menschen in die Apotheke gekommen, als der Apotheker aus dem Hinterzimmer kam und mich freundlich bediente. Beim Einpacken meiner Medikamente erzählte er mir dann unaufgefordert, wie ich ... – entschuldigen Sie, lieber Leser, das geht mir jetzt zu weit ins Detail – noch unterstützend behandeln könnte. In allen Details redete er ununterbrochen über Dinge, die ich vorbeugend tun könnte. Auf keinen Fall sollte ich das eine oder andere tun. Ich bin sicher, dass sein kompetenter Vortrag auch die zwei Leute hinter mir interessiert hat. Ich aber bin wütend gegangen!

Warum muss ich, der Kunde, meinem Apotheker klarmachen, wie ich mir Beratung in der Apotheke vorstelle? Wieso fragt er mich nicht, ob, wann und in welcher Form ich Beratung, Tipps und Ideen von ihm haben will? Wieso fragt er nicht alle seine Stammkunden? Dann würde er die ältere Dame, wie auch mich, an seine Apotheke binden. So aber fühlt sich die ältere Dame alleine gelassen und geht nur dann in die Apotheke, wenn es unbedingt sein muss. Und ich fühle mich durch die Veröffentlichung meiner Leiden auch nicht gerade zuvorkommend behandelt.

Vermutlich hat dieser Apotheker nie über diese Fragen nachgedacht. Ich kann ihm nur den Rat geben: Fragen Sie Ihre Kunden nach deren grundsätzlicher Erwartung. Effektiver können Sie Ihre Kunden nicht an Ihre Apotheke binden. Fragen Sie Ihre Kunden, wie diese über die Kosten für die eigene Gesundheit denken. Besser können Sie Ihre Preise nicht verkaufen. Fragen Sie Ihre Kunden, wann und wie sie diese ansprechen dürfen. Umfassender können Sie Ihre Kompetenz nicht zu Ihren Kunden transportieren.

In Seminaren höre ich an dieser Stelle öfter mal den Einwand: »Das kann man aber nicht mit allen Kunden machen.« Ja, das stimmt, mit allen Kunden kann man diese Gespräche nicht führen. Es stellt sich allerdings die Frage, ob das schlimm ist? Wenn das »Pareto-Prinzip« richtig ist, das besagt, dass Verkäufer mit nur 20 bis 30 Prozent ihrer Kunden stolze 70 bis 80 Prozent ihres Umsatzes machen, ist es nicht schlimm. Denn in der weit überwiegenden Zahl aller Fälle, die ich beurteilen kann, sind es gerade diejenigen Kunden, mit denen man über ihre Wünsche und Erfahrungen gesprochen hat, die überdurchschnittlich zum Erfolg des Verkäufers beitragen. Noch ein Grund, die Kunden zu fragen.

Herrscht dann Klarheit, kann über weitere Maßnahmen und Ideen nachgedacht werden, noch tiefer in die Welt der Kunden einzutauchen.

Wie bereits beschrieben, können diverse Quellen für die Recherche genutzt werden. Darüber hinaus sind Ihre Erfahrung und Ihre Kreativität ein idealer Zugang in die neuen Welten, die nur darauf warten, von Ihnen entdeckt zu werden! Diskutieren Sie doch mal mit Ihren Kollegen, sammeln Sie alte Ideen und suchen Sie neue Ansätze, die es bisher in Ihrem Unternehmen noch nicht gab: Können Sie sich zum Beispiel vorstellen, dass

- Ihre Azubis vier Wochen bei Ihrem Kunden arbeiten?
- Ihre neuen Außendienstmitarbeiter in der Einarbeitungsphase einige Zeit in der Produktion eines Großkunden arbeiten?
- Sie in jedes Regionalteam einen Mitarbeiter mit der gleichen Ausbildung einstellen, die auch bei Ihren Kunden im Mittelpunkt steht?
- Sie als Verkäufer bei dem Außendienstmitarbeiter Ihres Kunden mitreisen?
- Sie als Key Account Manager einen regionalen Branchenzirkel organisieren?
- Sie sich als neuer Verkäufer ein Vokabelheft für die Kundenterminologie zulegen?
- Sie Ihren Lieblingskunden bitten, bei Ihrer Verkäufertagung einen Vortrag zu halten?
- Sie mit wichtigen Kunden einen USA-Besuch organisieren, um sich die neuesten Trends vor Ort anzuschauen und die Konsequenzen zu diskutieren?
- Sie mit der Werbeleiterin eines Großkunden über die Möglichkeiten gemeinsamer Werbung nachdenken?
- Sie ...? Jetzt sind Sie dran! Und nicht vergessen: »Es könnte gehen, wenn ...!«

Verfolgen Sie hartnäckig die Idee, so viel wie möglich über Ihre wichtigen Bestands- und Zielkunden zu erfahren, es zahlt sich am Ende garantiert aus!

Spätestens in der Phase eines Verkaufsgespräches oder einer Geschäftsbeziehung, in der Sie den Nutzen Ihrer Produkte und Dienstleistungen plausibel darstellen müssen, sind Branchen- und Kundenkenntnis oft der entscheidende Vorteil. Entscheidend wird Ihr Hintergrundwissen auch bei der Preis- und gegebenenfalls bei der Mehrpreiserklärung. Ich vertiefe diesen Gedanken in Kapitel 5 – lassen Sie sich überraschen.

Zwei erprobte Instrumente, um die »Welt des Kunden« systematisch zu erfassen

Eine Möglichkeit, um mehr über Funktionen, Aufgaben und Menschen im Kundenunternehmen zu erfahren, ist das »Buying-Center«. Eine kleine Geschichte dazu: Ich weiß von einem Pharmareferenten, der versucht hat, ein neues Präparat in einer Universitätsklinik zu verkaufen. Er hat mit dem Chefarzt, dem Oberarzt, dem Assistenzarzt, der Oberschwester und Ihren Kolleginnen, der Verwaltungsrätin und sogar mit dem Zivildienstleistenden gesprochen. Die Gespräche liefen auch alle ganz gut, trotzdem hat das Krankenhaus keinen Umsatz mit seiner Firma gemacht. Warum nicht?

Eine zweite typische Situation: Ich habe viele Telefonate in Call-Centern von Direktbanken beobachtet. Zahlreiche Gespräche mit Interessenten wurden gut geführt, trotzdem wurde nichts verkauft. Jeglicher Einwand wurde überzeugend ausgeräumt, Unterlagen zugeschickt und nochmals angerufen – aber zu einem Abschluss kam es nicht. Warum nicht?

In den beiden oben beschriebenen Situationen wurde eine entscheidende Person vergessen. Deshalb wurde nichts verkauft. Im Krankenhaus hätte der Pharmareferent noch mit dem Krankenhausapotheker sprechen müssen. Dieser hat den entscheidenden Einfluss auf die genutzten Medikamente eines Krankenhauses. Und im Falle der potenziellen Bankkunden wurden deren Lebenspartner vergessen. Oft rufen zwar die Männer an, aber in vielen Partnerschaften haben die Frauen die Geldgeschäfte übernommen – sie treffen oder beeinflussen die Entscheidung. Oder es ist umgedreht. Damit sind wir bei der entscheidenden Frage: Kennen Sie alle relevanten Personen, die einen Einfluss auf die Kaufentscheidung haben? Haben Sie zum Beispiel mit Hilfe des Organigramms alle wichtigen Funktionen identifizieren können? Sind Sie sich über die jeweiligen Bedürfnisse im Klaren, wissen Sie, wie die Personen sich gegenseitig beeinflussen? Wenn Sie nicht sicher sind: Haben Sie einen Menschen, einen Coach im Kundenunternehmen, der Ihnen weiterhilft? Dieser Coach muss eine Person sein, zu der Sie einen guten Kontakt haben und die Ihnen – auf Ihr Nachfragen hin – eventuell noch viel mehr über die Hintergründe und Zusammenhänge im Kundenunternehmen erzählen könnte.

Mit dem »Buying-Center« (Abbildung Nummer 1) könne Sie Ihre Kunden mit allen Funktionen, Personen und Hintergründen abbilden. Damit behalten Sie den für Sie so wichtigen Überblick. Vorausgesetzt, Sie pflegen diesen Plan, werden Sie immer besser über die Entscheidungsfindungsprozesse bei Ihrem Kunden Bescheid wissen. Damit wissen Sie genau, an welchen Stellen Sie sinnvollerweise kämpfen müssen. Sollte der Plan am Anfang noch Lücken haben, fragen Sie Ihre bisherigen Gesprächspartner:

- »Was meinen Sie, mit wem bespreche ich dieses Projekt sinnvollerweise noch?«
- »Wie laufen in Ihrem Hause die Entscheidungsprozesse ab?«
- »Wo kann ich mir weitere Anregungen für meine Lösungsvorschläge holen?«
- »Wer könnte mir neben Ihnen noch helfen, viel Hintergrundwissen zu bekommen?«

Und dann bei den neuen Gesprächspartnern:

- »Welche Erwartungshaltung haben Sie an einen Lieferanten wie uns?«
- »Wenn überhaupt, wo können wir uns aus Ihrer Sicht verbessern?«
- »Worauf würden Sie an meiner Stelle bei diesem Projekt besonders achten?«
- »Wo spüren Sie die Qualitäten eines Lieferanten am deutlichsten?«

Das Ergebnis: Sie tauchen weiter in die Welt Ihrer Kunden ein und nutzen Ihr Wissen effizient für Ihren Verkaufserfolg.

Personen/ Funktionen	Typ und seine Motivation	Beeinflusst (durch)?	Wünsche an uns? Stört sich an uns?	Ideen, Ziele und Vorgehensweise	Wichtigste Konsequenz für Sie
Initiator					
Anwender					
Käufer					
Entscheider					
Wächter					
Einflussnehmer					
Coach					

Struktur und Analyse eines Buying-Centers Kundenkomplexität effizient managen!

Ein weiteres hilfreiches Instrument, um das Geschäft seines Kunden besser zu verstehen, ist der Business-Plan. Je komplexer und anspruchsvoller der Kunde, je größer das Umsatzvolumen, desto eher macht der Business-Plan Sinn, weil er Wissen strukturiert und eine solide Basis für interne und externe Präsentationen darstellt.

Welche Informationen sollte ein solcher Business-Plan enthalten? Folgende Gliederung nutze ich in meinen Beratungsprojekten als Grundlage für die Erstellung eines solchen Business-Plans:

Kunde: Großkunde AG, 12345 Stadt

1. *Branchen-Know-how:* Trends in der Branche, Einflussfaktoren auf die Branche, Preisgefüge, Wettbewerberstruktur und Kunden
2. *Die Kerndaten aus der Bilanz:* Umsatzentwicklung und Gründe dafür, Mitarbeiteranzahl, Gewinnentwicklung, Shareholder und Ziele
3. *Marketing-Mix:* Produkte/Dienstleistungen, Sortiment, Image, Serviceleistungen, Vertriebsorganisation, Preise
4. *Bisherige Lösungen und Lieferanten:* Technische Merkmale, Preise, Verfahrenstechnik, Nutzen des Kunden, Nachteile und Schwachstellen
5. *Konsequenzen für uns, den neuen Lieferanten:* Lieferfähigkeit, Organisation der Zusammenarbeit, Rolle des Vertriebes und benötigte Ressourcen
6. *Unsere eigenen Kompetenzen und Möglichkeiten:* Merkmale und deren Kundennutzen, Vorgehensweise, Wirtschaftlichkeit und Preise
7. *Was konkret ist zu tun:* Termine, Ansprechpartner des Kunden, Testeinsätze, Etappenziele und Erfolgskontrolle

Die beiden vorgestellten Instrumente sind als Einstieg in das systematische Kundenmanagement zu verstehen. Eine große Auswahl an weiteren praktikablen Hilfsmitteln finden Sie in dem Buch »Einhundertneunundneunzig Checklisten« von Detroy und Schreiber.

Stefan wäre einmal bei einer Tour in Kanada beinahe verhungert, denn der Kalorienbedarf war größer als der mitgeführte Vorrat an Nahrung. Die Meinung eines Experten war ihm damals in der Vorbereitungsphase genug. Er hatte diese Welt betreten, ohne sich wirklich gründlich zu informieren. Ein tödliches Risiko, das einzugehen völlig überflüssig ist.

4

Aufbruch ins Ungewisse

14 Millionen Quadratkilometer groß (Europa: 10,5 Millionen). Mit einer Durchschnittshöhe von 2300 Metern (USA: 720 Meter) der höchste aller Kontinente. Durch Schneefall in 200 000 Jahren geformt. Zu 99 Prozent von Eis bedeckt. Reservoir von drei Vierteln des Süßwassers weltweit – würde es schmelzen, stiege der Meeresspiegel um 60 Meter an. Bewohnt von rund 2 000 Menschen aus 17 Nationen, die sich auf etwa 60 Forschungsstationen verteilen. Mit bis zu 90 Grad unter Null, gemessen am 21. Juli 1983 an der sowjetischen Station Wostok, der kälteste Fleck der Erde. 32 000 Kilometer Küste (ein halbes Mal um den Erdball), davon nur fünf Prozent eisfrei. Umgeben von einem gefrorenen Ozean, der im Sommer fast drei, im Winter dagegen 19 Millionen Quadratkilometer bedeckt. 1 000 Kilometer vom nächsten Festlandstück, Feuerland in Südamerika, entfernt. Seit nicht einmal 200 Jahren auf Seekarten verzeichnet.

Die Antarktis als Rechenspiel. Wie könnte man ihre Größe, ihre Majestät, ihre gnadenlose Härte auch anders fassen als in Zahlen? Die Daten sind vorhanden, gemessen und aufgeschrieben von Generationen eifriger Wissenschaftler, und sie geben diesem nicht auszurechnenden Kontinent auf dem Papier etwas herrlich Überschaubares, Berechenbares, fast: Vertrauen erweckendes. Jene, die ihm einmal wirklich ausgeliefert waren, kamen indes mit anderen

Eindrücken zurück. »Ich hatte das Gefühl, als wäre ich auf einen anderen Planeten oder in ein anderes Erdzeitalter geraten, von dem der Mensch kein Wissen, an das er keine Erinnerung hat.« So notierte Admiral Richard E. Byrd 1938.

Lebensraum Antarktis

Der sechste Kontinent ist eine kalte, windige Ödnis mit einem Klima trockener als die Sahara. Die jährliche Niederschlagsmenge beträgt im Inland nicht mehr als sieben Zentimeter. Diese zentrale Hochebene ist eine eisige Wüste, mit einer Durchschnittstemperatur zwischen minus 50 und minus 60 Grad Celsius. Das Land wird von einem Regime schneidender Fallwinde beherrscht. Wo sie auf die wärmere Luft der Ozeane treffen, bildet sich ein Sturmgürtel mit Schnee und Wolken, der das Meer aufwühlt und Wellen, so hoch wie Einfamilienhäuser, an die Küste peitscht. Nur wenige Organismen sind dafür geschaffen, unter diesen harten Bedingungen zu überleben. Die Vegetation beschränkt sich auf Moose, Flechten und einige wenige zähe Gräser; im Sommer tummeln sich Pinguine und Seehunde an den Küsten, verschiedene Vogelarten brüten an windgeschützten Plätzen. Im Winter aber suchen auch sie das Weite. Der größte ständige Bewohner der Antarktis ist ein flügelloses Insekt namens *Cryptopygus antarcticus*.

Die Entdecker

Seit 1773 Kapitän James Cook den südlichen Polarkreis überquerte, sind viele wagemutige Männer zu diesem menschenfeindlichsten aller Kontinente aufgebrochen. Der erste, der ihn tatsächlich zu Gesicht bekam, war ein Russe mit deutschem Namen: Fabian Gottlieb von Bellingshausen sichtete das Festland im Januar 1820. Im gleichen Monat entdeckte Edward Bransfield von der königlich-britischen Marine die antarktische Halbinsel, weitere Schaulustige folgten. Im Juli 1859 erklärte der Internationale Geographische Kongress die Antarktis zum wichtigsten Forschungs- und Entdeckungsgebiet der Erde.

Die erste Landung auf dem Kontinent gelang dann allerdings nicht einem Wissenschaftler, sondern einem Walfänger: 1895 betraten Henryk Bull und seine Mannschaft zum ersten Mal das Festland. Einer dieser Männer – Carsten Borchgrevink – kehrte vier Jahre später mit der *Southern-Cross*-Expedition zurück und blieb ein ganzes Jahr dort. Er gehörte damit zu den ersten Menschen, die in der Antarktis überwinterten.

Zu Beginn des 20. Jahrhunderts versuchten viele Entdecker, den sechsten Kontinent zu erobern, über das schreckliche Land und die gnadenlose Kälte zu triumphieren. Im November 1902 unternahmen Robert Scott, Edward Wilson und Ernest Shackleton den ersten Versuch, den Südpol zu erreichen. Sie überwanden 5 000 Kilometer Eis und erreichten den 82. Breitengrad. Dort mussten sie umkehren. Eine zweite Expedition Shackletons sechs Jahre später scheiterte ebenfalls. Der Kampf um den Südpol wurde schließlich von dem Norweger Roald Amundsen gewonnen, und sein tragischer Wettlauf mit dem Briten Robert Scott ist ein Krimi, der an dieser Stelle nicht ausführlich erzählt werden kann. Robert Scott ist das prominenteste in einer langen Reihe von Menschenopfern, die diese Terra Incognita in elf Jahrzehnten gefordert hat. Weitere werden hinzukommen.

Die Antarktis ist immer noch ein weißer Fleck, auf den Generationen von Männern und Frauen ihre Träume, Sehnsüchte und ihren Ehrgeiz projiziert haben. Viele unter ihnen haben ihre Hoffnungen begraben müssen – der südlichste Kontinent der Welt ist eben nicht gerade gastfreundlich. Wir können aus ihren Fehlern lernen und es, mit vereinten Kräften, besser machen. Das Team, das an jenem 22. Januar 1999 zum unwirtlichsten Flecken der Erde aufbrach, setzte sich wie folgt zusammen:

Kurt Albert

Ganz vorne mit dabei und wie immer bestens aufgelegt ist Kurt Albert (43), den ich hier bereits mehrfach erwähnt habe. Kein Wunder. Um ihn kommt man im Bergsport nämlich einfach nicht herum. Kurt ist (gemeinsam mit Wolfgang Güllich) der Pionier des Frei- und Sportkletterns in Deutschland, einer der ersten, die Anfang der siebziger Jahre in den berühmten Routen von *Yosemite Valley* einen neuen Kletterstil kennen lernten. Wenig später hinterließ er in der Fränkischen Schweiz am Fuße einer diffizilen Route seinen ersten roten Farbklecks – als Beweis, dass er diese Tour völlig frei durchstiegen, also nur die natürliche Struktur der Felsoberfläche zur Fortbewegung verwendet hatte. Der Freiklettergedanke machte Schule. Der »Rotpunkt« nach Kurt Albert ist heute das international anerkannte Gütesiegel für den sportlich besten Begehungsstil einer Route.

Kurt ist einer der größten deutschen Alpinisten und dabei doch auch ein ausgewachsener Kindskopf. Voller verrückter Ideen, immer gut drauf, gutmütig bis zum Gehtnichtmehr – mit ihm kann man sich nicht streiten, auch wenn einen das Chaos, das er oft verbreitet, mitunter in den Wahnsinn treibt. Kurt ist ein schlechter Futterverwerter. Seine größte Sorge ist es, irgendwann nichts mehr zu essen zu haben. Das kann übel ausgehen, denn wenn er Hunger hat, dann kann er richtig grantig werden. Dennoch ist er einer der umsichtigsten Kletterer, die ich kenne. Am Berg verwandelt sich der Wirrkopf, da wird er zum stocknüchternen Analytiker, der seine Route bis ins Detail hinein vorausberechnet. Schließlich war er mal Lehrer für Mathe und Physik. Neben dem Bergsteigen gilt seine Liebe der klassischen Musik. Das Klavierspielen hat er sich selber beigebracht.

Kurt hält sich seit unglaublichen zwei Jahrzehnten an der absoluten Leistungsspitze, und dabei hat er seine ureigene Philosophie vom Klettern – Freiheit, Unabhängigkeit, Anspruchslosigkeit – niemals verraten. Im Team war er neben mir der Einzige, der mit der Kletterei sein Geld verdient.

Holger Heuber

Holger (36) ist gewissermaßen das genaue Gegenteil von Kurt – und nicht nur, weil er das letzte Stück Schokolade erst dann verspeist, wenn es sonst wirklich keiner haben will. Als Organisationstalent bewahrt er auch in verfahrenen Situationen Gemütsruhe und Überblick, ein echter Sicherheitsfaktor eben. Und darüber hinaus ein toller Kumpel! Hauptberuflich betreibt er zwei Outdoor-Läden, in denen er selbst sein bester Kunde ist – in allen Abteilungen! Im Sport ist der Nürnberger nämlich ein echtes Allroundtalent: Paragliding, Drachenfliegen, Skifahren, all das betreibt er mit allerhöchstem Anspruch. Kajak fahren konnte er wahrscheinlich schon, bevor er das Laufen gelernt hat. Die persönlichen Höchstleistungen fliegen ihm einfach nur so zu. Kaum zwei Jahre, nachdem er die Kletterschuhe zum ersten Mal geschnürt hatte, wurde Holger bereits an der *Piz-Badile*-Nordostwand im sechsten Grad gesichtet. Inzwischen hat er nochmals vier Schwierigkeitsgrade draufgepackt. Bei all die-

sen imponierenden Leistungen ist er ein nachdenklicher Mensch geblieben. Manchmal spricht man ihn an und bekommt erst beim dritten Anlauf eine Antwort, weil er mal wieder so fest grübeln muss.

Jürgen Knappe alias »Plum«

Einen Ruhepol wie Holger kann man sehr gut brauchen, wenn man gleichzeitig Plum dabei hat. Weil er mal in einer Wirtschaft eingeschlafen ist und ihn jemand eine müde Pflaume (engl. »plum«) genannt hat, ist Jürgen Knappe (36) nun bis an sein Lebensende mit diesem Spitznamen geschlagen. Der täuscht allerdings. In Wahrheit ist unser Plum nämlich ein rechter Hitzkopf. Man kann sich leidenschaftlich mit ihm streiten und ihn leicht provozieren – wenn man sich etwa in der Wand nicht genauso schindet wie er. Plum steht ständig unter latenter Explosionsgefahr. Wenn er tatsächlich explodiert, war's freilich nur ein Tischfeuerwerk. Dann knallt und sprüht und zischt es einen Augenblick ganz fürchterlich, und Minuten später kann man sich schon wieder mit ihm hinsetzen und die Welt verbessern – was immer wieder ein Genuss ist, denn Plum ist sehr belesen. Er hat Politik und Geschichte studiert und arbeitet als Zahntechniker in Tutzing am Starnberger See. Seit er bei Herzogs »Schrei aus Stein« assistieren durfte, wirkt er als Kameraassistent auch gelegentlich bei Dokumentarfilmen mit. Er ist einfach ein Universaltalent. Konditionell

steckt er uns übrigens alle in die Tasche, er kann sich quälen, bis ihm schwarz vor Augen wird. Einem Berg nähert er sich mit gnadenloser Konsequenz und leidenschaftlicher Hingabe. Er kommt meistens oben an. Obwohl er zwischendurch immer wieder mit dem Kopf durch die Wand möchte.

Hans Martin Götz alias »Pater«

Auch Hans Martin Götz (45) hat es zu einem Spitznamen gebracht: Wir nennen ihn nur »Pater« – weil sein Vater Pfarrer war und er selbst auch mal zehn Semester evangelische Theologie studiert hat. Hans Martin ist allerdings genauso wenig ein Heiliger wie der Jürgen eine faule Pflaume. Sondern ein charmantes Schlitzohr. Stell den Pater in einen Fahrstuhl mit sechs Bankern, und zwischen dem ersten und dem dritten Stock hat er fünfen einen Klettergurt aufgeschwatzt. Er ist ein feuriger Rhetoriker und großer Überredungskünstler. Sein Problem ist nur, dass er immer zu viele Ideen auf einmal hat.

Von jeder ist er gleichermaßen begeistert, jede will er sofort in die Tat umsetzen, um dann verwundert festzustellen, dass er sich da ein bisschen übernommen hat. Manchmal aber ist er auch ein Visionär: Nach seinem Theologiestudium hat Pater eine Weile als Vertreter für *Timberland* gearbeitet und es bis zum Europa-Manager gebracht.

Pater ist ein Mann der letzten Minute. Wie oft haben wir ein fertig bepacktes Auto beinahe wieder ausgeräumt, weil nach zweistündigem Warten noch immer nichts von ihm zu sehen war. Zuverlässig im allerletzten Moment kommt er dann angerannt, ist völlig zerknirscht und hat bestimmt eine niet- und nagelfeste Entschuldigung zur Hand. Das Ärgerliche ist, dass man ihm dafür einfach nicht böse sein kann ... Pater hat dafür auch beim Klettern die ganz großen Ideen. Der Berg seiner Träume steht in Patagonien und ist – wen wundert's – einer der schwierigsten der Welt. Der *Cerro Torre* hat unseren Himmelsstürmer einmal kurz vor dem Gipfel zum Umkehren gezwungen. Seither ist er der Inbegriff von Paters Sehnsüchten. Wenn er einmal da oben gestanden hat, wird er nicht müde zu betonen, kann er die Bergsteigerei endlich an den Nagel hängen und sich zur Ruhe setzen. Ich hoffe, es gelingt ihm nie ...

Gerd Heidorn

Zu guter Letzt: Gerd Heidorn (47), praktizierender Buddhist. Er ist gelernter Reportage- und Sportfotograf, ein absoluter Perfektionist in seinem Job. Er reagiert unheimlich schnell und befindet sich mit seiner Kamera immer mitten im Geschehen. Wenn er ein bestimmtes Bild vor Augen hat, probiert und dirigiert und verrenkt er sich so lange, bis es ganz genau so auf Film gebannt ist. Egal wie viele Höhenmeter gerade zwischen ihm und dem Erdboden klaffen. »Moment mal, Jungs, steigt doch mal 'nen halben Meter rüber, dann steht die Sonne besser ...« Bergsprinter wie Plum macht das regelmäßig wahnsinnig. Aber wir wollen schließlich mit tollen Fotos zu-

rückkommen. Und auch Plum ist entzückt, wenn er sich hinterher in Aktion bewundern kann (vor allem, wenn die Sonne so günstig steht!).

Gerd ist es gewohnt, die Dinge selbst zu regeln, keiner, der seinen Auftritt inszeniert wie Pater oder ein fröhliches Chaos verbreitet wie Kurt. Beinahe ein Einzelgänger. Wenn wir mal wieder tagelang eingeschneit sind und auf engstem Raum gemeinsam festsitzen, dann kann man aber auch mit ihm leidenschaftlich diskutieren. Gerd war von der ersten Minute an bei der Planung unseres Abenteuers mit dabei und hat das Unternehmen in schwierigen Phasen immer wieder vorangetrieben. Er ist ein guter Kletterer und dokumentiert seit vielen Jahren Expeditionen zu den entlegensten Gebieten dieser Erde. Er kann sich schinden bis zum Umfallen. Daher genießt er als Fotograf auch keinen Sonderstatus im Team, er muss genauso viel tragen und schuften wie wir selbst. Und dabei noch spektakuläre Bilder schießen ...

So also waren sie beschaffen, die Gipfelstürmer der Antarktis. Eine bunte Ansammlung von Individualisten, jeder für sich ein schillernder Charakter und doch durch eine echte Musketier-Einstellung miteinander verbunden. Das ist übrigens gar nicht so heroisch, wie es vielleicht klingt, sondern die pure Notwendigkeit. Anders hätten wir es im ewigen Eis, unter extremsten Bedingungen, unmöglich miteinander ausgehalten – wie man noch sehen wird ...

Pontresina, 13. Dezember 1998, gegen 15 Uhr ...

Im Vorfeld der Tour machten wir uns große Sorgen, ob wir zum Stichtag auch alle »im Saft stehen«, also in der nötigen geistigen und körperlichen Verfassung für ein solches Unternehmen sein würden. Wir versuchten also, einen klaren Kopf zu bewahren, stellten private Probleme so weit als möglich hintenan und trainierten ansonsten wie die Besessenen. Denkste ... Am 13. Dezember waren Pater, Plum und ich oberhalb von Pontresina zugange. Wir wollten uns noch einmal eine ausführliche Lektion im Eisklettern erteilen und malochten an einem gefrorenen Wasserfall pflichtschuldigst mit Steigeisen und Pickel. 200 Meter unterhalb des Gipfels erstreckte sich vor uns dann ein Schneefeld, so groß wie ein Fußballplatz. Wir marschierten los. Der Wind war lau, die Sonne kraftlos. Es herrschte kein Tauwetter. Die Lawine erwischte uns ohne Vorwarnung.

Unter unseren Füßen brach die harte Oberfläche plötzlich zusammen. Der Pulverschnee darunter wirkte wie ein Kugellager. Mit rasender Geschwindigkeit kam das ganze Feld ins Rutschen, die Schollen rissen uns einfach um. Wir wurden in eine felsdurchsetzte Rinne geschleudert. Pater hatte Glück: Er stand in diesem Augenblick noch am Rande der Schneezone und rappelte sich nach 50 Metern wieder hoch. Plum und ich dagegen stürzten 200 Meter in die Tiefe – Schnee in den Augen, Schnee in der Lunge und in den Hirnwindungen eine eiskalte Gewissheit. Das Bewusstsein, völlig klar, beinahe teilnahmslos: *Jetzt ist es so weit, du stirbst.* Wir rotierten kopfüber ins Tal, den Kräften der Lawine vollkommen wehrlos ausgesetzt.

Während ich dies erzähle, weigert sich meine rechte Oberlippe noch immer hartnäckig, einen sensorischen Kontakt zu mir aufzunehmen. Im Mund links oben drückt der Stahlkäfig überm Kunstzahn. Ich habe ein Wahnsinnsglück gehabt. Prellungen, Bänderdehnungen, eine aufgerissene Lippe und zwei Beißer weniger – so glimpflich ist mein erstes intimes Rendezvous mit dem Tod am Ende ausgegangen. Als Plum und ich einen Tag später mit zerschundenen Gliedern und Gesichtern aus der Klinik in Samedan wankten, glaubten wir schon wieder an unser Abenteuer Antarktis. Aber wir wussten auch ein für allemal, was für uns dabei auf dem Spiel stand.

Ich verlange nicht, dass das jetzt irgendeiner versteht. Aber gerade nach unserem Unfall wollten wir diese Expedition mehr denn je. Sie war für uns dadurch irgendwie noch kostbarer geworden.

Auf den allerletzten Drücker

Und so kam es, wie es immer kommt: Es ist, nach monatelanger, peinlichster Vorbereitung, der Tag der Abreise angebrochen – und nichts, aber auch gar nichts ist vorbereitet. Kurt hat aus Patagonien im letztmöglichen Moment die Liste der Dinge durchgefaxt, die wir ihm mitbringen sollen. Holger hat soeben erst die Bindungen auf unsere Skier montiert, im Zahnlabor ist Plum gerade noch rechtzeitig aus seinem Kittel gestiegen, Gerd hat auf dem Weg zu Pater noch schnell ein paar Filme für Kurt erstanden, und Pater wiederum muss ganz dringend im *Media Markt* noch einen zweiten Akku für seine neue Kamera besorgen, von der er noch nicht mal die Gebrauchsanweisung kennt.

Drei Stunden vor Abflug prüfen wir zum ersten Mal, ob die wertvollen Doppelbergstiefel auch passen. Weil die Ausrüster Skier und Biwaksäcke erst am Vortag angeliefert haben, bringen wir beim Einchecken 150 Kilo Übergepäck auf die Waage. Das Handgepäck nimmt man uns beim Einsteigen wieder ab – es ist zu schwer mit je 25 Kilogramm. Alles klar?

Es war mal wieder ein tierischer Stress. Und wir freuten uns trotzdem wie die Schneekönige. Wie Schulbuben, die zum ersten Mal von ihren Eltern ins Landschulheim entlassen werden. Endlich – Freiheit!

München – Madrid – Buenos Aires – Feuerland. 20 Stunden Flug. Hinter der Zollschranke in Ushuaja warteten bereits unser Skipper Wolf und Kurt, der von Patagonien aus angereist war. Seltsam: So oft wir im Vorfeld miteinander telefoniert und uns getroffen hatten – am winzigen Flughafen von Ushuaja war unsere Sechsergruppe zum ersten Mal überhaupt vollzählig versammelt. Grund genug für eine feuchtfröhliche Wiedersehensfeier. Am nächsten Morgen stiegen wir voller Tatendrang aus unseren Betten. Genug geplant, nun würde es wirklich und wahrhaftig losgehen. Glaubten wir.

Auf der Warteschleife Marke Feuerland

Ushuaja ist die südlichste Stadt der Erde, von hohen Bergen umstellt, allein zur Bucht hin offen – die Stadt der Aussteiger, *Outdoor*-Touristen und natürlich der Seefahrer. Es herrscht eine große Aufbruchstimmung in Ushuajas krummen Gassen. Segler aus aller Welt starten von hier aus zu ihrer Umrundung von Kap Horn, andere brechen in die Antarktis auf, und wieder andere wollen einfach mal dagewesen sein. Der Menschenschlag, der sich dauerhaft an diesem Ort angesiedelt hat, setzt den notorisch aufgekratzten Weltenbummlern eine Unerschütterlichkeit entgegen, die an Gleichmut grenzt. Zeit hat man dort unten zur Genüge und wer sie nicht hat, hat ein Problem.

Allein bis wir die Auflagen der Zollbeamten erfüllt und das Vorausgepäck endlich in Händen hatten, vergingen zwei Tage. Der Bootsmann Rainer Seidel kam beim Einkaufen der Nahrungsmittel für die Überfahrt auch nicht eben aus der Puste. An Bord fehlten noch Ersatzteile für den Motor, der Herd war kaputt – und Wolf strahlte dennoch eine solche Ruhe aus, als ginge ihn das Ganze gar nichts an. Überhaupt das Boot. Zwanzig Meter lang, das hatte ich in Erinnerung gehabt. Da muss ich wohl irgendetwas durcheinander gebracht haben. Als wir mit eingezogenen Köpfen und verknoteten Beinen, Hintern an Hintern zum ersten Mal zu acht im Unterdeck saßen, begann uns so ganz allmählich zu dämmern, auf was wir uns da eingelassen hatten. Unsere *Santa Maria*, ein Einmaster mit zwei Dieselmotoren, brachte es gerade mal auf 14 Meter Länge. Nachdem wir am Steg abgeladen hatten und unsere Augen zwischen Boot und Gepäck hin und her schweifen ließen, glaubten wir an einen schlechten Witz. Genauso gut hätte man versuchen können, einen Pottwal in eine Sardinenbüchse zu quetschen ... Doch es passte tatsächlich jedes einzelne Stück hinein. Aber *bis* es passte und außerdem niet- und nagelfest vertaut war, und zwar an einer Stelle, an der man es bei Bedarf auch wieder finden würde – was wiederum bedeutete, dass man einen Lageplan entwerfen musste – au Mann! Das dauerte.

Kurt sah das Ganze natürlich überhaupt nicht ein. Er hatte bei unserer Ankunft seine Habseligkeiten bereits über die ganze *Santa Maria* verstreut. »Jedes Teil festbinden und dann auch noch aufschreiben, wo – muss das wirklich sein?« Wolf entgegnete nur kurz: »Abwarten.« Und wie Recht er damit hatte. Als Tage später der erste Brecher an die Bordwand klatschte und Dosen-Tüten-Ausrüstung-Geschirr mit furchtbarem Getöse ineinander krachten, da hat sogar Kurt kapiert: Die Tafel Schokolade, die hier nicht fest vertaut ist, die ist für ihn verloren. Er hat sich dann auch große Mühe gegeben.

Wir brauchten eine kleine Ewigkeit, um die *Santa Maria* expeditionstüchtig zu machen. Jedes Fenster, jede Luke, jede noch so winzige Ritze musste mühsam versiegelt werden, um das Wasser abzuhalten. Als endlich alles fix und fertig war, fehlte der Wind. Ich nutzte die Gelegenheit, um meinen lawinengeprüften Körper auf seine Kondition zu testen und ging joggen. Nach einer halben Stunde musste ich völlig deprimiert umkehren, weil die müden Knochen nichts mehr hergaben.

Derweil tickte unbarmherzig und für alle hörbar die Uhr. Vier Tage waren wir schon hier. Am Montag hatten wir allerspätestens losfahren wollen, jetzt war es bereits Mittwoch, und der Wind – der einzige Bewohner, auf den in Ushuaja eigentlich immer Verlass ist – machte noch immer ein Nickerchen. Es war zum Verrücktwerden.

Wir überprüften ein zweites und ein drittes Mal die Ausrüstung. Alles, was wir jetzt nicht mit an Bord nahmen, das war uns nur allzu klar, würden wir von den Pinguinen ganz bestimmt nicht bekommen. Kurt kaufte in diesen nervenzermürbenden Tagen einen Hartmetallbohrer und rettete damit, ohne es zu diesem Zeitpunkt zu wissen, das gesamte Unternehmen. Und dann kam der Donnerstag und der Wind blies.

Abschied von der Zivilisation

Über den *Beagle*-Kanal, der Argentinien von Chile trennt, segelten wir in sechs Stunden ins chilenische Porto Williams – ein gottverlassener Militärposten mit ein paar Häusern drumherum und Wolfs neue Heimat. Es war der allerletzte Kontakt mit so etwas wie Zivilisation. In den folgenden Wochen haben wir, wenn überhaupt, nur noch Forschungsstationen, vereinzelte Yachten und gelegentlich mal einen Kreuzfahrer gesehen. Beim Abschiedsfest mit Wolfs Familie verdonnerten wir den Ersten, der über die Reling reihern würde, zur einmaligen Zahlung von 200 Dollar. Da glaubten wir schon ungefähr zu wissen, wie sich die *Santa Maria* bei schwerem Seegang anfühlen würde. Wir hatten ja keine Ahnung ... Drei Tage lang kreuzten wir im *Beagle*-Kanal noch in relativ ruhigen Wassern, gingen abends vor Anker, vertraten uns die Beine und waren guter Dinge. Am vierten Tag dann weitete sich die Fahrrinne – vor uns lag die *Drake Passage*, die offene See. Es war ein erhabener Moment. Keiner von uns Bergleuten war je zuvor gesegelt, nun würden wir eine Woche lang nichts anderes tun – und das im wildesten Gewässer der Welt.

Es dauerte eine halbe Stunde, und Pater war um 200 Dollar ärmer. In schneller Abfolge schlossen sich an: Gerd, Kurt, Holger. Nur Plum und ich behielten das Frühstück bei uns, obwohl ich es in diesem Moment gerne losgeworden wäre. Um uns schien der Weltuntergang angebrochen zu sein, und er währte sechs Tage.

Apocalypse now

Kein Mensch kann sich vorstellen, wie elend man sich in einem kleinen Segler bei bis zu neun Meter hohem Wellengang und 45 Grad Neigung fühlt. An Schlaf ist nicht zu denken. Ich liege in meiner winzigen Koje im Unterdeck, rechts von mir ein versiegeltes Bullauge, hinter dem im Sekundentakt mit furchtbarem Schlag das Wasser zusammenbricht, links ein gespanntes Segeltuch, damit es mich nicht raushaut. Der Magen ist mir bis zum Gaumen angeschwollen. Gegenüber hat Holger mit denselben Problemen zu kämpfen. In seiner Behelfskoje im Maschinenraum ist der arme Plum bei Flaute dazu noch dem Motorenlärm und den Ausdünstungen des Dieselöls ausgeliefert. Wolf und Rainer Seidel, der Bootsmann, horchen noch im Halbschlaf nach draußen, allzeit bereit, einer verzweifelten Lage mit verzweifelten Maßnahmen zu trotzen. Oben halten Gerd und Pater Nachtwache. Sie haben sich an der Reling festgebunden, damit sie von einem besonders schlimmen Brecher nicht über Bord gespült werden. Das wäre der Ernstfall, weil die Lebenserwartung in minus ein Grad kaltem Wasser auf drei Minuten zusammenschnurrt.

Es ist zwei Uhr morgens. Ich habe seit Tagen nur Suppe gelöffelt, und ich kann nicht schlafen. Ich stelle mir vor, wie viel Geld ein Charterflieger gekostet hätte. Ich habe gerade beschlossen, dass es doch zu teuer gewesen wäre, da kommt Pater mit grünem Gesicht hereingetorkelt und bohrt mir einen Finger in die Rippen. »Ablöse.« Die Verrenkungsübung auf der Minimal-Toilette dauert eine Viertelstunde, vor der Tür hüpft Plum schon auf und ab und stinkt grausam noch Dieselöl. Auf dem schwankenden Weg nach oben werfe ich einen Blick aufs Computernavigationsgerät. Noch 150 Meilen. Das macht bei acht Knoten (20 Stundenkilometern Durchschnittsgeschwindigkeit) noch weitere 48 Stunden in der Hölle. An Deck angekommen, binde ich mich für die kommenden drei Stunden am Ruder fest und muss mich über nasse Klamotten nicht aufregen, weil sie ja schon seit Tagen nicht mehr trocken sind. Es ist kalt. Die Nacht ist undurchdringlich, eben so kann ich am Steuer noch Plum erkennen, dem die Sprüche seit einiger Zeit ausgegangen sind. Ich sehne mich nach einer Welt ohne Wasser, ohne Übelkeit und ohne Antarktis. Ich frage mich, welcher Teufel mich da eigentlich wieder geritten hat. Ich habe einen Moment lang keine Antwort.

Wolf hat uns wohlweislich erst hinterher erzählt, was alles hätte passieren können. Eine Sturmbö hat ihm vor Kap Horn mal das Segel zerfetzt und den Mast bis aufs Wasser gedrückt, so dass er beinahe gebrochen wäre. Die Seekrankheit, berichtete Wolf, kann so furchtbar werden, dass man umkehren muss. So schlimm wurde es bei uns zum Glück dann nicht. Die See war hart, aber nicht unpassierbar. Die *Santa Maria* schwankte, doch sie kippte nicht. Wir schluckten Medikamente gegen Übelkeit, bis uns auch davon wieder schlecht wurde.

Was man an Bord auch anstellte, die simpelsten Handgriffe wurden zur Prozedur. Aufstehen, Schuhe anziehen, aufs Klo gehen, Wache halten, essen, Schuhe ausziehen, wieder hinlegen – man glaubt einfach nicht, wie kräftezehrend solche Belanglosigkeiten für einen apathischen, völlig ausgelaugten Organismus werden können. Man muss sich schon aufraffen und genau konzentrieren, um allein die Uhrzeit abzulesen. Geredet haben wir in diesem Stadium kaum mehr miteinander. Jeder war gänzlich auf sich selbst fixiert: Ruhig bleiben – den Glauben nicht verlieren – durchhalten, so hämmerte es in unseren Schädeln. Die verbleibenden Meilen zur Antarktis haben wir dann regelrecht heruntergebetet. Als der Navigator eines Morgens »nur« noch 99 Meilen anzeigte, da fühlten wir uns, als hätten wir eine Schallmauer durchbrochen.

Eine Diva lüftet den Schleier

Am 6. Februar um vier Uhr morgens starrten Holger und ich angestrengt durchs Fernglas, um vielleicht ein Zipfelchen Küste entdecken zu könnten. Außerdem war mittlerweile mit den ersten Eisbergen zu rechnen, wir mussten also auf der Hut sein. Unten saß Wolf schon unruhig am Kartentisch und berechnete unsere Koordinaten. Es wurde langsam ernst. Die Glücklichen waren dann wenig später Kurt und Plum. »Ich glaub', ich spinn'! *Land in Sicht!!!*« Plums Stimme vom Oberdeck, gegen sechs Uhr in der Früh – ein Jauchzer, ein Befreiungsschlag. Und doch habe ich unten noch total erschöpft eine geschlagene Stunde lang weitergedämmert. Irgendwann bin ich dann die schwankenden Treppenstufen hinaufbalanciert, habe die müden Augen aufgerissen und geschaut. Es war – gigantisch.

Draußen war der Morgen angebrochen. Die dichte Wolkendecke, die in den vergangenen Tagen zum Ersticken nahe über uns gehangen hatte, riss auf. Der Nebelschleier hob sich. Vor mir lag, gleißend im Gegenlicht, die Antarktis. Sie war wie eine Diva, die sich nicht hatte zeigen wollen, sich ein ums andere Mal verleugnen ließ und mir plötzlich, ohne Ankündigung, ihre spröde Gunst gewährte. Kindliche Erinnerungen strömten unvermittelt auf mich ein. Wie ich als kleiner Bub mit der Taschenlampe unter der Bettdecke gelegen und Shackleton gelesen hatte. Wie ein Traum allmählich in mir aufgestiegen war, ohne Hoffnung auf Erfüllung.

Wie ich vor zwei Jahren auf der Bergsportmesse in Friedrichshafen von einem Bildband fasziniert war und mir zum ersten Mal vorgestellt hatte, dass diese Phantasie einmal Wirklichkeit werden würde. Wie lang wir dafür gearbeitet hatten. Jetzt sah ich sie erstmals mit eigenen Augen, die Antarktis. Und sie war schöner, wilder und abweisender, als ich mir das in meinen kühnsten Träumen hätte vorgestellen können. Zerklüftet. Zerrissen. Praktisch unzugänglich. Durchzogen von unermesslich großen Gletschern, die wie Wolkenbänke über mehrere hundert Meter tiefe Abgründe in die See vorstießen.

Es liegt mir fern, die furchtbaren Strapazen der Überfahrt im Nachhinein kleinzureden. Sie sind mir bis heute in schaurigster Erinnerung. Doch allein dieser einzige Moment, dieses kindliche Schauen und Staunen und Überwältigtsein, dieser Blick auf meine wider Erwarten huldvolle Diva – er ist jeden Wellenbrecher, jede Anti-Übelkeits-Tablette und alle Mühen wert gewesen. Wir standen an Bord, wortlos. Wir waren nicht die Hauptdarsteller, sondern das Publikum, Zeugen einer grandiosen, exklusiven Inszenierung. Die Bühne schien allein für uns bereitet, und nur wir sahen, wie sich der Vorhang hob und welch exotische, ungeahnte Schönheit sich dahinter verbarg. Wir waren ein paar Minuten lang die reichsten Männer der Erde. Pater hatte sich von seiner Seekrankheit mit einem Schlag erholt und schob ein Tape ins Kassettendeck. Die herrliche Stimme der Callas brandete an die Steilküste des ewigen Eises. Es war einer der glücklichsten Momente meines Lebens.

4

Distanz überwinden – Klarheit gewinnen

Bevor Stefan und sein Team auslaufen konnten, musste die Wetterlage okay sein. Ohne Wind oder bei Sturm hätte die *Santa Maria* weiter im Hafen von Ushuaja vor Anker gelegen und wäre dem Ziel damit keine Seemeile näher gekommen. Ohne das richtige Klima, ohne die günstige Großwetterlage kommt auch ein Verkäufer seinen Zielen keinen Schritt näher.

Das Klima im Verkaufsgespräch

Der wichtigste Einflussfaktor auf das Klima, die Atmosphäre, sind wir, die Verkäufer selbst. Genau genommen ist es unsere Persönlichkeit, der Bereich, aus dem unsere Ausstrahlung kommt.

Jedes Verkaufstraining, Rhetorikseminar oder Ähnliches kann nur sehr bedingt erfolgreich sein, wenn wir nicht bereit sind, unser Inneres in unsere Arbeit mit einzubeziehen. Das »Outfit« bleibt schale Hülle, wenn das »Infit« nicht stimmt. Zugegeben, wir sehen toll aus, wenn wir zum Kunden gehen oder im Verkaufsraum stehen. Aber was spürt der Kunde, wenn er uns anschaut? Was liest er in unseren Augen, wenn wir ihn begrüßen? Was hört er in unserer Stimme, wenn wir ihn nach seinen Wünschen fragen? In jedem Fall die Wahrheit!

Ich selbst kann mich gut an die Zeit erinnern, als ich als junger Bankkaufmann in den Außendienst einer großen deutschen Bausparkasse gewechselt bin. Kaum zurückgekehrt von den ersten firmeninternen Trainings, stieß ich auf den ersten Widerstand bei meinen Ansprechpartnern in den von mir zu betreuenden Banken. Die wollten nicht so wie ich, haben nicht kapiert, um was es geht. Ich war hoch motiviert und gut ausgebildet, wusste also, wie eine solide Wohnbaufinanzierung aussehen muss und wie man die Kunden für sich gewinnt. Und diese faulen, blöden Banker hatten natürlich die Zeichen der Zeit nicht erkannt und kamen nicht in die Gänge. Können Sie sich meine Ausstrahlung vorstellen? Ich auch – ich muss der arroganteste Schnösel gewesen sein, den ich mir heute denken kann. Meine Überheblichkeit war mir wohl ins Gesicht geschrieben. Aus heutiger Sicht kann ich sehr gut verstehen, dass mich eines Tages ein altgedienter Bankvorstand einfach hinausgeschmissen hat!

So geht es also nicht. Was ist zu tun?

Arbeiten wir so, dass wir den Menschen im Funktionsträger für uns gewinnen.

Und wie gewinnt man Menschen? Wie bewegt man Menschen? Wie verändert man den Standpunkt und damit den Blickwinkel? Sicher gibt es tausend Möglichkeiten, ich kenne kein pauschales Rezept. Aber eines ist sicher: Der Einstieg in jeden Kontakt zwischen Menschen passiert auf der berühmt-berüchtigten Gefühlsebene. Menschen reagieren instinktiv und blitzschnell auf Signale, die ihre Sinnesorgane an das Gehirn weiterleiten. Ein uralter Vorgang, der auch noch heute dafür sorgt, dass wir uns spontan wohl fühlen oder von Anfang an skeptisch sind.

Die Konsequenz aus diesen Erkenntnissen:

> Achten wir auf den Start, denn es gibt keine zweite Chance für den ersten Eindruck.

Erst im Laufe des Kontaktes, der Beziehung, korrigieren wir eventuell diesen wichtigen ersten Eindruck. Erst mal verschwindet ein Mensch in Schublade Nr. 24. Da wir selektiv wahrnehmen, bemerken wir die Signale am deutlichsten, die unseren ersten Eindruck bestätigen. Im privaten Bereich ist es oft ein Freund oder der Partner, der unsere eigene Einschätzung kritisch hinterfragt oder mit seiner Wahrnehmung ergänzt und korrigiert. Er sorgt unter Umständen auch dafür, dass es überhaupt zu weiteren Treffen, also weiteren Eindrücken kommt. Wer bringt unseren Kunden dazu, uns einen zweiten Termin, eine zweite Chance zu geben? Niemand. Ganz im Gegenteil, unsere Wettbewerber verhindern das eher. Eine böse Falle!

Das heißt also für die Praxis, dass wir uns von Anfang an darum bemühen, die Menschen für uns zu gewinnen. Immer wieder konnte ich Verkäufer beobachten, die den Kunden mit einer Flut von Fakten und Vorteilen überzeugen wollten. Es ist ihnen nur in wenigen Fällen gelungen. Ich vermute, sie haben alle vergessen, dass sie es mit Menschen und nicht mit Maschinen zu tun haben, und für Menschen gilt:

> Man kann Menschen niemals gegen ihr Gefühl gewinnen.

Also bleibt nur, die Gefühle (die jemand gegenüber einer Sache hegt) zu ändern beziehungsweise gleich dafür zu sorgen, dass die Gefühle im weitesten Sinne positiv sind. An dieser Stelle höre ich in meinen Seminaren oft den Einwand, dass es »sachliche Verstandesmenschen« gäbe, die man mit Emotionen nicht gewinnen könne. Diese Menschen wären ausschließlich an Fakten interessiert. Ja, es stimmt, ich kenne auch eine Menge Kunden, bei denen die Fakten im Vordergrund stehen. Im Gegensatz dazu kenne ich andere, die lange über Privates reden und viel von sich als Mensch einbringen. Allerdings glaube ich, dass es bei beiden Kategorien letztlich darum geht, ein gutes Gefühl entstehen zu lassen. Und das kann ich auf die eine oder andere Art tun – sachlich/nüchtern, emotional/warm oder durch eine Kombination von beidem.

Für Verkäufer ist es wichtig, die Gefühle ihres Gegenübers positiv zu beeinflussen. Wollen Verkäufer also kooperative, offene, nette und gesprächsbereite Kunden, müssen sie selbst etwas dafür tun, und zwar durch ihre eigene Ausstrahlung.

Wir ziehen das an, was wir ausstrahlen.

Noch mal zurück zu Kai Pfersich als Handelsvertreter im Finanzaußendienst: Irgendwann nahm mich ein erfahrener Kollege zur Seite und erzählte mir von dem Phänomen der »selbsterfüllenden Prophezeiung«: »Ob wir glauben, etwas tun zu können, oder nicht – wir behalten immer Recht!« Ich hatte auf einer Tagung wieder einmal erzählt, dass man (um nicht zu sagen ich) mit bestimmten Berufsgruppen wie zum Beispiel Lehrern keine Geschäfte machen könne! Die wären so oberschlau und arrogant, die wüssten alles besser. Nach dem Gespräch mit dem Kollegen wurde mir klar:

Schon in der Bank hatte ich gelernt, dass Lehrer schwierig sind. Sie sind intelligent, hartnäckig und selbstbewusst. Denen kann man nicht so einfach auf die Schnelle mal etwas verkaufen. Das glaubte ich zu wissen.

Mit diesem Vorurteil im Kopf ging ich in den Außendienst und bald zu meinem ersten Lehrer. Kaum saß ich damals auf seiner Couch, machte er mir bittere Vorwürfe, die Bausparkasse hätte ihn bei den Zinsen betrogen. In der nun folgenden Stunde rechneten wir also seine Zinsen nach und kamen auf eine Differenz von 1,84 Mark. Er ließ mich für die damalige Wertstellungspraxis der Bausparkassen büßen. Neue Verträge abgeschlossen habe ich natürlich nicht. Lehrer sind ...!

Einige Wochen später musste ich wieder zu einem Lehrer. Voller Abneigung und Frust ging ich hin. Da ich wusste, was mir blühen würde, nahm ich den Taschenrechner mit, damit ich gewappnet war. Kaum saßen wir an seinem Tisch, fragte ich ihn mit zustimmendem Nicken: »Na, bei Ihrer Zinsabrechnung gibt es wohl auch einen Fehler?«

Er war verblüfft. Er hatte keine Ahnung, was ich meinen könnte, war auch bisher noch nicht auf die Idee gekommen, seine Zinsen nachzurechnen. Nun aber, nach meiner freundlichen Aufforderung, war er gerne bereit zu rechnen. Ergebnis: 4,10 Mark Differenz zu seinen Ungunsten.

Ich versprach ihm eine Gutschrift, schloss sogar noch einen Folgevertrag für seine Vermögenswirksamen Leistungen ab und ging. Frustriert über die geringe Provision für zwei Stunden Arbeit fuhr ich nach Hause. Mein Bild von Lehrern war bestätigt. Dass dieser zweite Lehrer eigentlich über eine Finanzierung sprechen wollte, habe ich erst gemerkt, als ich ihn vier Monate später im Neubaugebiet vor dem Rohbau seines neuen Hauses wieder getroffen habe. Dass die Finanzierung längst bei meinem Wettbewerber abgeschlossen war, versteht sich von selbst.

Fazit der Geschichte: Die Erwartungshaltung bestimmt die Werkzeuge und Vorgehensweisen, die man auswählt, diese bestimmen dann die Handlungen selbst. Die Handlungen wiederum haben entscheidenden Einfluss auf das Resultat. Ein interessantes Detail: Das lateinische Wort »resultare« bedeutet »zurückprallen«. Damit wird noch einmal deutlich, dass wir mit unseren Erwartungen etwas in die Situation hinein tragen und damit das Ergebnis fast vorwegnehmen. Dieses Ergebnis bestätigt und verstärkt den ursprünglichen Glauben. Ein Teufelskreis.

Sie können also passend angezogen sein und sich formal richtig benehmen, trotzdem wird sich Ihre Erwartung mitteilen und die Beziehung prägen. Wo sind Ihre »Lehrer« und andere Feindbilder – wollen Sie sich diese wirklich leisten? Kann man mit diesen

Scheuklappen heute überhaupt noch Geschäfte machen? Kann man nicht.

Aber auch heute arbeite ich noch mit Schubladen, mit deren Hilfe ich die Menschen, die mir täglich begegnen, einordne, sortiere und beurteile. Ich glaube nicht, dass man auf sie verzichten kann und dass das überhaupt sinnvoll wäre. Ermöglichen einem diese Schubladen doch einen schnellen und oft richtigen Umgang mit unseren Mitmenschen. Es lohnt sich aber sicher, die Schubladen ein Stückchen offen stehen zu lassen und immer wieder einmal hineinzuschauen und Inhalte umzusortieren. Als erwachsener Mensch denke ich ungern an jene Zeit zurück, in der ich – unreif wie ich war – die Schubladen auch noch abgeschlossen und den Schlüssel weggeworfen habe. Wie viel positive Erfahrungen und natürlich auch Umsatz mag mir wohl entgangen sein?

Der erfahrene Verkäufer muss – wie jeder erfahrene Mensch auch – selbstkritisch und offen mit seinen Mitmenschen umgehen. Er wird sich immer wieder die Zeit nehmen, seine Einschätzung, sein Urteil mit den gemachten Erfahrungen abzugleichen. Dazu braucht er allerdings Gelassenheit und Souveränität. Genau daran mangelte es mir an einem Frühsommertag 1990 in Ulm:

Ich war der frisch gebackene Leiter des Ulmer Büros eines europäischen Personaldienstleisters und hatte Besuch von meinem Vorgesetzten, dem Regionalleiter. Wir hatten einige Dinge gemeinsam zu besprechen, und nachdem wir alles geklärt hatten, fuhr er nicht gleich zurück nach München, sondern erledigte noch einige Telefonate und arbeitete in seinen Unterlagen. Mir war klar: Er würde nun den ganzen Tag beobachten, wie ich arbeite, denn schließlich war ich in der Probezeit. Zum Hintergrund müssen Sie noch wissen, dass wir damals händeringend nach Facharbeitern gesucht haben und entsprechende Anzeigen ständig in den Zeitungen waren.

Da ging die Türe auf, und eine »Gestalt« kam herein, einen Zigarettenstummel lässig auf den Gehweg schnippend, lange, zottelige Haare bis auf die Schultern, Oberlippenbart bis über die Mundwinkel, nackter Oberkörper unter einer Lederweste, Tätowierungen auf den Oberarmen, abgeschnittene alte Jeans und nackte Füße in Sandalen. Diese Gestalt, es war ein Mann um die Vierzig, erklärte mir, er suche einen Job und wolle sich deshalb hier bewerben. Meine spontanen Gedanken: Wie sieht der denn aus? Geht man so zu einem Vorstellungsgespräch? Den schmeiße ich gleich wieder hinaus. Ich wollte ihm schon sagen, dass wir keine Stelle mehr frei hätten, als mir mein Chef einfiel. Der erwartete – ganz nach den Richtlinien – von mir, dass ich möglichst jeden Bewerber einstellte, der auch nur den Hauch einer Chance auf gute Zusammenarbeit vermittelt. Also schluckte ich meinen »Rausschmiss« tapfer hinunter und bat ihn, Platz zu nehmen. Nachdem er die angebotene Tasse Kaffee gerne angenommen hatte, eröffnete ich dem Herrn, dass ich leider keine Möglichkeit hätte, ihn einzustellen, denn wir suchten ja nur Facharbeiter. Wie gesagt, er war tätowiert und sah auch sonst nicht wie ein Facharbeiter aus. Mit einem Lächeln im Gesicht sagte mir der Herr gegenüber, dass er das gelesen hätte und präsentierte mir seinen Facharbeiterbrief. Da war ich platt, wollte ihn aber immer noch nicht einstellen. Also nannte ich ihm den möglichen Stundenlohn, den ich bereit war zu bezahlen. Jetzt würde er doch hoffentlich einsehen, dass er hier nicht an der richtigen Stelle war. Ganz im Gegenteil: Er erklärte sich einverstanden und ließ sich auch von dem Einstellungstermin – zwei Wochen später – nicht von seinem Wunsch, hier anzufangen, abbringen. Ich hatte keine Chance: Ich musste ihn einstellen.

Zwei Wochen später wartete ich vor dem Büro auf meinen neuen Mitarbeiter, um ihn zu seinem ersten Arbeitsplatz zu fahren. Während ich wartete, malte ich mir schon aus, was ich dem Kunden erzählen würde, wenn dieser Typ nicht pünktlich erscheinen würde. Dazu müssen Sie wissen, dass es tatsächlich häufig vorkommt, dass sich Bewerber nur einen Arbeitsvertrag besorgen, um zum Beispiel einen Vermieter zu beruhigen. Sie erscheinen dann nie, um die Arbeit wirklich anzutreten.

An diese Fälle dachte ich, als ich auf den »Neuen«, wartete. Da kam er um die Ecke, in Arbeitskleidung, mit Sicherheitsschuhen an den Füßen und die Haare in einem Netz zusammengebunden. Ich war mehr als überrascht und fuhr ihn, schweigsamer als ich sonst war, zur Arbeitsstelle bei meinem Kunden.

Zurück im Büro machte ich mich an meine Arbeit und dachte nicht mehr an meinen neuen Mitarbeiter, als kurz nach neun das Telefon klingelte: Der Fertigungsleiter meines Kunden, bei dem mein neuer Mitarbeiter, Herr Hartmann, seit heute morgen arbeitete. Der Fertigungsleiter erklärte mir, dass er Herrn Hartmann nicht wie geplant sechs Wochen behalten wolle. Er wollte ihn für sechs Monate! Er hätte noch selten einen netteren, engagierteren und fachkundigeren Mitarbeiter gesehen.

Unser Mitarbeiter Manfred Hartmann arbeitete zuverlässig Woche um Woche, Monat um Monat. Ich – ins Grübeln gekommen – unterhielt mich fast jeden Freitag mit ihm und erfuhr so viele Details aus seinem Leben, über seine Werte und seine Einstellungen. Am Ende des Sommers organisierte ich für alle Ulmer Mitarbeiter ein Sommerfest auf einem Donauschiff. Fast alle kamen, auch Manfred Hartmann – mit seiner Gitarre. Er sorgte für eine so tolle Stimmung, dass alle, die dabei gewesen sind, noch lange darüber gesprochen haben. Er sorgte dafür, nicht ich! Durch die Bekanntschaft mit Manfred Hartmann habe ich mehr über Vorurteile, Schubladen und Klischees gelernt als in jedem Seminar.

Voreingenommen hatte ich einen Menschen in eine der unteren Schubladen gesteckt, nur weil er nicht meinen Vorstellungen entsprochen hatte. Er war nicht so wie ich gewesen. Heute ist mir klar, dass wir Menschen uns zu Menschen hingezogen fühlen, die so sind wie wir oder wie wir selber gerne wären. Alles andere, Fremde grenzen wir oft aus. Aber welcher Verkäufer kann sich das heute noch leisten? Wer kann einzelne Verhandlungspartner ignorieren oder sogar unangemessen behandeln? Niemand, der überdurchschnittlich erfolgreich verkaufen will.

Was es also braucht, ist: ja, was eigentlich? Auch an dieser Stelle wieder kein einfaches Rezept. Es ist relativ einfach, etwas dafür zu tun, sympathisch zu wirken. Aber die Bereitschaft, Menschen sympathisch zu finden, ist unendlich schwerer. Stets von Neuem mit Offenheit und Toleranz auf Dritte zuzugehen erfordert immer wieder enorme Kraft. Trotz Enttäuschungen, Druck und Zeitnot immer wieder das Sympathische, Liebenswerte an Menschen zu suchen ist eine anstrengende Sisyphusarbeit, die nie zu Ende ist.

Aber auch eine Arbeit, die sich lohnt. Mit Begriffen wie Erfolgserlebnis, Befriedigung oder Glück kann ich nur den Versuch machen, die menschliche Dimension zu beschreiben. Dass der materielle Erfolg noch dazu kommt, erwähne ich hier bewusst erst an zweiter Stelle. Dass er kommt, ist sicher.

Wenn es also kein einfaches Rezept gibt, wie könnte ein kompliziertes Rezept aussehen? Es besteht für mich in dem Gedankengut aus Büchern wie »Sorge Dich nicht – lebe«, »Der kleine Prinz« und der »Möwe Jonathan«. Auch »Und täglich grüßt das Murmeltier«

und die »Entdeckung der Langsamkeit« können mit dem »Prinzip Selbstverantwortung« zusammen eine gute Mischung ergeben. Würzen könnten Sie noch je nach Gusto mit Spaß und Unterstützung aus Ihrem Team.

Wenn dann noch Ausgleich und Befriedigung im Privatleben sowie Ordnung in den wirtschaftlichen Verhältnissen hinzukommen, sind die Voraussetzungen für gutes Gelingen gegeben.

Professionelle Gelassenheit – die Basis für Toleranz und mehr.

Diese Gelassenheit ist Grundvoraussetzung für den offenen Umgang mit Menschen, die Ihnen nicht von Anfang an sympathisch sind. Auch wenn die Chemie nicht stimmt, wird Ihre Gelassenheit dafür sorgen, dass schwierige Situationen nicht eskalieren. Wenn Sie ohne Angst gelassen in einer hitzigen Diskussion stecken, werden Sie in der Lage sein, die richtigen Worte, den kleinsten gemeinsamen Nenner zu finden. Ohne Gelassenheit kann es kein neugieriges aufeinander Zugehen geben. Wer ohne Gelassenheit ist, kann keine anderen Meinungen stehen lassen, wird die Grautöne nicht treffen, sondern weiter schwarzweiß malen. Ich bin sicher, jede Investition in Gelassenheit wird sich für Sie rechnen – tun Sie gleich heute noch etwas dafür.

Dann kann der Wind toben, die See sich auftürmen und das Schiff Fahrstuhl fahren. Jeder im Boot weiß: Es gibt keinen Grund für Zoff, keinen Grund für Nervosität und keinen Grund für Jammern – es geht nur darum, den Job perfekt zu erledigen. Stefan und seine Freunde haben sich auf ein wildes Stück Meer eingelassen. Auch im Verkauf kann die Situation mal stürmisch werden, da sind dann widrige Umstände, meterhohe Wellen und Seekrankheit ebenfalls nicht ausgeschlossen.

Vertrauen und Sympathie in stürmischen Gesprächen

Schon Stefans Beschreibung seiner Begleiter vermittelt einen Eindruck von dem guten Gefühl, dass alle füreinander haben. Alle kennen sich untereinander ganz genau und wissen, wie der andere tickt. Stärken und Schwächen sind allen längst bekannt und werden mit Humor und grundsätzlicher Wertschätzung akzeptiert. Dieses Gefühl füreinander, Vertrautheit und Respekt, ist die Basis jeder Zusammenarbeit - auch im Verkauf. Also gilt es, am Anfang eines Gespräches möglichst schnell Sympathie und Vertrauen des Kunden zu gewinnen.

Aus Unkenntnis, Unsicherheit oder schlichter Arroganz gehen viele Verkäufer über den Gesprächsanfang hinweg, meinen verächtlich, das Gerede bringe sowieso nichts. Nach den von mir begleiteten Kundenbesuchen rühmen sie sich noch, gleich auf den Punkt gekommen oder sachlich geblieben zu sein. Andere wiederum gestalten die erste Phase eines Gespräches wiederum so lieblos, dass sehr deutlich wird, dass sie sich für ihren Kunden nicht wirklich interessieren. Sie heucheln Interesse, sind nicht ehrlich und verpassen damit die Chance, Vertrauen zu erzeugen. Sie stellen die immer gleichen Fragen nach den Hobbys der Kunden oder geben Allgemeinplätze zu einem belanglosen Thema ab. Dem Kunden schießen sofort alle negativen Klischees über Verkäufer, Klinkenputzer und Vertreter durch den Kopf. Der Kunde erfährt keine Wertschätzung, im Gegenteil: Er spürt deutlich, dass er eben auch nur eine Nummer für den Verkäufer ist. Es wird keine Beziehung aufgebaut, der erste Eindruck ist entsprechend schlecht.

Schade eigentlich, denn gerade im Gesprächseinstieg, der ersten Gesprächsphase, stecken eine Menge Chancen. Damit kein Missverständnis aufkommt: Es gibt sicher Situationen, in denen es richtig und vernünftig ist, schnell zum Thema zu kommen. Auch bei den erfolgreichsten Verkäufern gibt es kurze, knappe Kontakte. Doch darüber sollte man nicht vergessen, dass in der Mehrzahl der Kontakte gerade in den ersten Minuten bereits eine Vorentscheidung darüber fällt, welches Ergebnis der Kundenbesuch bringen wird.

Nutzen Sie die Anfangsphase professionell – das heißt ehrlich und ohne aufgesetztes Gehabe. Die Idee ist folgende: Nutzen Sie ein Nebenthema für den Gesprächseinstieg. Damit ist ein Thema gemeint, das höchstens am Rande mit dem eigentlichen Inhalt Ihres Gespräches zu tun hat. Das könnte der Inhalt eines Zeitungsartikels sein, der die Branche des Kunden betrifft. Oder ein Buch, das Sie auf dem Tisch Ihres Kunden liegen sehen. Greifen Sie eine Bemerkung wie »Ich stecke mitten in den Messevorbereitungen« auf und gehen Sie darauf ein. Völlig individuell, Ihrer Spontaneität und Kreativität sind keine Grenzen gesetzt. Beobachten Sie aufmerksam, hören Sie zu, bereiten Sie sich auf den Gesprächstermin vor und Sie werden mit Sicherheit einen – auch für Sie interessanten – Aufhänger finden!

Haben Sie ein Thema gefunden, dann fragen Sie Ihren Kunden ausdrücklich um Rat, nach seiner Meinung oder seiner Einschätzung! Und ganz wichtig: Nehmen Sie den Kunden ernst, heucheln Sie kein Interesse und bleiben Sie unbedingt ehrlich. Jetzt zu den oben versprochenen Chancen, die sich daraus ergeben:

Chance Nr. eins: Sie signalisieren eine Menge Wertschätzung

Jeder wird gerne um seinen Rat gefragt. Es macht stolz und gibt jedem die willkommene Gelegenheit zu zeigen, was er kann oder weiß. Sie zeigen damit auch, dass Sie den Kunden in den Mittelpunkt Ihres Interesses stellen. Das Gespräch bekommt von Anfang an eine individuelle, interessante Note. Langweilige Verkäuferkontakte hat Ihr Kunde wirklich genug. In zahlreichen Untersuchungen bestätigen Einkäufer immer wieder, wie monoton und uniform Verkäufer die

Gespräche gestalten. Sie, der professionelle Verkäufer, fangen hier schon an, »anders« zu sein und bekommen dafür Zeit und Aufmerksamkeit geschenkt.

Chance Nr. zwei:
Sie signalisieren Ihre Lernbereitschaft

Im Verlauf des Gespräches kommt es zwangsläufig dazu, dass Sie Ihren Kunden direkt oder verschlüsselt auffordern, etwas Neues von Ihnen zu lernen. Er soll Ihr Produkt kaufen, alte Dienstleister durch Ihr Unternehmen ersetzen, er soll vertraute Standpunkte aufgeben und sich neuen Einsichten beugen. Hier gilt es, eine psychologische Barriere zu überwinden: Impliziert Ihr Vorschlag nicht, dass die darin enthaltene Lösung besser ist als die bisher vom Kunden genutzte? Muss er nicht eine ehemals getroffene Entscheidung revidieren? Erleichtern Sie Ihrem Kunden den Lernprozess, indem Sie den Anfang machen. Sie, der Verkäufer, lernen zuerst von ihm. Zeigen Sie, dass Sie bereit sind, etwas von ihm anzunehmen oder dass Sie zumindest einen neuen Blickwinkel in Ihre bisherige Betrachtung mit aufnehmen. Sie werden feststellen, dass Ihr Gesprächspartner dann seinerseits bereitwilliger alte Standpunkte (»Das machen wir schon viele Jahre mit ...«) durch Offenheit und Neugier (»Das klingt interessant, wie sieht das im Detail bei ... aus?«) verändert.

Chance Nr. drei:
Ihre Kunden können sich positionieren

Haben Sie sich heute morgen überlegt, was Sie anziehen sollen? Wenn ja, warum? Wollen Sie vielleicht passend angezogen sein? Wollen Sie Ihrem Umfeld mit Ihrem Äußeren etwas signalisieren? Wollen Sie in einem bestimmten Licht gesehen werden? Ja? Da bin ich beruhigt, mir geht es genauso, und wahrscheinlich sind wir da in guter Gesellschaft. Wir alle beziehen unser Selbstwertgefühl aus dem Echo unserer sozialen Umwelt. Das ist natürlich individuell unterschiedlich und auch von der jeweiligen Situation abhängig. Doch niemand würde Ablehnung, Dauerkritik, Ignoranz oder Ausgrenzung lange aushalten. Wir wollen dazugehören, okay sein, respektiert, bewundert und gemocht werden. Wir sind ständig damit bemüht, uns in unserem jeweiligen Umfeld zu positionieren, ein optimales Bild von uns zu erzeugen.

Ihrem Kunden geht es genauso: Er möchte sich in der jeweiligen Situation, zum Beispiel in einer Preisverhandlung, schnell und deutlich positionieren. Das wird ihm dann besonders wichtig sein, wenn er Kollegen aus seinem Unternehmen um sich herum hat. Sie und eventuell seine Kollegen sollen sehen, dass er kritisch, offen, modern, freundlich, traditionsbewusst, informiert, kompetent oder sprachlich versiert ist. Lassen Sie ihn seine Signale doch bei einem Thema senden, das Ihnen nicht weh tut. Geben Sie ihm die Gelegenheit nicht, wird er sich später in Ihrer Beratung über Einwände, kritische Fragen oder über seine Rabattwünsche positionieren. Und das wird anstrengend und teuer!

Chance Nr. vier: Sie bekommen ein Gefühl für den Kunden

Durch all das, was der Kunde Ihnen bis hierhin erzählt hat, haben Sie schon eine Menge über ihn erfahren. Das bedeutet, manche Fragen werden überflüssig, und Sie können schon jetzt Ihre Argumente für die spätere Beratung auswählen oder überdenken. Darüber hinaus bekommen Sie Hinweise für die optimale Ausdrucksweise, besonders die Adjektive, die Sie benutzen: Werden Sie Ihr Produkt als »neu« oder »erprobt«, als »schnell« oder »solide«, als »hochwertig« oder »belastbar« beschreiben? De facto treffen auf Ihr Produkt/Ihre Dienstleistung viele Beschreibungen zu, aber was stellen Sie in den Vordergrund? Machen Sie durch eine auf den Kunden abgestimmte Beschreibung deutlich, wie gut Ihre Lösung zu seiner Firma und zu ihm passt. Und natürlich, dass Sie selbst sein optimaler Berater und Ansprechpartner sind. Nutzen Sie diese Chancen konsequent, kommen Sie ihrem Ziel weiter näher.

Zeitdruck, Zwänge und unterschiedliche Interessen machen die Situation im Vertriebsalltag oft stressig. Unter Stress gesetzt fühlte sich auch die Besatzung der *Santa Maria*, als das kleine Segelschiff sich seinen Weg durch die *Drake Passage* suchte. Doch jede Person auf der *Santa Maria* hatte das sichere Gefühl, dass sie von den übrigen Teammitgliedern geschätzt wurde. Klar war auch, dass jeder von jedem lernen und profitieren kann – ja sogar muss. Jedes Teammitglied hatte sich positioniert, sich einen Ruf erworben. Die Folge war, jeder fühlte sich in seiner Position sicher. Das alles waren optimale Voraussetzungen, um den Horrortrip durch meterhohe Wellen zu überstehen.

Analyse der Situation – Fakten sammeln

Die *Titanic* ist bekanntlich an einem Eisberg gescheitert. Tatsächlich? Scheiterte sie nicht vielmehr an einer gehörigen Portion Arroganz? War es nicht so, dass man sich in Sicherheit wähnte und deshalb mit Höchstgeschwindigkeit fuhr, gut aufgehoben auf einem vermeintlich unsinkbaren Schiff? Man machte keine besonderen Anstrengungen, ja, die Männer im Ausguck hatten nicht mal Ferngläser, um die See genau zu beobachten. Die Verantwortlichen waren sich ihrer Sache sehr sicher. Zu sicher!

Können Sie sich dieselbe Arroganz bei unseren Kletterern vorstellen? Voller Selbstüberschätzung und mit borniertem Gehabe? Keinen Blick für die Natur, nur erfüllt vom Willen, den Gipfel des *Cape*

Renard Tower als Erste zu erreichen! Wie hoch schätzen Sie die Chancen für ein solches Team ein, heil hin und auch wieder heil heimzukommen?

Und können Sie sich einen Verkäufer vorstellen, der in diesem Stil vorgeht? Wie hoch werden wohl seine Chancen sein, bei den heute herrschenden Rahmenbedingungen erfolgreich zu verkaufen? Genauso schlecht, deshalb:

Keine Vermutungen oder arrogante Interpretationen.

Inzwischen sind Radar- und Sonartechnik in der Schifffahrt selbstverständlich. Kapitän Wolf navigiert die *Santa Maria* mit Hilfe eines Satellitennavigationssystems. Die unmittelbare Umgebung wird mit Radarstrahlen erfasst und der Rudergänger kann die sichere Route festlegen.

Machen Sie dasselbe: Lassen Sie Impulse los und verwerten Sie das Echo. Fragen Sie dem Kunden Löcher in den Bauch. Die Idee dahinter: Das reflektierende Verkaufen. Reflektieren Sie später in der Beratung (Kapitel fünf und sechs) die Rahmenbedingungen und Bedürfnisse Ihres Kunden. Legen Sie jetzt noch nicht mit der Beratung los, sammeln Sie erst einmal genügend Informationen. Dann erst, wenn Sie die Eisberge geortet haben, legen Sie Ihre Route fest. Schlechte Beratung ist häufig eine Folge mangelnder Analyse. Den Kunden werden Produkte und Dienstleistungen angeboten, die im besten Falle dürftig zu Ihren Anforderungen passen. Im schlechtesten Fall wirken sie kontraproduktiv und unbefriedigend, ja eventuell lösen sie sogar Folgeschäden aus. Denken Sie an Beratungen im Bereich der Finanzdienstleistungen, an die Materialauswahl beim Bau einer Bohrinsel oder die Computersoftware für einen Existenzgründer. Da platzen dann die Träume der Hausbesitzer, wenn die Raten der Finanzierung nicht mehr bezahlt werden können. Da bricht eine Verbindung im Bohrturm, wenn der Sturm mit Windstärke zehn über die Nordsee tobt. Die neu gegründete Firma bekommt das Rechnungswesen nicht in den Griff, Rechnungen werden nicht gestellt, die Liquidität ist dahin, Lieferanten können nicht mehr bezahlt werden. Der Konkurs ist dann nur eine Frage von wenigen Monaten.

Und wie finden Sie den idealen Fahrweg, um die Eisberge Ihrer Kunden zu umschiffen? Orientieren Sie sich einfach an den Beweggründen Ihrer Kunden, etwas zu kaufen. Jeder, der kauft, verspricht sich schließlich etwas davon. Dieser erwartete Nutzen könnte zum Beispiel sein:

- Erholung und Kraft, um nach dem Urlaub wieder leistungsfähig im Beruf zu sein;
- eine hohe Verzinsung, die für Kapitalzuwachs und Befriedigung sorgt;
- trotz Grippewelle den Versandtermin für die bestellte Ware einzuhalten;
- bei sinkenden Margen im Baustoffhandel ein Kies- und Schotterwerk rentabel zu betreiben.

Vier Beispiele aus Tausenden von Möglichkeiten! Wahllos und nur für einen einzelnen bestimmten Kunden, in dessen spezifischer Situation, ein Motiv. Halten wir an dieser Stelle nur fest: Der Nutzen ist so individuell wie der Mensch, der kaufen soll!

Die Eisberge, die Ihre Fahrrinne verengen, sind die Hinderungsgründe, die der Lust der Kunden zu kaufen gegenüberstehen. Das könnte zum Beispiel sein:

- das günstigere Angebot eines anderen Anbieters,
- der Rat eines Freundes, der schlechte Erfahrungen mit diesem Produkt gemacht hat,
- die guten Beziehungen des Kunden zum Verkäufer unseres Wettbewerbers,
- die alte Reklamation, die noch immer nicht vergessen ist.

Diese Eisberge verhindern einen Geschäftsabschluss todsicher, wenn sie von uns Verkäufern nicht erkannt werden und wir nicht sicher daran vorbeikommen. Daher macht es einmal mehr Sinn, genau hinzuschauen und hinzuhören!

Bleiben Sie also gelassen, wenn Sie einen Eisberg erkannt haben. Lassen Sie sich Zeit, Ihre Vorgehensweise, Ihre Argumente zu überlegen. Im Moment sind wir noch in der Analyse. Auf den konkreten Umgang mit Widerständen und Einwänden gehen wir noch gesondert ein. Hektische, fahrige Ruderbewegungen sind in der *Drake Passage* tödlich! Deshalb leitet auch Wolf kein neues Segelmanöver ein, bevor er nicht Seegang, Strömung, Windstärke, Position und die gesetzten Segel gecheckt hat.

Halten Sie unbedingt die Reihenfolge ein: Erst durch Fragen die Fakten überprüfen – dann erst beraten wir den Kunden.

Sie werden im Verkauf in Situationen kommen, in denen Sie der Kunde durch eine Detailfrage oder gar eine gezielte Provokation dazu bringen könnte, Ihre geplante Vorgehensweise zu vergessen. Reagieren Sie professionell. Professionell heißt hier: Zeigen Sie höflich, dass Sie die Frage oder den Einwand registriert haben und bitten Sie um Verständnis und einen Moment Geduld. Selbstverständlich kommen Sie später im Rahmen Ihrer Beratung auf die Frage zurück. Am Beispiel eines Dialoges im Call-Center einer Direktbank wird diese Sicherungstechnik deutlich:

Ein Interessent ruft bei der Direktbank an. »Guten Tag, ich habe Ihre Anzeige in der Zeitschrift *Focus* gelesen und wüsste gerne, welchen Zins Sie für 100 000 Mark bezahlen? Vermutlich stecken hinter Ihren tollen Werbeaussagen auch bloß dürftige Renditen?«

Der Profi der Direktbank: »Schönen Dank für Ihren Anruf, gerne beantworte ich Ihnen alle Fragen zum Thema Geldanlage. Damit ich Ihnen den richtigen Zinssatz nennen kann, habe ich einige Fragen an Sie. Auf diese Weise finden wir dann die für Sie in Frage kommende Anlageform heraus. Dann kann ich Ihnen auch sagen, mit welchem Zinssatz Sie genau rechnen können. Ist das in Ordnung für Sie?«

Der Interessent: »Ja, was wollen Sie denn wissen?«

So könnte es klingen, wenn eine Detailfrage zurückgestellt wird. Dieser Mitarbeiter weiß genau um die Risiken, die eine vorschnelle Beratung oder auch nur eine Zinsauskunft birgt.

Die Fragen für die besten Antworten: E. C. H. O. nutzen!

Ihre Kunden werden an der Qualität Ihrer Fragen Ihre Kompetenz erkennen. Sie brauchen in der ersten Phase eines Gespräches weder Ihre Branchenkenntnisse zum Besten zu geben noch mit Detailkenntnissen zu brillieren. Zeigen Sie Ihre Kompetenz vielmehr durch die Qualität Ihrer Fragen. Hier Beispiele aus der Baumaschinenbranche:

- »Wie beurteilen Sie die Auswirkungen der neuen europäischen Gesetzgebung in Sachen Emissionswerte?«
- »Wie denken Sie über die Arbeitsbedingungen der Fahrer im Load-&-Carry-Einsatz?«

Der Kunde merkt bei diesen Fragen sofort, dass der Verkäufer sehr gut weiß, welche Rahmenbedingungen den Maschinenkauf mit beeinflussen. Auch über die Zusammenhänge zwischen Arbeitsplatzergonomie und Produktivität ist der Verkäufer anscheinend gut informiert.

Was verbirgt sich nun hinter E. C. H. O. und wie nutzt man es? Sie fragen konsequent vier Bereiche ab, in denen die Eisberge des Kunden irgendwo versteckt sind. Die Felder sind:

E. *motions:* der Mensch, seine persönlichen Ziele, seine Befindlichkeit
C. *ash:* Preise, Einflussgrößen auf die Wirtschaftlichkeit
H. *ardware:* Technik, Ausstattung, Konfiguration, Daten
O. *rganisation:* Abläufe, Funktionen, Prozesse

Mögliche Fragen am Beispiel eines Personaldienstleisters:

E. *motions:* Wie bewältigen Sie die Doppelbelastung als Versandleiter für zwei Standorte?
C. *ash:* Wie überprüfen Sie, ob ein externer Mitarbeiter sein Geld wert ist?
H. *ardware:* Welche Technik muss ein Mitarbeiter in ihrem Hochregallager beherrschen?
O. *rganisation:* Wer arbeitet unseren Mitarbeiter ein?

Mit E. C. H. O. erfassen wir den Kunden aus allen Blickwinkeln.

Sie prüfen vier wichtige Aspekte der Situation und bekommen so eine solide Basis für Ihre Beratung. E. C. H. O. sorgt weiter dafür, dass Sie möglichst keine bedrohlichen Eisberge übersehen.

Welche Fragen zuerst? Die Trichtertechnik

Eine kleine Geschichte: Eine Frau betritt ein Reisebüro und erkundigt sich nach einem Urlaub: »Ich möchte einen Tauchurlaub machen, was können Sie mir empfehlen?« Die Reisebürokauffrau fragt nach dem Wunschtermin des Urlaubs und schlägt dann ein Hotel am Roten Meer vor, in dem Tauchkurse mit deutschsprachigen Tauchlehrern angeboten werden.

Die beiden diskutieren kurz über ein paar Hoteldetails, es wird noch eine Alternative vorgestellt. Nach 45 Minuten verlässt die Frau das Reisebüro mit diversen Katalogen und der Bemerkung: »Ich überlege es mir und melde mich, vielen Dank für Ihre Mühe.«

Zugegeben, eine triviale Geschichte – leider auch eine traurige Geschichte. Übertragen auf diverse Branchen und Verkaufssituationen habe ich sie schon viel zu oft erlebt. Nach kurzer Zeit werden schon Details wie Zustand der Tauchausrüstungen, mögliche Kreditkarten, Anzahl der Berufsjahre, Kundendienstintervalle und andere sicher wichtige Dinge besprochen.

Aber: Auf dieser Detailebene trifft kein Kunde die Entscheidung. Wertvolle Zeit wird vertan. Sind gerade diese Details überhaupt wichtig, spielen sie letztlich eine Rolle? Das kann der Verkäufer nach zwei Minuten Gesprächszeit doch noch gar nicht wissen. Deshalb sollten im Rahmen der Analyse vorher die grundsätzlichen Dinge geklärt werden:

- Soll der Urlaub ein reiner Tauchurlaub sein?
- Mit welcher Absicht soll das Geld angelegt werden?
- Welche Aufgaben warten auf den Mitarbeiter, was genau ist zu tun?
- Warum soll in der Kiesgrube mit einem Radlader gearbeitet werden?

Vorher macht es keinen Sinn, weiter in die Tiefe zu gehen: Was nützt zum Beispiel das Single-Hotel in der Wüste, wenn die Frau aus der oben erzählten Geschichte neben dem Tauchen auch Kultur mit ihrem Freund zusammen genießen will? Wem nützt ein toller Zinssatz und die steuerlichen Vergünstigungen einer langfristigen Geldanlage, wenn das Geld kurzfristig verfügbar sein soll? Welchen Unterschied machen drei Mark Preisdifferenz pro Stunde, wenn im Grunde sowieso ein ganz anderer Mitarbeiter viel besser für die Urlaubsvertretung geeignet wäre? Längere Kundendienstintervalle eines Radladers beeinflussen die Wirtschaftlichkeit weit weniger als zum Beispiel die zusätzlichen Einsatzmöglichkeiten der Maschine.

Aus diesen grundsätzlichen Erwägungen heraus resultieren die Prioritäten des Kunden in seiner Kaufentscheidung. Für unsere Beispiele sollten folgende Prioritäten geklärt werden:

- Wie hoch ist das Budget für den Urlaub?
- Wie denkt der Kunde über Investmentfonds?
- Wie lange wird der Mitarbeiter eingearbeitet?
- Wie lang sind die Fahrtstrecken in der Kiesgrube?

Erst jetzt macht es Sinn, auf die Details einzugehen:

- Sollen die Tauchkenntnisse durch Kurse verbessert werden?
- Wann kann das Geld überwiesen werden?
- Wie sind die Arbeitszeiten in dieser Abteilung?
- Welche Laufzeit soll das Wartungs- und Servicepaket haben?

> Die Reihenfolge der Fragen ergibt den Aufbau Ihrer Analyse: vom Grundsätzlichen zum Detail.

Durch Ihre Fragen an den Kunden haben Sie die möglichen Lösungen effizient und logisch eingeengt. Achten Sie also bitte bei Ihren Fragen auf die Reihenfolge: Sie entscheidet über den Zeitverbrauch, die Nachvollziehbarkeit und die Treffsicherheit Ihrer folgenden Beratung.

Land in Sicht! Sie haben es geschafft – Sie sehen jetzt die Situation des Kunden deutlich vor sich. So deutlich wie unser Expeditionsteam vom Schiff aus die Eisküste sah und wusste: Endlich geht es los, endlich können wir zeigen, was wir können. Endlich nicht mehr passiv sein, sondern aktiv handeln.

5

Die Landung

Das Wetter wurde zunehmend besser. Als wir gegen 11 Uhr vormittags in den ersten natürlichen Eiskanal einfuhren, war der Himmel über uns stahlblau, das Thermometer zeigte angenehme zwei Grad über Null. Es war, als hätte die launische Natur beschlossen, uns für die Zumutungen der vergangenen Tage ein wenig zu entschädigen. Wir fühlten uns wie von den Toten auferweckt. Die Seekrankheit war mit einem Mal wie weggeblasen, und ich verspürte etwas Riesiges, Brodelndes, ein Wahnsinnsdrücken in der Magengegend. Ich hatte Hunger. Den anderen ging es ebenso, und der Bootsmann waltete seines Amtes.

Wolf machte unsere wackere *Santa Maria* gerade in einer kleinen Bucht fest, da stieg uns schon der herbe, immer ein wenig faulige Geruch von gebratenem Lammfleisch in die Nase. Wir stürzten uns darauf wie gierige Hyänen und verputzten es bis auf die letzte zähe Faser. Es war ein Festmahl. Danach gab es kein Halten mehr.

Erst Kurt, dann Plum, Holger, Pater, ich und zuletzt Gerd – einer nach dem anderen hievten wir unsere Gummibeine über die Reling und hatten, zum ersten Mal seit einer Woche, wieder festen Boden unter den Füßen.

Die Ernüchterung

Wir wollten uns ein wenig die Beine vertreten und erklommen einen kleinen Hügel, von dem aus man einen ganz guten Überblick hatte. Ich weiß noch, wie ich da stand und mich fragte, wer wohl als erster etwas sagen würde. Es war Kurt. Kurt sagte: »Au Scheiße.«

Die Küste, wie sie sich von hier oben erschloss, war steil, eisdurchzogen und den Kapriolen von Wetter, Wind und Wellengang schutzlos ausgesetzt. Die Küste schien praktisch unzugänglich. Sie war um ein Vielfaches wilder, als selbst Holger das erwartet hatte, der sonst immer auf das Schlimmste vorbereitet ist. Die mit Gletschern übergossenen Bergmassive türmten sich direkt aus dem Meer auf schätzungsweise 2000 Meter Höhe auf und waren die zerklüftetsten, die ich in meiner weltumspannenden Laufbahn als Freikletterer je gesehen habe. Grandiose Formationen, geradezu Furcht einflößend. Irgendwie hatte ich bei meinen Vorbereitungen stets die grönländische Küste vor Augen gehabt, die einem ja auch so einiges abverlangt. Aber das hier war anders. Riesiger. Verächtlicher. In diesem Moment wurde mir bewusst, dass ich am menschenfeindlichsten Flecken der Erde gelandet war. Schließlich fand Pater als erster die Sprache wieder und drückte aus, was uns allen durch den Kopf ging. »Jungs, das wird eine echt harte Nummer. Wir können froh sein, wenn wir hier überhaupt einen Landeplatz finden.« Die ausgelassene Stimmung des Vormittags war verflogen. Niedergeschlagen, mit einem unguten Gefühl im Bauch stiegen wir wieder zum Boot hinunter. Breiteten die nassen Kleider an Bord zum Trocknen aus. Legten uns schlafen. Es wurde nicht mehr viel geredet an diesem Tag.

Wir hatten Bilder gesehen, sicher. Wir hatten die Geschichten von Antarktis-Fahrern gelesen, gestandene Abenteurer, die unverrichteter Dinge wieder umkehren mussten, weil dieser Kontinent eine Nummer zu groß für sie war. Aber nichts davon hatte uns auf das hier vorbereiten können. Wohin wir auch blickten, wir sahen nichts als Schwierigkeiten.

Der folgende Tag bestätigte und verstärkte unseren ersten Eindruck. Der himmlische Meteorologe hatte es sich über Nacht mal wieder anders überlegt, er schickte uns Regen, Schnee und dicke Wolken. Es war wirklich kein Wetter, bei dem man gerne um tonnenschwere Eisblöcke herum einen Slalom segelt. Doch die Zeit drängte. Nach unserer Vorausberechnung hätten wir in diesem Augenblick längst im Basislager sitzen sollen. Wir konnten es uns einfach nicht leisten, einen weiteren Tag ungenutzt verstreichen zu lassen. Wolf warf also den Motor an (die Kanäle sind viel zu eng, um darin zu segeln), und wir starteten die Schleichfahrt durch die Eisberge. Es können irrsinnige Winde entstehen vor den Klippen der Antarktis: 160 Stundenkilometer und mehr – wen ein solcher Sturm auf einem kleinen Boot oder an einer exponierten Wand erwischt, der ist schnell ein toter Mann. Diese Gedanken spukten in meinem Kopf herum, während ich mit großen Augen das Naturschauspiel Küste an mir vorübergleiten sah.

Liebesgrüße aus der Tiefe

An diesem Morgen sichteten wir unsere ersten Buckelwale. In weiter Ferne spritzten die riesigen Schwanzflossen aus dem Wasser, änderten den Kurs, kamen näher, noch näher. Ganz nah. Die Wale waren enorm groß, ein jeder so lang wie die komplette *Santa Maria.* Sie spielten mit dem stählernen Artgenossen, tauchten unter ihm hinweg, kamen wieder hoch, schwammen minutenlang an seiner Seite, um ein weiteres Mal mit raumverdrängender Gewalt hinabzutauchen. Sie begleiteten uns zwei Stunden lang. Einmal sahen wir den mächtigen, pockennarbigen Schädel. Er stieß aus dem Wasser wie ein U-Boot, reckte sich höher, drehte sich, wandte uns eines seiner trüben Augen zu und verschwand wieder. Ich habe so etwas noch nie erlebt. Es war unser zweiter großartiger Willkommensgruß. Wolf war so bezaubert, dass er sofort unter Deck rannte und eine

Kassette mit »Walmusik« hervorkramte. Ein seltsames Geräusch, dieses dumpfe Pfeifen und Tuten und Glucksen im dichten Nebel. Den Walen hat es wohl nicht gefallen – sie drehten schließlich ab.

An diesem Abend gingen wir in Port Lockroy vor Anker, nur noch knapp drei Segelstunden vom *Renard Tower* entfernt. Port Lockroy ist eine ehemalige Forschungsstation, die von zwei Engländern gerade zum Museum umgebaut wird. Die Briten entpuppten sich als echte Käuze, sehr nett, ziemlich verschroben und unglaublich taff. Das muss man wohl auch sein, wenn man inmitten einer Pinguinkolonie lebt und die Umgebung 24 Stunden am Tag zum Himmel stinkt, dass Gott erbarme. Nichts gegen Pinguine – es sind schon drollige, liebenswerte Wesen. Aber man riecht sie eben schon, bevor man sie sieht.

Die Engländer boten uns in ihrer bescheidenen Hütte eine Unterkunft an, die wir als stolze Seefahrer leider ablehnen mussten. Aber um nicht unhöflich zu sein, vernichteten wir am Abend praktisch ihr gesamtes Reservoir an Dosenbier. Wir glaubten, ein bisschen Ablenkung verdient zu haben, doch letztlich konnte auch das *British Lager* gegen unsere Unruhe nichts ausrichten. »Wenn unser Berg genauso ausschaut wie die anderen ...«, hob Kurt zu vorgerückter Stunde an. Er ließ unausgesprochen, was genau dann wäre, doch wir wussten es auch so. Ziel verfehlt, ohne nennenswerte alpine Leistungen nach Hause – das konnten wir uns in diesem Moment verdammt gut vorstellen. Nein, das Dosenbier hat unsere Bedenken wahrhaftig nicht hinweggespült.

Am Fuße des Giganten

Der nächste Tag sollte der Tag der Wahrheit sein, und das Wetter war schlecht. Um sechs Uhr morgens kauerten wir frierend auf unserer Yacht und versuchten, ruhig Blut zu bewahren. Wir wollten uns vor allem nicht gegenseitig verrückt machen, aber die Unsicherheit wog doch zu schwer. »Wenn es an unserem Berg so aus-

schaut ...«, fing Kurt, mit Blick auf die vergletscherte Küste, wieder an. Plum platzte dann auch sofort der Kragen: »Was soll der Scheiß? Das bringt doch nichts! Jetzt lasst uns einfach noch eine Stunde lang die Klappe halten und das Ding erst mal angucken.« Stille. Dann ich: »Ja, aber gesetzt den Fall, dass es *tatsächlich* so schlecht ausschaut?« Ich muss einfach schon immer vorher wissen, wie ich mich verhalten werde, wenn die Realität nicht mit der Vorstellung übereinstimmt. Man muss im Vorfeld immer alles in Frage stellen, alternative Wege betrachten, sonst weiß man vor Ort sehr bald nicht weiter. Kann sein, dass mich meine Gedankenspiele in diesem Augenblick dem *Renard Tower* nicht einen Zentimeter näher gebracht haben. Aber sie haben mich bestimmt auf das vorbereitet, was wir an seinem Fuße vorfanden.

Unser Berg war wunderschön und noch sehr viel eindrucksvoller, als es die wenigen Fotos hatten ausdrücken können. 800 Meter tiefschwarze Felswand, von langen Rissen durchzogen und mit diffizilen Vorsprüngen garniert – kurz und gut: ein echter Leckerbissen für Kletter-Gourmets. Bei Kurt ging gleich die Post ab: »Also, dort drüben ist unser Einstieg, da gehen wir dann die Verschneidung hoch, und links davon der Riss, zu dem müsste man überwechseln, Moment, da geht's nicht weiter, aber rechts davon ...« Es war dann Holger, der Kurt darauf hinwies, dass man den Einstieg in die Wand erst einmal erreichen müsste. Und in dieser Hinsicht sah es wirklich niederschmetternd aus.

Wo ist der Weg?

Der *Renard Tower* steht auf einer Insel, die etwa drei Kilometer breit und sechs Kilometer lang ist. Eigentlich sollte es also eine große Auswahl an möglichen Landeplätzen geben. Doch unserer musste in der Nähe des geplanten Wandteils liegen, weil wir das Material unmöglich über mehrere Kilometer schleppen konnten. Am passenden Küstenabschnitt ließ sich aber weit und breit kein Platz zum Anlanden entdecken. Überall nur Gletscher, die mit tückischen Spalten durchzogen waren und jeden Moment ins Meer kalben konnten. Die wenigen Felspassagen waren extremem Wellengang ausgesetzt und, wie uns schien, mit dem Schlauchboot nicht zu erreichen. Wir kreuzten ein paar Stunden lang hin und her, entdeckten eine bestimmte Stelle, verwarfen sie wieder, suchten weiter. Und gleichzeitig verursachte uns nun noch ein weiterer Punkt Magenschmerzen, den wir bisher hintangestellt hatten: Wie würde das Gestein beschaffen sein?

An dieser Stelle wird wieder deutlich, wie ungewiss unser Abenteuer Antarktis im Grunde war. Wir hatten zwei Jahre lang geplant, alle erdenklichen Vorsichtsmaßnahmen getroffen, die Struktur der Wand so gut es ging auf Fotos studiert – aber wir wussten noch nicht einmal, ob es sich an diesem Berg überhaupt klettern ließ. Die Oberfläche des *Cape Renard* glänzte in der Mittagssonne, sie war anders als alles, was ich bisher gesehen hatte, und sie schien unheimlich glatt. Aber unser Berg konnte sich auch als Riesen-Krümelmonster entpuppen. Bei brüchigem Gestein hätte sich die Erstbegehung ein für allemal erledigt. Wir verschafften uns Gewissheit, indem wir an der benachbarten, etwas freundlicheren Insel andockten und das Gestein abtasteten. Uff ... Endlich mal was Positives! Der Stein war vulkanisch, griffig und sehr, sehr fest. Vielleicht sogar ... zu fest? Pater packte die Bohrmaschine aus, bediente den Startknopf - der Bohrer drang in den Fels ein und war nach einem Zentimeter stumpf. Wir schauten uns ungläubig an.

Bestandsaufnahme

Und das waren die Fakten: Wir waren 1200 leidvolle Kilometer von Feuerland in die Antarktis gesegelt, um einen Berg zu besteigen. Am Fuße dieses Berges fand sich kein Landeplatz. Der Berg selbst war so stahlhart, dass wir zum Bohren der Löcher eigentlich nur den einen Hartmetallbohrer benutzen konnten, den Kurt zufällig in Ushuaja gekauft hatte. Selbst wenn wir mit diesem einen Gerät auskommen würden, würden unsere Akkus nicht genügend Saft für zwei Bohrhaken pro Stand hergeben. Das heißt: Wenn wir überhaupt an Land gelangen und ein Basislager aufschlagen und die Erstbegehung schließlich angehen könnten, würde uns pro Standplatz in der Wand nur ein einziger Bohrhaken als Absicherung dienen, was ein zusätzlicher Risikofaktor war. Und damit hatten wir noch keinen einzigen Gedanken an die gefährlichen Kapriolen des Antarktis-Wetters verschwendet.

Frage: Was tut man in einem solchen Augenblick? Antwort: Man redet darüber. Ergänzung: Man redet darüber auf der sachlichsten Ebene, die sich nur irgendwie finden lässt.

Kurt meint: »Das bringt doch nichts, viel zu gefährlich, wir lassen das.« Das ist ganz schön ernüchternd. Kurt Albert ist so etwas wie eine Autorität auf seinem Gebiet, er hat von uns allen die meiste Erfahrung auf dem Buckel, und wenn er sagt, das geht nicht, dann kann man zu 95 Prozent davon ausgehen, dass das auch zutrifft.

Aber Kurt ist in diesem Moment auch nicht ganz so heiß wie wir anderen. Er hat bereits eine vier Wochen währende Bergtortur in Patagonien hinter sich, und seine Motivation für weitere Strapazen ist bei weitem nicht so hoch wie beim Rest der Truppe. Kurt also spricht den verführerischen Satz: »Es ist doch nett hier an Bord, das Essen (!) ist gut, also was soll's?« Holger wiederum, das ewige Gegengewicht zu Kurt, hat Feuer gefangen: »Wir können das schaffen. Ihr werdet sehn, das geht.« Auch das kommt nicht ganz von ungefähr. Holger ist viel beschäftigt, die Zeit für eine Erstbegehung in der Antarktis hat er sich mühsam abgespart. Alles andere als das Plansoll wäre für ihn ein Fehlschlag. Plum schließt sich an. Pater steht wie immer zu seinen Verbündeten im Geiste: »Plum und Holger haben recht. Eine Woche lang vor der Antarktis nur so rumkreuzen, das ist doch nichts.«

Kurt meldet sich noch einmal zu Wort. In Ushuaja hat ihm ein Skipper von einem Flecken namens *Sharp Peak* erzählt, der liegt circa 200 Kilometer weiter südlich, da kann man sicher auch klettern. Plum und Holger sind sofort dagegen: »Was soll das? Am Ende segeln wir drei Tage, und dann stimmen die Verhältnisse dort auch nicht. Dann sind wir total angeschmiert und kommen gar nicht mehr zum Klettern. Mensch, Kurt, sei kein Spielverderber.« Gerd sagt die ganze Zeit überhaupt nichts. Er weiß, dass er in unserem Team der Unerfahrenste ist und hält sich als Kameraprofi an die Devise: »Egal was ihr macht, ich fotografiere das.«

Und ich? Ich höre mir das Ganze an und mache mir so meine eigenen Gedanken. Sie gehen über das rein Sportliche hinaus. 60 000 Mark hat diese Expedition gekostet, und der Großteil der Summe ist durch Ausrüster gedeckt. Die Ausrüster wollen Ergebnisse sehen. Sie wollen tolle Bilder von einer spektakulären Erstbegehung, auf diesen Bildern soll möglichst oft ihr Label auftauchen, und dieses Label soll seinen Weg in Kataloge, in Zeitschriften und ins Fernsehen finden. Natürlich wird im Fall des Scheiterns kein Sponsor sein Geld zurückverlangen. Aber er wird es sich zweimal überlegen, ob er sich auch an meinem nächsten Unternehmen noch beteiligen will. Ich verdiene mit dieser Expedition einen Teil meines Geldes, das unterscheidet mich von den anderen im Team (Kurt ist zwar auch Profi, hat sich finanziell jedoch wesentlich weniger von Sponsoren abhängig gemacht). Wenn das hier schief geht, hämmert es in meinem Kopf, hast du in diesem Jahr kein Thema. Dann musst du bei deinen Vorträgen wieder auf die bereits bekannten Fotos von Grönland und Kanada zurückgreifen. Vereinbarte TV-Auftritte, Zeitungsinterviews und Bildstrecken in Hochglanzmagazinen fallen flach. Und wenn du Pech hast, bist du draußen.

Andererseits: Ein im höchsten Maße risikobereites Unternehmen ist kein intelligentes Unternehmen mehr. Was nützt mir die größte Schlagzeile, wenn sie lautet: »Sechs deutsche Alpinisten in der Antarktis tödlich verunglückt«? Ich suche mit dem Fernglas die Küste ab und entdecke keinen Landeplatz. Ich schaue auf den *Renard Tower* und stelle mir vor, wie man sich bei einem Schneesturm in dieser Wand behaupten könnte. Ich versuche in den Gesichtern der anderen zu lesen: Sind sie noch wirklich motiviert? Sind sie so motiviert, dass sie bei der nächsten Schwierigkeit nicht umfallen, einer nach dem anderen? Plum kann mit den Augen nicht von der Steilwand lassen, im Geiste sieht er sich bestimmt schon oben stehen. Plum sagt: »Über diesen Eisbruch könnte man vielleicht drüber kommen, wenn man sich ganz am Rand hält.« Kurt sagt: »Do geh' i net rüber.« Ich sage: »Plum, red keinen Schmarrn. Das wär' der pure Wahnsinn.« Pater klinkt sich ein: »Jetzt mal in aller Ruhe. So einfach dürfen wir uns das nicht machen.« Aber Ehrgeiz allein hilft nicht. Also – was nun?

… und der Kurt ist *doch* kein Spielverderber!

Wir überprüften die Küste ein weiteres Mal und entdeckten 200 Meter unterhalb der Wand einen kleinen, eisfreien Felsabsatz. Er lag einigermaßen geschützt, wurde zwar ebenfalls vom Wasser überspült, doch mit etwas Glück und guten Nerven hätte ein Landemanöver vielleicht eine Chance. Von hundert schlechten Möglichkeiten war dies die aussichtsreichste. In jenem Moment galt es: Wollten wir es wagen – oder nicht? Mir stockte der Atem. Und da meldete sich noch einmal, völlig unverhofft, Kurt zu Wort: »Also, wir müssten das Gepäck natürlich sofort aus der Brandungszone schaffen, am besten gleich da hoch auf die Schulter, sonst nächtigen wir am Berg in nassen Schlafsäcken. So ungemütlich wollen wir es da oben ja nicht haben, oder?« Und das war die Entscheidung. Wir haben sie alle sofort akzeptiert: Plum voller Begeisterung, Holger, Pater und ich mit einem Seufzer der Erleichterung. Und Gerd hatte seine packenden Aktionsbilder bereits vor Augen.

Es war sechs Uhr abends. Wir segelten nach Port Lockroy zurück und nutzten die ruhige Fahrt der *Santa Maria*, um die Ausrüstung zusammenzustellen. Natürlich war die Packliste unauffindbar ... Der arme Wolf hätte sich bestimmt nicht träumen lassen, dass man sein geliebtes Schiff innerhalb kürzester Zeit in solch ein Chaos stürzen kann. Besorgt verfolgte unser Skipper, wie wir vom Bug bis zum Heck jeden Winkel auf den Kopf stellten. Berge von Trockennahrung, Haken, Klemmkeilen, Steigeisen und Eispickeln türmten sich an Deck, mussten sortiert und in wasserdichte (!) Säcke verpackt werden. Für das morgige Übersetzen rechneten wir sicherheitshalber mit dem Schlimmsten.

Das Anlandemanöver

Wie wir die Ausrüstung und uns letztendlich an Land gerettet haben? Es war ein höllisches Theater, ein veritabler Mehrakter für acht Mann, zwei Schlauchboote, zahllose Eisberge und 300 Kilogramm Gepäck. Immerhin fand die Aktion bei gutem Wetter statt. Holger, Pater und Plum kämpften sich bei bis zu drei Meter hoher

Dünung in den Booten an die Felsen heran. In einem günstigen Moment hechteten sie an Land. Geschafft! Allerdings: Dieses Kunststück musste noch einige Male wiederholt werden. Sack um Sack landete am Ufer, die drei Schwerstarbeiter jedoch standen dabei mehrfach bis zur Hüfte in minus ein Grad kaltem Wasser. So viel seemännische Ungeschicklichkeit hielt Wolf irgendwann nicht mehr an Bord, den Landratten musste geholfen werden! Während also der Captain selbst das Kommando über die Schlauchboote übernahm, kämpften Kurt, Gerd und ich um die Existenz der *Santa Maria*: Mit Müh und Not umschifften wir die herantreibenden Eistrümmer. Wir arbeiteten Hand in Hand, wie ferngesteuert. Hätten wir einander nicht blind verstanden, die ganze Aktion wäre im wahrsten Sinne des Wortes ins eiskalte Wasser gefallen.

Nach fünfstündiger Maloche war es dann so weit: Zubehör und Mannen befanden sich an Land, Letztere mit den Nerven am Ende und körperlich total erledigt. Dabei hatten wir für diesen Tag nur die erste Hürde genommen, die zweite und dritte standen uns noch bevor: Wir mussten noch 200 Höhenmeter überwinden und ein Basislager einrichten, das Wind und Wetter standhalten würde.

Der Streit, der ausblieb

Wir wollten unsere Zelte auf einer Felsschulter aufbauen, die wie ein überdimensionaler Schiffsbug ins Meer vorstößt. Vom Landeplatz aus führte unser Weg über ein 50 Meter langes Schneefeld mit einem geschätzten Neigungswinkel von 60 Grad hinan, es folgten 100 Meter Fels und eine weitere steile Firnflanke. Auch allein mit Steigeisen und Pickel wäre es eine anspruchsvolle Tour gewesen. Mit sechs Zentner Gepäck in den Seilen wurde es zur Wahnsinns-Plackerei. Die Rucksäcke von je 15 Kilogramm trugen wir noch selbst nach oben; die Materialbeutel (bis zu 50 Kilogramm) hievten wir über ein kompliziertes Flaschenzugsystem über die Fels- und Eispassagen. Die Stimmung war mittlerweile am Siedepunkt angelangt. Pater kletterte gemeinsam mit Plum voraus und verlegte die Fixseile, obwohl er darin nun wahrlich kein Experte ist. Natürlich scheuerten unsere kostbaren Lebensretter dann auch ein paarmal über gefährlich scharfe Felskanten, und ich ärgerte mich schwarz. In jeder anderen Situation hätten wir uns wahrscheinlich furchtbar in die Haare gekriegt. Doch an diesem Ort, zu dieser Zeit war kein Raum für einen Streit.

Um 19 Uhr, die Dämmerung setzte bereits ein, begannen wir das Basislager herzurichten. Zwei Männer schaufelten eine ebene Fläche für die Dreimannzelte, zwei bauten rundherum eine meterhohe Schneemauer als Windschutz, die beiden anderen packten die Säcke aus und fingen schon mal an zu kochen. Das sind die Vorteile eines großen Teams: Man kann sich solche Pflichtübungen teilen. Zum Schluß trieben wir 30 Zentimeter lange Heringe ins Eis und beteten, dass unsere sturmerprobten Unterkünfte auch den Polarwinden standhalten würden. Isomatten und Schlafsäcke wurden nur noch so ins Zelt hineingeschleudert. Fünf von uns plumpsten in ihre provisorischen Betten und waren sofort eingeschlafen. Und ich – ich hockte mich noch für ein Weilchen draußen hin und ließ die Sinne und Gedanken schweifen.

»Was soll ich eigentlich hier?«

Ich sitze auf einer Felsschulter. Wenige Meter entfernt entzieht sie sich meinem Blick, kippt einfach weg, fällt 200 Meter bis zum Meer hin ab. Grenzenlosigkeit. Nichts mehr, woran sich das Auge stoßen könnte, es überwindet Hunderte von Kilometern mühelos. Dies ist die Antarktis. Die Nacht ist klar und klirrend kalt. Über mir spannt sich vieltausendfach funkelnd das Firmament, unten brandet die See, vage glaube ich darin eine riesige Schwanzflosse zu erkennen. Längst ist die Santa Maria *am Horizont verschwunden – Wolf wird die nächsten Tage in Port Lockroy verbringen. Die letzte Verbindung zur Zivilisation, gekappt. Ganz alleine jetzt. Ganz still. Es ist der schönste Lagerplatz der Welt! Hinter mir der* Renard Tower, *ein dunkler, drückender Schemen. Eben noch nur ein Foto, nun Wirklichkeit geworden. Und doch – ein Rätsel. Morgen werde ich versuchen, dieses Rätsel zu lösen, ihm mit Klemmkeilen, Haken und Fixseilen auf die Schliche zu kommen. Wozu das Ganze? Ich schaue mich um und ich erkenne: Du gehörst nicht hierher. Du hättest keine Überlebenschance. Mit viel Glück hast du eine befristete Aufenthaltsgenehmigung erworben, doch wenn sie abgelaufen ist, wird alles so sein wie zuvor. Die Antarktis wird sich nicht an dich erinnern.*

Ich könnte ewig so sitzen bleiben. Aber ich habe einen Berg zu besteigen. Die unnützeste Sache der Welt. Es fröstelt mich. In diesem Moment zweifele ich an allem: dem Ziel, dem gesamten Unternehmen, meinem Beruf. Die Frage, die ich schon so oft gehört habe, stelle ich mir jetzt selbst: Warum tust du's? Welchen Sinn hat eine sportliche Höchstleistung an einem solchen Ort? Warum unterwirfst du dich einem solchen Druck, anstatt einfach zu genießen? Mein Leben fliegt an mir vorbei. Die Versuche im Oberreintal, die ersten Erfolge als Wettkampfsportler, dann die Expeditionen und all die Menschen, die mich dabei begleitet haben. Es waren tolle Jahre.

Verdammt! Ich bin kein Segler, sondern Kletterer. Ich liebe es, auf Berge zu klettern. Ich werde es lieben, auf diesen Berg zu klettern. Und sei es die unnützeste Sache der Welt.

5

Wie Verkäufer sicher rüberkommen

Da standen Stefan und seine Freunde nun schweigend auf dem Schiff: Frustriert registrierten sie die vielen Schwierigkeiten, die da vor ihnen lagen. Wie sie es auch drehten und wendeten – die harte Realität der Eisküste war scheinbar eine Nummer zu groß für sie. Ich war zwar nicht dabei, kann aber den Kloß im Hals der sechs nachfühlen. Als Verkäufer habe ich schon oft ganz ähnliche Situationen erlebt: anspruchsvolle Kunden mit komplexen Anforderungen, die mich auf den ersten Blick zu überfordern schienen.

Jetzt entscheidet das Können des Einzelnen, hilft die Leistungsfähigkeit des Teams und die Qualität der eingesetzten Ressourcen. Los geht's, beraten wir den Kunden und zeigen ihm, was wir für ihn leisten können!

Die plausible Nutzendarstellung

Und was hören Kunden von manchem Verkäufer, was wird von diesem Beratung genannt? Sie hören vollmundige Aussagen wie:

- »Die Tauchausrüstungen sind neuwertig.«
- »Die besten Fondsmanager kümmern sich um Ihr Geld.«

- »Unser Mitarbeiter hat ein eigenes Auto.«
- »Der Radlader hat Power-Control II serienmäßig.«

Doch was heißt das für den Kunden? Es ist doch mit den obigen Aussagen überhaupt nicht klar geworden, welche Konsequenzen diese Merkmale haben. Der Kunde muss selber überlegen, was das eben Gehörte bedeutet. Er überlegt jetzt: Wie wichtig ist eine neuwertige Tauchausrüstung, was heißt eigentlich neuwertig? Er überlegt, wer ihm garantiert, dass diese Fondsmanager wirklich zu den Besten ihres Faches gehören. Schön für den Mitarbeiter, dass er ein eigenes Auto hat. Warum erzählt mir der Verkäufer das? Was habe ich von der Power-Control II, was macht die überhaupt?

Diese Beispiele machen deutlich, wie oberflächlich und schlampig mit Kunden umgegangen wird. Die Kunden könnten in vielen Fällen genauso gut einen Prospekt lesen, eine Homepage anschauen oder einen Vergleichstest studieren. Da wären sie dann genauso schlau. Und eben das machen dann auch viele: Sie spüren das Defizit beim Verkäufer und versuchen, auf eigene Faust zur richtigen Kaufentscheidung zu kommen. Es kann deshalb keine Überraschung sein, wenn wir die Kunden in Mediamärkten, Factory-Outlets, im Internet, bei der Preisagentur oder am Tankstellenshop treffen. Dort kaufen sie konsequenterweise billigere Computer ohne Beratung, probieren 20 Anzüge im stickigen Werksverkauf an, bestellen die gewünschten Bücher über www.(...).de, suchen über die Preisagentur den günstigsten Anbieter oder besorgen die benötigten Lebensmittel und rezeptfreie Medikamente beim Tanken. Das ist auch völlig in Ordnung – nur fehlt uns dieser Umsatz!

> Gerade die Beratung spricht aus Kundensicht
> für den Kontakt mit einem Verkäufer.

Neben dem Service, der freundlichen Atmosphäre, ist die Beratungsleistung einer der Hauptgründe für Kunden, etwas mehr zu bezahlen oder überhaupt bei uns zu kaufen. Vergessen wir dabei nicht, dass es natürlich auch Kunden gibt, die einfach nicht mehr Geld ausgeben wollen oder können. Und dass es Kunden gibt, die selbst so fachkundig sind, dass sie auf die Beratung verzichten können. Oft ist es auch einfach praktisch oder bequem, schnell – ohne große Beratung – einzukaufen.

Aber für alle anderen Fälle gilt: Die Argumentation des beratenden Verkäufers muss überzeugend sein. Sie muss dem Kunden einen Mehrwert bieten, zum Beispiel die Kenntnisse über die Auswirkung des Produkts, eine plausible Erklärung der Preise und eventuellen Mehrpreise gegenüber vergleichbaren Lösungen oder eine umfassende Wirtschaftlichkeitsberechnung. Das wäre sogar ein Mehrwert im eigentlichen Sinne des Wortes.

Die Diskussion auf der *Santa Maria* hingegen war ziemlich nutzlos und für das Team unfruchtbar. Behauptungen wie »Das bringt doch nichts« brachten die Gruppe keinen Deut weiter. Der Vorschlag, 200 Kilometer weiter zu einem anderen Berg zu segeln, war nicht durchdacht und damit als Alternative nicht zu gebrauchen. Stefan grübelte über die Erwartungshaltung der Sponsoren, ohne seine Gedanken auszusprechen; er hat nicht mal versucht, sie dem Team zu verkaufen. Das Team trat auf der Stelle. Es fehlte lange Zeit an einer überzeugenden Argumentation für eine bestimmte Vorgehensweise.

Wie in Kapitel 2 beschrieben: Unsere Aufgabe als Verkäufer ist es, unseren Kunden einen Nutzen zu verdeutlichen. In durchschnittlichen Beratungen verwechseln die Verkäufer diesen Nutzen mit Vorteilen. Sie beraten dann ungefähr so:

- »Neuwertige Tauchausrüstungen gehen nicht kaputt.«
- »Clevere Fondsmanager reagieren schnell auf Veränderungen am Markt.«
- »Unser Mitarbeiter ist durch sein Auto flexibel.«
- »Der Motor arbeitet immer im optimalen Drehzahlbereich.«

Auch diese Vorteile, sie könnten ebenso mit allgemeinem Nutzen umschrieben werden, sind noch nicht das, was die Kunden vom Verkäufer hören wollen. Der tatsächliche Nutzen ist noch zu vage formuliert, nicht richtig klar übersetzt und es sind zu viele Missverständnisse möglich. Noch handelt es sich um Aussagen, die denen in der Diskussion auf dem Boot ähneln. Gehen wir den Weg zu Ende, übersetzen wir die Merkmale und die daraus resultierenden Vorteile in den eigentlichen Kundennutzen. Beispielsweise so:

- »Das bedeutet für Sie, Sie können mit diesen Tauchausrüstungen lange und sichere Tauchgänge machen und dabei in Tiefen vorstoßen, die Ihnen unvergessliche Eindrücke bescheren werden.«
- »Sollten Sie in Zukunft schlechte Nachrichten im Wirtschaftsteil Ihrer Frühstückszeitung lesen, können Sie beruhigt sein. Die Fondsmanager reagieren schnell und kompetent, das heißt, Ihr Vermögen ist in sicheren Händen.«
- »Durch das eigene Auto wird unser Mitarbeiter flexibel reagieren können, wenn es notwendig ist, Überstunden zu machen. Damit können Sie Ihre Liefertermine einhalten, ohne dass Sie noch zusätzliches Personal in Ihrem Warenlager beschäftigen müssen.«
- »Ihre Radlader werden weniger an der Tankstelle und in der Werkstatt stehen. Dadurch reduzieren sich Ihre Kosten pro Tonne Material, das heißt, Sie können ihren Ertrag steigern.«

Jetzt haben die Kunden es endlich gehört: ihren ganz speziellen Nutzen. Jetzt haben diese Kunden die konkrete, positive Auswirkung beschrieben bekommen. Damit sind die Chancen, die sich in der Beratung bieten, von den Verkäufern optimal genutzt worden.

Es wird hier noch einmal deutlich, dass also nur *der* Verkäufer überzeugend beraten kann, der die Welt seiner Kunden kennt.

Doch Individualität wird erst durch die gründliche Vorarbeit – also die Analyse der Situation des Kunden – möglich gemacht. Hat ein Verkäufer sich so viel Informationen wie möglich besorgt, kann er ohne Mühe mit einer kleinen Geschichte aus der Kundenwelt dessen individuellen Nutzen plausibel erklären.

Wenn Sie wollen, nutzen Sie für Vorbereitung und Kundengespräch ein Blatt mit den folgenden Überschriften:

Merkmale →	Vorteile →	Kundennutzen
. . . .	. . . .	. . . .
. . . .	. . . .	. . . .
. . . .	. . . .	. . . .
. . . .	. . . .	. . . .

Führen Sie alle relevanten Punkte auf, die für den Kunden wichtig sind. Untereinander stehen somit alle Merkmale, die beispielsweise ein Radlader hat. Horizontal entstehen für den Kunden nachvollziehbare Kausalketten. Immer wieder hört er: »Das bedeutet für Sie ... konkret heißt das ...«

Mit genau dieser Vorgehensweise hat Kurt schließlich den Durchbruch erzielt. Er sagte: »Wir landen an dem kleinen Felsabsatz an und richten es so ein, dass wir unsere Ausrüstung schnell weit nach oben ziehen können.« Damit hat er die Fakten seiner Lösungsidee beschrieben.

Kurt weiter: »So muss das Schlauchboot nur kurz in der Brandung bleiben und die Ausrüstung kommt trocken in das Basislager.« Das waren also die Vorteile dieser Vorgehensweise. Es geht noch weiter: »So werden wir ohne weiteren Zeitverlust unseren Wunschberg anpacken können – unser gemeinsames Ziel erreichen.«

Das war er, der Nutzen. Alle hatten ihn nachvollzogen, denn alle hatten die Szenerie klar vor Augen. Stefan konnte sich vor seinem inneren Auge schon im Zelt sitzen sehen.

Damit der Nutzen nun auch im Verkauf richtig rüberkommt, unterstützen wir unsere Argumentation mit Bildern. Machen wir zuvor ein kleines Experiment: Lassen Sie dieses Buch bitte aufgeschlagen vor sich liegen. Dann nehmen Sie bitte ein Stück Papier und einen Stift zur Hand. Haben Sie? Fein, dann malen und schreiben Sie jetzt bitte das Buchcover aus dem Gedächtnis nach, ohne nachzuschauen. Los geht's. Fertig? Dann vergleichen Sie mit dem echten Cover: Alle Fakten zu sehen, alle Informationen an der richtigen Stelle, stimmen die Proportionen und haben Sie die Namen der Autoren richtig geschrieben? Schwierig, nicht? Es sind vermutlich einige Lücken zu sehen. Jetzt stellen Sie sich dieses Experiment noch in einer verschärften Form vor: Sie erklären einer dritten Person – die das Buch nicht kennt – dieses Cover und diese Person soll malen und schreiben. Noch mehr Lücken sind vermutlich das Ergebnis.

Kein Wunder, wir Menschen sind für die Verarbeitung von Information auf Bilder angewiesen. Ohne Bilder ist der Kunde als Zuhörer überfordert. Mangelnde Nachvollziehbarkeit, ein schlechtes Gedächtnis und aufkeimende Zweifel an der Kaufentscheidung sind die Folge. Der Kunde kann dann im eigentlichen Sinne des Wortes nicht mehr einsehen, nicht mehr begreifen, was er da gehört hat. Stefan kombiniert in seinen Diavorträgen jede Textpassage mit dem passenden Bild – kein Mensch würde ihm sonst seine Geschichten glauben. Diese entscheidende Funktion und Wirkung der Dias können im Verkauf echte oder rhetorische Bilder übernehmen. Rhetorische Bilder finden Sie oben in meinen Beispielen zum individuellen Kundennutzen: Ich habe in diesen Beispielen die Kundin in unbekannte Tiefen schauen lassen. Da hatte ein Kunde plötzlich einen Wirtschaftsteil vor Augen. Oder er stand in der Lagerhalle und hat die Ware rechtzeitig auf den LKW verladen. Im anderen Fall hat der Kunde an seine eigene Preiskalkulation gedacht und sich über den neu entstehenden Spielraum gefreut.

In meiner Zeit im Außendienst habe ich die Überzeugungskraft schätzen gelernt, die von einem eben noch leeren Stück Papier ausgeht, auf dem sich im nächsten Augenblick schon eine Lösung, ein

Nutzen *abzeichnet*. Da konnte ich komplizierte Finanzierungen so darstellen, dass die Kunden schnell *eingesehen* haben, dass diese Finanzierung ihren Bedürfnissen optimal gerecht wird. Machen Sie dasselbe: Zeichnen Sie Diagramme, einen Zeitstrahl, Comicfiguren, Kreisläufe und was Ihnen sonst noch einfällt. Erzählen Sie Geschichten, die den Kunden in eine Welt entführen, in der er seinen Nutzen deutlich vor Augen hat.

Prüfen Sie Ihre Darstellung, möglichst schon in der Vorbereitungsphase, in dem Sie darauf achten, dass:

- positive Emotionen wie Stolz oder Anerkennung sichtbar werden,
- Sie so präzise sind, dass sich auch der Zahlenmensch wiederfindet,
- Sie an die verschiedenen Typen im Buying-Center mit den unterschiedlichen Bedürfnissen und Anforderungen denken.

Sinnvoll ist sicher auch, die eigene Präsentationstechnik kritisch zu hinterfragen. Eine überzeugende Präsentation ist immer mit einer Menge Arbeit für Sie verbunden. Da ist es doch schade, wenn die gewünschte Wirkung durch Kleinigkeiten geschmälert wird. Kleinigkeiten, die mit wenig Aufwand besser gemacht werden könnten. Drei Tipps zur schnellen Umsetzung:

1. Reduzieren Sie die Informationen auf das wirklich nötige Minimum. Im Zweifelsfall lassen Sie eine Folie besser weg.
2. Prüfen Sie bei jeder Information, ob diese dem Kunden wirklich etwas bringt. In der Regel interessiert er sich weniger dafür, wie Ihr Produkt funktioniert, als dafür, was er davon hat. Also auch hier: Der Nutzen sollte im Mittelpunkt stehen.
3. Je komplexer der Sachverhalt, desto wichtiger wird die folgende Regel: Erst das erklären, was man sieht oder hört. Dann erst, was diese Information bedeutet. Sind Sie hier nicht sorgfältig, können die Gesprächspartner oder Zuhörer schwer folgen, ermüden schnell und die erhoffte Wirkung bleibt aus.

Im Vertriebsalltag ist die Beratungsphase ein intensiver Dialog. Verkäufer und Kunde arbeiten im Idealfall Hand in Hand – so wie unsere Antarktisfreunde beim Anlanden der Ausrüstung. Da ist kein Platz für Show, Misstrauen oder Selbstdarstellung. Die Vorarbeit, die wir vorab geleistet haben, zahlt sich hier für uns aus: Jetzt fällt nämlich kein Argument »ins Wasser«.

> Kunden wollen Zusammenhänge durchschauen und den individuellen Nutzen erkennen.

Der Umgang mit dem Preis

Es gibt wohl nichts auf der Welt, für das wir nicht einen Preis bezahlen müssen. Am *Cape Renard Tower*, als es darum ging, ein sicheres Basislager einzurichten, waren körperliche Höchstleistung, blanke Nerven und strapazierte Fixseile der Preis dafür, 300 Kilogramm Ausrüstung auf 200 Meter Höhe zu schaffen. Wer den Preis nicht bezahlen wollte, musste auf dem Boot bleiben. Das stellte im Team auch niemand in Frage – das war einfach jedem sonnenklar.

Genauso klar ist, dass Verkäufer über Preise reden müssen. Der Preis und die Reaktion der Kunden darauf ist sicherlich ein zentrales Thema – nicht zwingend ein Problem, wie so oft behauptet wird – in Verkaufsgesprächen. Es ist doch die Ausnahme, wenn ein Käufer das Verhältnis zwischen Nutzen und Aufwand/Preis nicht erörtert. Ich verstehe deshalb auch überhaupt nicht, warum es Verkäufer gibt, die entweder aggressiv oder frustriert reagieren, wenn das Thema Preise auf den Tisch kommt. Liegt es vielleicht daran, dass die Preiserläuterung für die Verkäufer Arbeit und Schweiß bedeuten kann?

Was kostet das? Wir Verkäufer hören diese Frage häufig, vielleicht mehrmals täglich. Wie antworten Verkäufer auf diese Frage? Gehört habe ich schon oft: »Der Urlaub, inklusive Flug, kostet 6 846 Mark« oder auch nur: »398«.

Rhetoriker geben uns Verkäufern dazu folgende Tipps: Wir vermeiden besser das Wort »kostet«, es hat einen schlechten Klang und weckt eher negative Assoziationen.

Einfach nach dem Preis eine Pause zu machen ist ungünstig, denn durch diese Pause betonen wir den Preis noch zusätzlich. Und Verkäufer wollten ja den Nutzen eines Produkts geschickt in den Mittelpunkt stellen und nicht den Preis. Recht haben sie, die Experten.

Konsequenz: Wir nutzen eine sprachliche Struktur, mit der wir die Frage nach dem Preis geschickt beantworten: Wir nennen zuerst noch einmal die zwei bis drei wichtigsten Argumente und nehmen dann die Formulierung »bekommen sie für« zur Hilfe. Direkt im Anschluss daran stellen wir noch eine passende Frage, die den Kunden dazu bringen soll, sich weiter in den Nutzen einzudenken. Das könnte sich bei unserem Radlader-Beispiel so anhören:

»Den Radlader Volvo L 4711 mit dem neuen Motor, der Klimakabine und der Schnellwechseleinrichtung bekommen sie für 215 000 Mark. Wollen Sie die Einweisung für Ihre Fahrer vor Ort oder bei uns durchführen lassen?«

Damit hätte der Verkäufer der Baumaschine die beste Basis für die kommende Preiserklärung gelegt. Ich gehe allerdings davon aus, dass kein Verkäufer seinen Preis ohne zusätzliche Peiserklärung durchsetzen kann. Wenn doch, umso schöner. Sollten Ihre Kunden auf den Preis aber mit »Ziemlich teuer« oder »Das ist mehr, als ich dachte« reagieren, ist eine plausible Preiserklärung nötig.

> Es kommt bei der Preiserklärung im Kern darauf an, dem Kunden den Nutzen so genau zu beschreiben, dass der Preis aus dessen Sicht logisch und richtig ist.

Wichtig: Der Verkäufer darf seine eigene Meinung über den Preis nicht auf den Kunden übertragen. Arbeiten Sie nicht mit Interpretationen! Genau das tun aber viele Verkäufer, wenn sie den Preis von Vornherein für zu hoch oder auch für angemessen halten. Reagiert der Kunde in diesen Fällen nämlich mit »Der Preis erscheint mir hoch«, fühlen sie sich persönlich angegriffen, weil sie den Preis durchaus angemessen finden. Oder aber sie verstehen den Kunden sehr gut, denn sie halten den Preis ja insgeheim auch für zu hoch. Das alles sind völlig unnötige Emotionen dieser Verkäufer, die Stress ins Verkaufsgespräch bringen. Ohne eine sorgfältige Preiserklärung kann weder beim Verkäufer noch beim Kunden Klarheit über das Preis-Nutzen-Verhältnis herrschen. Hat der Verkäufer in der Vorbereitungsphase gut vorgearbeitet, dann muss er jetzt dem Kunden diese Klarheit vermitteln. Das ist die Aufgabe des Verkäufers – und es besteht kein Anlass, in Stress zu verfallen.

Mein Tipp für erfolgreiche Verkäufer: Bleiben Sie locker. Es ist das gute Recht des Kunden, den Preis zu hinterfragen. Und wenn der Kunde aggressiv ist, beziehen Sie den Angriff niemals auf sich selbst.

Später einige konkrete Beispiele, zunächst die Grundprinzipien für erfolgreiche Preiserklärungen:

Erstens: Sie gehen nicht auf den Wettbewerber, sein Produkt und seinen Preis ein. Sie nehmen die Worte »besser« und »schlechter« nicht in den Mund, sondern reden beispielsweise von »unterschiedlichen Lösungen, die zu unterschiedlichen Preisen« am Markt angeboten werden. Sie leiten die Preiserklärung ein mit einer Formulierung wie: »Jetzt geht es darum, die beste Lösung für Sie zu finden.«

Sie arbeiten nicht gegen den Wettbewerber, sondern für die beste Lösung Ihres Kunden.

Der Hintergrund dieser Spielregel ist, dass es nur negative Folgen für Sie selbst hat, wenn Sie das Produkt Ihres Wettbewerbers schlecht machen: Ihr Kunde fühlt sich womöglich angegriffen, denn er hat sich ja vielleicht in der Vergangenheit für das Wettbewerberprodukt entschieden. Oder er hatte sich schon innerlich entschieden, es zu kaufen. Wenn er den Verkäufer vom Wettbewerb nett findet, wird er ihn gegen Ihre Angriffe verteidigen. Es weckt einfach negative Emotionen und nicht selten Misstrauen, wenn ein Verkäufer sein Produkt als das bessere anpreist. Überhaupt, welcher Verkäufer kann schon behaupten, sein Produkt sei klar das bessere und diesen Vorsprung dann auch plausibel darstellen und dem Kunden garantieren? Kaum einer. Seien Sie ehrlich, Sie auch nicht. Ich schlage einen anderen Gedanken vor: Gehen Sie doch davon aus, dass Sie mit Ihrem Unternehmen und Ihren Produkten – alles Gesagte gilt natürlich auch für Dienstleistungen – in der Spitzengruppe der Anbieter zu finden sind. Sie befinden sich, wie auch Ihre wichtigsten Wettbewerber, auf einem hohen Niveau, die Vergleichbarkeit ist groß. Die Unterschiede müssen mit der Lupe gesucht werden, oder es ist einfach subjektives Empfinden – Geschmackssache – des Kunden, welches Produkt nun das bessere für ihn ist. Dass Ihr Kunde Ihr Produkt als ideal empfindet, dafür arbeiten Sie professionell an der Preiserklärung, anstatt eine Behauptung in den Raum zu stellen.

Zweitens: Sie stellen den Nutzen – die Auswirkungen – nochmals präzise dar, wobei Sie jetzt auf die monetären Konsequenzen so genau wie möglich eingehen. Berechnen Sie, was der Kunde gewinnt, wenn er die optimale Lösung kauft. Berechnen Sie alternativ, was er verlieren kann, wenn er auf die optimale Lösung verzichtet. Es ist doch so: Am Preis kann der Kunde sparen, wobei das Sparpotenzial von Anfang an klar, aber auch begrenzt ist. Es handelt sich zum Beispiel um die Differenz zum Wettbewerberangebot oder die geforderten drei Prozent Rabatt. Der Kunde kann aber auch mit der optimalen Lösung verdienen, wobei das Gewinnpotenzial oft ungleich größer als das Sparpotenzial ist. Es ist nur unüblich, so zu denken, weil schwieriger auszurechnen. *Die* Chance für Sie, den professionellen Verkäufer! In einer Anzeige hat der Anbieter von Hygieneprodukten *Kimberly-Clark* einen Dialog zweier Unternehmer dargestellt. Ein Unternehmer sagt: »Durch meinen Einkäufer habe ich schon viel gespart«, der andere Unternehmer antwortet trocken: »Durch meinen habe ich schon viel verdient.« Im erläuternden Text der Anzeige kann man lesen:

»Wer verdienen will, sollte sich das Wort Effizienz hinter die Ohren schreiben. Denn oft ist es wirtschaftlicher, etwas mehr auszugeben, wenn man unterm Strich auch mehr dafür bekommt«. Das trifft den Nagel auf den Kopf. Wir Verkäufer sind gefordert, diese Wirtschaftlichkeit deutlich zu machen.

Drittens: Sie beziehen den Kunden in die Preiserklärung mit ein. Gemeinsam mit ihm entwickeln Sie die Fakten und diskutieren die Zusammenhänge. An dieser Stelle können Sie beweisen, dass Sie den Kunden in den Mittelpunkt stellen. Helfen können im Rahmen komplexer Projekte hier natürlich auch die Gesprächspartner aus dem Buying-Center des Kunden: Ein Produktmanager, ein Vertriebsleiter, die Geschäftsleitung oder die Gesprächspartner in der Fertigung haben sicher eine konkrete Meinung zu den Konsequenzen, die ein gutes oder schlechteres Produkt auslöst. Diese Gesprächspartner wissen auch, was diese Konsequenzen in »Geld« bedeuten. Holen Sie sich diese Informationen und verwerten Sie diese in Ihrer Preiserklärung.

Und jetzt zwei konkrete Beispiele:

Gehen wir zurück in das Reisebüro: Die Kundin, eine Rechtsanwältin mit eigener Kanzlei, möchte also nach zwei Jahren endlich mal wieder ausspannen, Körper und Seele eine Chance geben, Kraft zu schöpfen. In letzter Zeit war sie einige Male krank gewesen und hatte Aufträge von Mandanten durch einen befreundeten Anwalt erledigen lassen müssen. Dieser Vertretungsdienst hat natürlich Geld gekostet. Das alles hätte die Reisebürokauffrau in der Analyse erfahren, wenn sie nämlich gefragt hätte: »Was erwarten Sie sich von diesem Urlaub?« Jetzt hat die Anwältin gerade gehört, was sie für diesen Tauchurlaub bezahlen muss. Sie reagiert mit »Das ist aber viel Geld für zwei Wochen« und die Reisebürokauffrau reagiert professionell:

»Stimmt, Sie investieren viel Geld in diesen Urlaub. Ich bin sicher, das lohnt sich, denn Sie bekommen dafür eine Menge: Ein Hotel, in dem Sie rundum verwöhnt werden; Tauchgänge, die Sie den Stress der vergangenen Jahre vergessen lassen; und Ihr Körper wird sich nicht zuletzt über die gesunde, ausgewogene Ernährung freuen. Sie kommen voller Energie zurück aus diesen Ferien und werden in den kommenden Monaten keine Mandanten wegen Krankheit mehr wegschicken müssen. Und wie Sie eben selbst gesagt haben, diese Vertretungen kosten eine Menge Geld. Wie sehen Sie diese Investition in Ihre berufliche Leistungskraft?« In diesem Licht betrachtet, relativiert sich der Preis für die Kundin deutlich, und sie bucht die teure Reise.

Jetzt begleiten wir einen Verkäufer von Baumaschinen zu einem Kunden – einem großen Kieswerk mit eigenen Steinbrüchen: Es geht um den Kauf eines modernen Radladers, der vielfältige Aufgaben auf dem Betriebsgelände erledigen soll. Nachdem der Verkäufer den Preis genannt hat, sagt ihm der Kunde mit Nachdruck: »So viel Geld werde ich nicht ausgeben.« Der Verkäufer des Baumaschinenhändlers reagiert gekonnt und ruhig:

»Stimmt, es handelt sich hier um eine große Investition, und Sie fragen sich zu Recht, ob diese sich auch rechnen wird. Schauen wir uns die Wirtschaftlichkeit dieses Radladers in Ihrer Situation einmal genauer an.« Nun erklärt der Verkäufer nochmals die technischen Merkmale und deren Konsequenzen auf den Betriebsablauf im Steinbruch. Jeden einzelnen Punkt lässt er sich von dem Kunden bestätigen. Fragt ihn also nach seiner Meinung und ob er den eben beschriebenen Sachverhalt genauso beurteilt. Trotz Zwischenfragen des Kunden erzielen die beiden Gesprächspartner letztlich in allen Punkten Einigkeit. Da fasst der Verkäufer zusammen: »Auf die Wirtschaftlichkeit wirken sich diese besprochenen Fakten zweimal positiv aus: Die Betriebskosten pro Tonne Material sind 15 Prozent niedriger als bei dem Radlader, den Sie vor zwei Jahren bei uns gekauft haben. Darüber hinaus arbeiten Sie flexibler und können damit auf die Wünsche Ihrer Kunden schneller eingehen. Das bedeutet zusätzlichen Umsatz und zufriedene Kunden. Wie schätzen Sie diese Kostenvorteile und die gestiegene Flexibilität ein?«

Der Kunde berechnet jetzt gemeinsam mit dem Verkäufer, nach wie viel Betriebsstunden sich der teurere, modernere Radlader amortisiert hat. Dann wird der Kaufvertrag unterschrieben.

Es ist klar, dass ich diese beiden Beispiele konstruiert habe. Das ändert aber nichts an der Tatsache, dass es so laufen kann. Zahlreichen Verkäufern konnte ich über die Schulter schauen, die genau mit dieser Vorgehensweise in verschiedensten Branchen sehr erfolgreich sind. Stören Sie sich also bitte nicht an der Wortwahl oder einer Formulierung in den beiden obigen Beispielen. Überprüfen Sie die Plausibilität meiner ausgeführten Gedanken, und übertragen Sie diese dann auf Ihre Praxis unter dem Motto: Das könnte gehen, wenn ...!

Sollte Ihr Kunde die oben beschriebene Preiserklärung noch nicht so überzeugend finden, dass er Ihren Preis akzeptiert und kauft, dann könnten Sie jetzt in die Preisverhandlung einsteigen. Ich werde im nächsten Kapitel beschreiben, wie Sie die Zugeständnisse, die Sie machen wollen, möglichst gewinnorientiert einsetzen, um das Geschäft doch noch zu realisieren. Vorher noch zwei Ideen, die Sie nutzen können, wenn es darum geht, Ihren höheren Preis gegen ein niedrigeres Angebot Ihres Wettbewerbers durchzusetzen – eine Situation, in der sich täglich viele Kollegen im Vertrieb wiederfinden.

Die erste Idee: Sie drehen die Beweislast jetzt um. Sie haben ja nun offensichtlich alle Register gezogen, ohne dass Ihr Kunde den Preis akzeptiert hat. Also fragen Sie Ihren Kunden: Angenommen, die Preise wären gleich, welches Produkt würden Sie dann kaufen? Sollte der Kunde nun das Produkt Ihres Wettbewerbers nennen, ist es gut, dass Sie das endlich wissen. Sie müssen offensichtlich beim Nutzen noch nachbessern oder diesen noch plausibler erklären. Nennt der Kunde allerdings jetzt – und das wird er in den meisten Fällen tun – Ihr Produkt, reagieren Sie sofort und fragen: Warum?

Lassen Sie Ihren Kunden die für ihn wichtigen Gründe, die bei gleichen Preisen für Ihr Produkt sprechen, selbst nennen.

Notieren Sie sich diese ausschlaggebenden Argumente, es sind die Dinge, die Ihr Kunde offensichtlich als besser im Vergleich zum Wettbewerberprodukt empfindet. Fragen Sie jeden Punkt nochmals nach: Warum ist das wichtig für Sie? Weshalb legen Sie darauf Wert? Ihr Kunde führt jetzt die Beweise an, die für Ihr Produkt sprechen, nicht Sie. Die Beweislast ist herumgedreht. Diese Erklärungen setzen Sie jetzt in Relation zu der im Raum stehenden Preisdifferenz. Sie werden sehen, dass mit dieser Vorgehensweise Ihre Chancen auf den Abschluss wieder gestiegen sind beziehungsweise Sie später mit weniger Rabatt auskommen.

Nun die zweite Idee: Sie erfordert eine gutes Verhältnis zum Kunden, denn Sie werden gleich seine Ehrlichkeit und Offenheit brauchen. Was ist zu tun? Sie unterbrechen die Preiserklärung und schlagen einen anderen Blickwinkel, eine andere Vorgehensweise vor. Sie setzen die »Mehrwert-Matrix« (Abbildung 2) ein. Sie rechnen gemeinsam mit Ihrem Kunden den idealen Lieferanten, das ideale Produkt aus: Anhand dieser »Mehrwert-Matrix« erarbeiten Sie gemeinsam mit Ihrem Kunden die Kriterien - der Preis gehört hier auch dazu -, die in der Summe das »Ideal« ausmachen. Es sollten neben dem eigentlichen Preis noch mindestens neun weitere konkrete Kriterien gefunden werden. Sind es weniger, reicht das Gegengewicht zu Ihrem höheren Preis unter Umständen nicht aus. Übrigens bin ich der Meinung, dass ein guter Verkäufer diese relevanten Kriterien bei zumindest den wichtigsten 20 Prozent seiner Kunden sowieso kennen müsste. Sind alle Kriterien in der ersten Spalte erfasst, bitten Sie Ihren Kunden, diese Kriterien für die Gesamtentscheidung zu relativieren. Es gibt immer Prioritäten oder so genannte K. O.-Kriterien. Diese haben den höchsten prozentualen Anteil an der Gesamtentscheidung. Damit ist die zweite Spalte gefüllt und Sie können sich an die kritische Überprüfung Ihrer eigenen Stärke machen. In der dritten Spalte ist nämlich gemeinsam mit dem Kunden zu klären, wie er Ihr Unternehmen und Ihr Produkt subjektiv erlebt. Keine Angst vor unangenehmen Wahrheiten, sie können für die zukünftige Zusammenarbeit sehr erhellend sein. In Spalte vier kommt dann das Ergebnis jeder Zeile, indem Sie Ihre Punktzahl mit dem Prozentsatz dieser Zeile aus Spalte zwei multiplizieren. Ein Beispiel bei der Suche nach dem idealen Radlader:

Die Erläuterung: Der Fahrerkomfort trägt also zu 25 Prozent zur Gesamtentscheidung bei. Der Fahrerkomfort – bestenfalls 100 Punkte – wird bei diesem Modell mit 80 Punkten bewertet. Das heißt, dieser Radlader bekommt hier in dieser Zeile, bei diesem Kriterium, 20 Punkte in Spalte vier eingetragen.

Zählen Sie jetzt alle Punkte der Spalte vier zusammen und Sie sehen deutlich, wie Ihr Kunde Ihr Produkt einschätzt. Dasselbe können Sie jetzt mit dem Kunden für die Produkte der Wettbewerber machen.

Mit der »Mehrwert-Matrix« sind Sie mit Ihrem Kunden in einer Art Gutachterrolle, zumal Sie auch Ihre eigenen Schwächen kaum verbergen können. Wenn nicht gemeinsam, dann könnte der Kunde diese nächsten Schritte natürlich auch alleine machen. Auf jeden Fall haben Sie damit einen möglichst objektiven Gesamtüberblick. Ihr Kunde kann mit diesem Beratungsinstrument eine klare Entscheidung treffen und die eigene, firmeninterne Diskussion überzeugender führen. Eine weitere Möglichkeit ist, diese Matrix in der Vorbereitung zu nutzen: Sie können damit schon im Vorfeld Ihr Hintergundwissen überprüfen und Ihre Argumentation vorbereiten. Eventuell bessern Sie Ihr Angebot von Anfang an nach, wenn Sie selbst schon erkennen, dass Sie mit dem schlechteren Ergebnis aus diesem Vergleich gehen. Auch hier wieder meine alte Warnung: Interpretieren Sie nichts hinein, entweder Sie wissen etwas, oder Sie müssen es herauskriegen. Im Positiven wie im Negativen: Lügen Sie sich nicht selbst in die Tasche. Sie verringern damit nur Ihre Chancen auf eine stabile Kundenbeziehung.

Eventuell hat die Arbeit mit der »Mehrwert-Matrix« auch Ansätze für eine Änderung Ihres Angebotes gebracht. Sie können ja vielleicht

Kriterien für den Kunden	Gewichtung in Prozent	Eigene Stärke 0-100 Punkte	Ergebnis	Wettbewerb 1 0-100 Punkte	Ergebnis	Wettbewerb 2 0-100 Punkte	Ergebnis
Ideale Lösung	100 %						

Mehrwert-Matrix

etwas hinzufügen – einen Wartungsvertrag für den Radlader – und der Kunde akzeptiert dann Ihren Preis. Wenn der Kunde auf ein Merkmal – er verkauft seine Gebrauchtmaschine selbst und gibt sie nicht in Zahlung – verzichtet, können Sie eventuell den Preis so verändern, dass Ihr Kunde bereit ist, ihn zu bezahlen. Fassen wir die Beratung noch mal zusammen:

Wir haben im ersten Schritt den Nutzen plausibel und einsichtig dargestellt. Kein einziges Merkmal hat der Kunde anhören müssen, ohne dazu den *individuellen Nutzen* für sich zu erkennen. Er ist sich über die positiven Konsequenzen klar, die eintreten, wenn er sich genau für dieses Produkt oder diese Dienstleistung entscheidet.

Als dann der Preis eine genauere Erklärung verlangt hat, wurden die verschiedenen Nutzen mit ihren monetären Auswirkungen deutlich gemacht. Je nach Produkt oder Dienstleistung wurde die *Wirtschaftlichkeit* gemeinsam mit dem Kunden im Detail überprüft. Als dann noch immer keine Akzeptanz für den Preis gegeben war, haben Sie die *Beweislast herumgedreht*. Alternativ haben Sie mit der *»Mehrwert-Matrix«* eine möglichst objektive Betrachtung aus der Vogelperspektive vorgenommen. Ist der Preis noch immer der Hinderungsgrund? Wenn Sie das Geschäft immer noch machen wollen und auch noch Verhandlungsspielraum haben, dann lesen Sie weiter in Kapitel 6.

6

Spannungen

Als ich in jener ersten Nacht in der Antarktis ins Zelt kroch, schlummerten Gerd und Holger bereits tief und fest. Der nächste Tag würde hart werden, das war klar, und ich hätte gut daran getan, mich ihnen anzuschließen. Stattdessen wirbelten in meinem Kopf die Gedanken durcheinander. Ich hatte Angst vor Steinschlag. Immerhin war die Wand des *Renard Tower* nur 100 Meter entfernt, und bei starkem Wind konnte ein loser Felsbrocken genau auf unser Zelt ... Außerdem war ich noch immer sauer auf Pater. Warum in Teufels Namen hatte er die Fixseile verlegen müssen, anstatt Kurt ranzulassen, der sich damit besser auskannte als jeder andere? Das Resultat: Das Seil war über eine scharfe Kante gelaufen, und als der letzte oben ankam, war der Mantel an einer Stelle schon beinahe durchgescheuert – Pater hatte uns durch seine Unerfahrenheit alle in Lebensgefahr gebracht.

Allesamt hatten wir trotz berechtigter Wut die Klappe gehalten, um die ohnehin schon angespannte Stimmung nicht vollends zu verderben. Im Grunde wussten wir ja sehr genau, dass auf Pater Verlass war. Daran hatte auch dieser dumme Ausrutscher nichts ändern können. Ohne Wertschätzung und gegenseitiges Vertrauen geht nichts im Team – auf beides konnten wir bauen. Und an diesem Punkt meiner unfreiwilligen Nachtwache fiel mir eine Episode ein, an die ich schon seit Jahren nicht mehr gedacht hatte. Eine Gruppe von Menschen, der all das gefehlt hatte, was unsere Gruppe heute stark machte und die deshalb haarscharf an einer Katastrophe vorbeigeschrammt war.

... denn sie wissen nicht, was sie tun

Ich traf die beiden 1984 im Klettergarten in Arco. Michael und Carsten, so hießen sie, glaube ich. Sie waren zehn Jahre älter als ich und kletterten ziemlich gut, im unteren achten Schwierigkeitsgrad. Wir kamen ins Gespräch. Michael erzählte, dass sie am nächsten Wochenende zusammen in die Dolomiten fahren wollten, um an der berühmten, fast 1 000 Meter hohen *Marmolada*-Südwand zu klettern. »Na, wie wär's? Du hast doch auch ganz schön was drauf – Lust, mitzukommen?« Carsten schloss sich an: »Klar, einen guten dritten Mann könnten wir noch brauchen.« Ich überlegte. Die beiden waren nett. Außerdem hatte mein Kumpel Norbert einen Tag zuvor die Tour nach Südfrankreich abgesagt, für die ich bereits alle Termine der kommenden Woche gestrichen hatte. Die Aussicht, mit zwei sympathischen Typen eine spektakuläre Route in den Dolomiten zu durchsteigen, war verlockend. Ich sagte zu.

Am darauf folgenden Freitag trafen wir uns alle in Malga Ciapela und saßen abends in einer gemütlichen Kneipe bei ein paar Bier zusammen. An diesem Vorabend fiel es mir zum ersten Mal ein, meine Teamgefährten nach ihren Klettererfahrungen zu fragen. Es stellte sich heraus, dass Michael und Carsten aus Hannover kamen und eigentlich Langstreckenläufer waren. Mit dem Klettern hatten sie drei Jahre zuvor angefangen und vor allem in der Halle trainiert; im Sommer verbrachten sie mehrere Wochenenden in den Klettergärten von Arco. »Und wie sieht's mit euren alpinen Erfahrungen aus?« Betretenes Schweigen. »Na ja ...«, fing Carsten an. »Alpen – doch, klar, waren wir schon mal«, vollendete Michael. In diesem

Moment klingelten bei mir zum ersten Mal leise die Alarmglocken, doch ich ignorierte sie. Sie passten einfach nicht in mein Konzept, das da lautete: 1 000 Meter Wand, zu dritt in zwei Tagen, wunderbar! Hätte ich auf meine innere Stimme gehört und nachgefragt, hätte ich erfahren, dass Michael und Carsten damals in den Alpen gewandert waren.

Kamikaze an der *Marmolada*-Südwand

Wir besprachen dann noch kurz Verpflegung und Ausrüstung, vereinbarten, um vier Uhr morgens aufzubrechen und legten uns schlafen. Am nächsten Morgen ließen mich die beiden erst mal eine geschlagene Stunde lang warten. Dann musste Michael noch frühstücken, während Carsten ausführlich mit seiner Freundin telefonierte; die Ausrüstung hatten sie zu diesem Zeitpunkt noch nicht sortiert, geschweige denn verpackt. Kurz und schlecht: Bis wir endlich am Fuß der *Marmolada* eintrafen, war es neun Uhr geworden. Am Horizont konnte man zu diesem Zeitpunkt ein paar dünne, linsenförmige Wolken entdecken. Wer in den Bergen groß geworden ist, der weiß, was diese hauchzarten Gespinste bedeuten: Sie sind die ersten und sicheren Anzeichen für einen Wetterumschwung. Ich habe meine Begleiter darauf hingewiesen. Sie wollten aber nichts davon wissen. »I wo, das sind bloß Schäfchenwolken, und die bringen Sonne«, beharrte Carsten. Wahrscheinlich widerstrebte es ihnen auch einfach, von einem jungen Spund wie mir »belehrt« zu werden.

Zu diesem Zeitpunkt – wir hatten noch keinen Höhenmeter unter uns – schrillten die Alarmglocken schon sehr viel deutlicher. Uns lief die Zeit davon. Der Plan sah vor, dass wir am ersten Tag 600 Meter klettern müssten, um den ausgewählten Biwakplatz zu erreichen; am darauf folgenden Mittag wollten wir schon auf dem Gipfel stehen. Nun muss man wissen: Die *Marmolada*-Südwand ist auch bei gutem Wetter, mit ausreichend Zeit und einer eingespielten Seilschaft ein harter Brocken. Wenn nur einer der genannten Faktoren nicht stimmt, steht das gesamte Unternehmen auf dem Spiel. Und in unserem Fall stimmten gleich alle drei Faktoren nicht. In diesem Moment hätte ich die Tour abblasen müssen. Aber ich wollte kein »Feigling« sein. Eine Woche lang hatte ich mich auf diesen Berg gefreut, die Bedingungen waren zwar nicht gerade optimal, aber wann sind sie das schon? Ich war eben noch ein echtes Greenhorn. Als mir das bewusst wurde, hing ich bereits in 100 Metern Höhe, und da war es zu spät.

Wir waren losgesprintet wie die Wahnsinnigen - Michael im Vorstieg, Carsten und ich hinterher. Es zeigte sich, dass meine Bedenken noch untertrieben gewesen waren: Die beiden hatten nicht die geringste Ahnung, was sie da taten. Vorhandene Normalhaken - von denen man nie weiß, wie tief sie wirklich im Felsen stecken - wurden sorglos benutzt, Klemmkeile rutschten wieder aus den Rissen, Michael kletterte teilweise zehn Meter über der letzten halbwegs soliden Sicherung. Und am Horizont wurde aus den »Schäfchenwolken« eine Wolkenbank. Bei etwa 200 Meter schlug ich vor, umzukehren. Aber die beiden dachten gar nicht daran. Sie hatten ein irres Tempo vorgelegt und waren mittlerweile Feuer und Flamme für diese Route. Das hatte ich nun davon: Mir selbst hatte ich etwas vorgemacht - mitgefangen - mitgehangen. Ich musste weiter, ob ich wollte oder nicht.

Kurze Zeit später zeichnete sich dann allmählich ab, dass Michael und Carsten ihre Kräfte überschätzt hatten. Wir kamen immer langsamer voran, es wurde Nachmittag, es wurde Abend, die Dämmerung brach herein, und wir waren noch immer mehrere Seillängen vom Biwakplatz entfernt. Inzwischen war ich so wütend auf meine Begleiter und - mehr noch - über meine eigene hirnverbrannte Unvernunft, dass ich die Wand selbst eigentlich kaum mehr wahrgenommen habe. Ich kletterte wie in Trance, mit großem Widerwillen. Im Nachhinein ist es ein kleines Wunder, dass mir in dieser Situation kein verhängnisvoller Fehler unterlaufen ist.

Vom Regen in die Traufe

Natürlich schafften wir die Vorgabe nicht. Anstatt auf einem bequemen Biwakplatz in 600 Meter Höhe zu übernachten, kauerten wir 150 Meter tiefer auf einem Felsabsatz, der den Winden schutzlos ausgesetzt war. Zu schmal, als dass wir uns hätten ausstrecken können. Gerade eben breit genug, um den Boden unter den Füßen acht elendige Stunden lang nicht zu verlieren. Kurz vor Mitternacht begann es zu regnen.

Wir haben uns die schleichende Zeit dann mit einem fürchterlichen Streit vertrieben. Ich giftete die beiden an, sie hätten sich niemals aus dem niedersächsischen Flachland fortbewegen dürfen. Sie gifteten zurück, diese Verkettung von unglückseligen Umständen habe kein Mensch vorhersehen können. Da, um elf Uhr abends, glaubten sie noch an ihren heldenhaften Gipfelsturm. Als am nächsten Tag die Morgensonne unsere zerschundenen Hände, nassen Klamotten und übermüdeten Gesichter beleuchtete, da war auch das kein Thema mehr.

Nichts wie runter, nichts wie weg von der *Marmolada*! Dass Michael seine Finger kaum mehr bewegen konnte; dass Carsten an einem Punkt die Todesangst so tief in die Glieder fuhr, dass er minutenlang weder vor noch zurück kam; dass bei dem ungeplanten Rückzug unsere halbe Ausrüstung am Berg geblieben ist – dies sei hier nur nebenbei erwähnt. Rückblickend betrachtet ist das Unternehmen *Marmolada* nicht an der Wand gescheitert. Es war schon lange vorher, an jenem vergnüglichen Nachmittag in Arco, ein Ding der Unmöglichkeit. Wir hatten bereits im Vorfeld alle Todsünden begangen, die man sich im Klettersport nur vorstellen kann. Wir waren einfach so losgestürmt, ohne einander zu kennen, ohne gegenseitiges Vertrauen und letztlich auch ohne angemessene Vorbereitung. Die Fehler in der Wand waren da lediglich die bittere Konsequenz. In dieser ersten Nacht im Basislager imaginierte ich also noch einmal den

Marmolada-Chaostrupp von einst und stellte ihm die Antarktis-Gruppe gegenüber. Ich erkannte: Wir schnitten in jeder Hinsicht besser ab.

Pol und Gegenpol

Natürlich war auch dieses Team nicht gegen persönliche Fehler und Querelen gefeit. Wie wir schon am Münchener Flughafen angekommen waren – ein jeder beladen mit seinem ganz privaten Mist und mächtig gestresst von der Organisation eines siebenwöchigen Gewaltaktes. Ein Unternehmen steht und fällt nicht zuletzt damit, dass alle Teilnehmer möglichst schnell den Kopf frei bekommen und sich von der Eigendynamik des Projektes mitreißen lassen. (Carsten hatte bei jenem Telefonat vor unserer unseligen Tour übrigens erfahren, dass seine Freundin nicht mehr seine Freundin war. Kein Wunder, dass er am Berg fast ausgetickt ist.) Ich bin immer wieder verwundert, welche Schwankungen die Leute – mich eingeschlossen – während einer schwierigen Expedition durchmachen. Euphorie und Mutlosigkeit, Konzentration und Zerstreutheit, ein Zustand wechselt den anderen ab. Um dieses Wechselbad an Stimmungen auszuhalten, braucht man gute Nerven – und mehr.

Ich habe in einem früheren Kapitel bereits erzählt, dass jeder von uns ein Spezialgebiet hat, das ihn aus der Gruppe heraushebt und für alle anderen Teilnehmer von Nutzen ist. Dasselbe gilt auch für die Persönlichkeit. Es gibt den Sturen, den Optimisten, den Zweifler, den Muntermacher und so fort. Jeder trägt auf seine Weise zum Erfolg bei, doch jeder braucht auch einen Kontrapunkt, der seine Emotionen relativiert. Wenn Plum vor Begeisterung fast abhebt, holt ihn Holger wieder von diesem Trip runter. Wenn ich laut darüber nachdenke, ob eine Tour wegen schlechten Wetters abzubrechen sei, entgegnet Kurt: »Quatsch. Jetzt müssen wir das halt aussitzen.« Pol und Gegenpol – anders kann eine gute Seilschaft nicht funktionieren. An der *Marmolada*-Südwand hätten meine Zweifel das nötige Gegengewicht zu Michaels und Carstens Euphorie sein müssen. Doch sie wollten aus gekränkter Eitelkeit und übertriebener Motivation meine Einwände nicht gelten lassen. Und ich habe aus demselben Grund irgendwann die Klappe gehalten. Ich wollte schließlich nicht als Weichei dastehen.

Persönliche Eitelkeit aber hat bei einem so großen Unternehmen nichts zu suchen. Wir alle müssen Kurt Alberts Autorität als *Big-Wall*-Experte akzeptieren, ohne dass uns dabei ein Zacken aus der Krone bricht. Und Kurt wiederum muss sich gefallen lassen, dass Pater ihn zum Beispiel fragt: »Du sagst, wir sollen jetzt also den rechten Riss hochsteigen. Aber warum in Herrgotts Namen eigentlich nicht den linken?«

Zunächst mal sind wir alle gleichberechtigt. Es gibt keinen Leitwolf im Team. Aber es gibt Leute, die haben mehr Erfahrung als andere. Sie müssen mit sachlichen Argumenten für ihren Standpunkt werben. Und die anderen wiederum sollten diesen Erfahrungsvorsprung so weit anerkennen, dass sie diese Argumente akzeptieren können – auch wenn sie selbst ursprünglich einen anderen Weg favorisiert haben.

Übrigens sind wir natürlich trotzdem eitel. Am nächsten Morgen beim Einstieg in den *Renard Tower*, das war in jener Nacht schon abzusehen, würde mal wieder jeder von uns der Erste sein wollen. Vorsteigen aber konnte immer nur einer, zwei würden ihm dabei zuarbeiten, was wiederum bedeutete, dass drei Mann ihre geliebten Kletterschuhe gar nicht erst auszupacken brauchten. Aus diesem Grund hatten wir uns vorab überlegt, ob wir nicht besser Dreier-Teams bilden und den Berg auf zwei Routen gleichzeitig besteigen sollten. Der *Renard* gab jedoch nur eine einzige logische Linie für eine Erstbegehung her. Wir mussten also beisammen bleiben.

Man muss auch mal verzichten können

Eine Sechsergruppe kann Leben retten: Wenn einem Mann in der Wand etwas zustößt, können ihn die fünf anderen runtertransportieren, ihn verarzten und Hilfe holen. Eine Sechsergruppe ist aber immer auch ein schwerfälliger Apparat, und wenn am Ende alle auf den Gipfel sollen, dann beeinträchtigt das ganz klar den Kletter-Genuss: Nicht jeder kann vorsteigen, man kommt nur langsam voran und muss jeden Abend an Fixseilen ins Basislager zurück. Plum, der immer gerne selbst vorsteigt, hat unter diesen Zwängen am meisten gelitten. Kurzzeitig überlegte er sogar, gemeinsam mit Pater auf einen Nebengipfel auszuweichen und diesen in einem Rutsch, mit zwei Nächten im Hängezelt, zu durchklettern. Er gab die Idee bald wieder auf. Der Gipfel des *Renard* und die gemeinsame Erstbegehung – sie waren ihm doch wichtiger.

Da sieht man, dass es immer mit gewissen Opfern verbunden ist, sich voll und ganz in das Team einzubringen. Auch ich hatte eine Weile geglaubt, meinen Stolz unterdrücken und auf die Kletterei am *Cape Renard Tower* zugunsten der Expedition sogar ganz verzichten zu müssen. Durch meinen Lawinenunfall war ich zu einem Risikofaktor geworden. Meine Kondition ließ nach der unfreiwilligen Trainingspause zu wünschen übrig; noch Wochen vor Abfahrt war ungewiss, ob ich die anderen bei unserem schwierigen Vorhaben vielleicht mehr behindern als unterstützen würde. Da von meiner Teilnahme aber das Sponsoring abhing, hätte ich im ungünstigsten Fall meine vier Antarktis-Wochen an Bord der *Santa Maria* verbracht. Zum Glück ist es mir erspart geblieben ...

In jener ersten Nacht ließ ich die zurückliegenden Stunden noch einmal Revue passieren. Nachdem er unser Fixseil beinahe ruiniert hatte, war Pater beim Materialtransport ins Basislager wie ein Rumpelstilzchen mit der Kamera herumgeturnt. Er hatte seine Filmsequenzen im Kopf und nur wenig Ausrüstung auf dem Buckel – was den schwitzenden Plum unter seinem 15-Kilo-Rucksack fast

zur Weißglut gebracht hatte. Aber wir hatten uns nicht wirklich in die Haare gekriegt, und morgen beim Einstieg würde die bewährte Mannschaft hoch konzentriert und die Stimmung bestens sein. Ich war nicht länger sauer auf Pater. Ich gönnte mir vielmehr einen raren Augenblick der ungetrübten Freude darüber, dass ich diesen Berg gemeinsam mit Kumpels besteigen durfte, auf die man sich normalerweise in jeder Situation verlassen kann.

Neben mir im Zelt warf sich Gerd seit einer Weile hin und her. Vielleicht hatte auch er Angst vor Steinschlag. Ich fragte mich, wie hoch die Wahrscheinlichkeit wohl sei, dass ein Felsblock aus mehreren hundert Metern Höhe genau auf unser Lager Kurs nehmen und ausgerechnet an der Stelle einschlagen würde, wo ich lag. Ich beschloss, dass die Wahrscheinlichkeit relativ gering war. Und wenn es so käme, dann sollte es eben so sein. Über diesem Gedanken bin ich schließlich eingeschlafen.

6

Verkäufer in eskalierenden Situationen

Kunden können widerlich sein, Brechreiz hervorrufen. Sie nerven manches Mal unerträglich und reizen die Verkäufer bis aufs Blut – und es macht diesen Kunden auch noch großen Spaß. Mit hämischem Grinsen erklären sie uns die Vorzüge sämtlicher Produkte des Wettbewerbs. Es versteht sich von selbst, dass unsere Preise aus der Sicht dieser Kunden wohl nicht ernst gemeint sein können. Aggressiv fallen Sie über jeden Juniorverkäufer her, erschlagen ihn mit der Macht von 30 Jahren Berufserfahrung.

Sollte sich der Juniorverkäufer todesmutig wehren, geben ihm diese Kunden arrogant den Rest, mit der Bemerkung: »Das haben wir noch nie so gemacht.« Diese ekelhaften Typen haben noch einiges mehr drauf:

- »Zu teuer, das können wir billiger haben.«
- »Wir sind zufrieden mit dem Wettbewerb.«
- »Ich habe keine Zeit und auch keinen Bedarf.«
- »Da haben wir früher schlechte Erfahrungen gemacht.«
- »Das Verfahren ist doch nicht erprobt.«
- »Unser Bereich ist zu sensibel, um darin externes Personal einzusetzen.«
- »Ja, versprechen tun sie alle was, aber dann, wenn man die Verkäufer braucht, ist keiner zuständig.«

Diesen und anderen Unsinn erzählen Einkäufer den Verkäufern haufenweise. Sie fühlen sich sicher in ihrer Position, nur weil sie es sind, die den Auftrag zu vergeben haben. Wir Verkäufer können uns demütigen lassen, wir sind es ja schließlich, die verkaufen müssen. Ein schönes Feindbild!

Der Kunde, dein Feind

Ja, wenn wir diese Kunden nicht so dringend brauchten, wir würden sie manches Mal gerne auf den Mond schießen. Mit der gleichen Wut, wie sie vermutlich auch Stefan empfunden hat, als er in jener Nacht mit Michael und Carsten um die richtige Klettertaktik für die Wand am *Monte Marmolada* stritt. Hatte er, der Teilnehmer mit der größten alpinen Erfahrung, die zwei nicht vor der Gefahr eines Wetterumschwunges gewarnt? Klar hatte er, aber Michael und Carsten wussten ja alles besser. Wie mancher Kunde auch.

Unser Antarktis-Team ist dagegen eine gut eingespielte Mannschaft, und trotzdem kommt es immer wieder zu Spannungen, der handfeste Krach ist nicht mehr fern. Ich muss nur an die Fixseile denken und sehe Stefans zusammengepresste Lippen vor mir. Aber es gab keinen großen Knall. Diese Stunden waren vielleicht der zwischenmenschliche Tiefpunkt während der Expedition. Gleichzeitig waren aber alle professionell genug, die Situation nicht eskalieren zu lassen.

Was spielt sich ab, wenn Verkäufer und ihre Gesprächspartner in ähnlich eskalierende Situationen kommen? Da scheinen zwei sonst völlig normale Menschen plötzlich aggressiv und oberlehrerhaft zu werden. Beispielswiese wird der Kunde da mit einem »Ja, aber bedenken Sie bitte, dass ...!« über den Sachverhalt belehrt.

Manche Verkäufer stehen unter einem enormen Druck, sie sorgen sich beispielsweise um ihr Umsatzziel. Diverse Einflussfaktoren wie

Familie, Ehe, wirtschaftliche Situation oder Schwierigkeiten mit dem Vorgesetzten können auch für diese Anspannung verantwortlich sein. Der Druck äußert sich dann in Form einer aggressiven oder arroganten Kommunikation. Welcher Kunde bleibt hier gelassen und lässt dieses Verhalten eines Verkäufers ohne Konsequenzen geschehen? Ich kenne keinen einzigen – der Konflikt bahnt sich an. Verständlich, da auch der Kunde Zwängen ausgesetzt und verantwortlich für seine Entscheidungen ist. Da ist sie, die große Falle für Verkäufer, die mit Kritik und Widerständen konfrontiert werden. Und am Anfang steht ein Bild: Das Bild, das sich Verkäufer von ihrem Gesprächspartner machen. Der Kunde, dein Feind?

Im Jahr 1998 haben mein Team und ich etwa 280 Außendienstbesuche begleitet und die Verkäufer gecoacht. Darüber hinaus haben wir mehrere hundert Verkaufsgespräche am Telefon beobachtet. Einen ähnlichen Umfang werden unsere firmeninternen Coaching-Projekte auch 1999 haben. Und wir haben im Rahmen dieser Arbeit eine Menge Feindbilder angetroffen.

Diese Feindbilder haben Verkäufer frustriert, provoziert, aus dem Gleichgewicht gebracht und manche Situation eskalieren lassen. Die Gelassenheit der Verkäufer war dahin.

Daraus ergibt sich aber auch eine weitere Chance für den professionellen Verkäufer:

Das Feindbild im Kopf ersetzen.

Sich selbst mental auf die immer wiederkehrenden Situationen richtig vorbereiten – wer das schafft, kann entscheidend mehr Gesprächssituationen so gestalten, dass am Ende ein Vertragsabschluss wahrscheinlicher wird. Wie das zu machen ist? Auch an dieser Stelle wieder keine einfache Lösung, kein Knopf, auf den Sie drücken können, wenn es schwierig wird. Aber ich biete Ihnen eine Alternative zum

Feindbild und sprachliche Umsetzungsmöglichkeiten für Ihre Reaktionen in schwierigen Gesprächen.

Was steckt hinter den Kundeneinwänden, deren Kritik oder dem Widerstand? Erst einmal zeigen diese Reaktionen der Kunden natürlich, dass sie ein Interesse am Gespräch oder am Produkt haben. Das könnten die Kunden allerdings auch positiver äußern, nicht wahr? Es muss also noch mehr dahinter stecken, zum Beispiel das Naturell dieses einen Gesprächspartners, schlechte Erfahrungen, Hinweise von Dritten, persönliche Sorgen und manchmal auch einfach die Lust am Spiel. Das ist es in etwa, was mir Verkäufer in meinen Seminaren auf die obige Frage berichten. Ich stimme dem grundsätzlich zu und verdeutliche noch weiter: Da haben Gesprächspartner also die Sorge, dass sie eine schlechte Lösung einkaufen. Mancher Kunde befürchtet auch Kritik von Dritten am Kauf des Produktes. Andere wiederum überlegen skeptisch, ob der Preis nicht zu hoch sei. Diese und andere Zweifel können sich im Hinterkopf des Gesprächspartners abspielen.

Gibt es einen gemeinsamen Nenner? Ja, den gibt es: Angst. Angst vor Geldverlust, Angst vor der Blamage, Angst vor Mehrarbeit, Angst vor vermeintlichen Nachteilen des Produkts, Angst vor Folgekosten, Angst vor dem Missgeschick, Angst, etwas zu verpatzen, Angst vor ...? Tausende Variationen von Angst.

Angst blockiert – auch den Kunden und seine Entscheidungen.

Bitte stellen Sie sich jetzt nicht vor, dass in jedem Fall ein vor Angst schlotternder Kunde vor Ihnen sitzt. Individuell verschieden, der Situation angepasst, äußert sich dieses Gefühl des Unbehagens beim Gesprächspartner. Ist Ihnen der Begriff »Angst« zu stark, dann nennen Sie es »Sorge« oder »Befürchtung«. Ich bleibe in diesem Erklärungsmodell bei dem Begriff »Angst«.

Angst ist eine menschliche Empfindung, die mit Sicherheit schon manches Leben gerettet hat. Auch in der Antarktis: Stefans Sorgen um die Fixseile kamen ja nicht von ungefähr. Kletterer behandeln ihr Seil wie ein rohes Ei. Wenn sie Hunderte von Höhenmetern unter sich haben, ist ein intaktes Seil schlicht und einfach der sprichwörtliche seidene Faden, an dem ihr Leben hängt.

Angst ist also durchaus ein sinnvoller Mechanismus. Das gilt selbstverständlich auch für unsere Gesprächspartner beim Kunden. Sie müssen ebenfalls Entscheidungen treffen, für deren Konsequenzen sie die Verantwortung tragen. Konsequenzen, die erheblichen Einfluss auf das Überleben – im übertragenen Sinn – dieses Kunden haben können. Denken Sie nur noch einmal an die junge Familie, die sich für eine Finanzierung entscheiden muss. Sollten später die Kreditraten zu hoch sein, bleibt zu wenig für die gewünschte Lebensqualität übrig. Diese Belastung bedeutet für viele Ehen und Familien das Ende. Oder das mittelständische Unternehmen, das mittels eines außerordentlichen Marketingbudgets ein innovatives Produkt schnell auf den Markt bringen will. Wenn da die Werbeagentur schlechte Arbeit leistet, ist das Budget und damit die Chance auf den Erfolg am Markt weg. Das Unternehmen ist reif für die Übernahme durch einen Konzern, der es schon lange auf das Entwicklungspotenzial dieses Unternehmens abgesehen hat.

Die beschriebenen Ängste beziehen sich immer auf die Zukunft. Diese Zukunft – sie beginnt mit jeder Sekunde neu – verunsichert die Menschen. Vor der Vergangenheit oder der Gegenwart braucht sich niemand zu fürchten. Ängste projizieren wir immer in die Zukunft, da wir nicht wissen können, was passieren wird. Unsere Kunden wissen nicht, ob unser Produkt tatsächlich die Erwartungen erfüllt. Ein Kunde weiß nicht, was sein Vorgesetzter nach dessen Urlaub zu seiner Entscheidung sagen wird. Angst wird also ausgelöst durch fehlende – für diesen Menschen wichtige – Informationen. Würden unsere Kunden wissen, dass unsere Lösungen wirtschaftlich sind, wir schon über 5000 zufriedene Kunden haben und die Vorgesetzen über die Entscheidungen begeistert wären, müssten sie keine Angst haben. Was können wir Verkäufer also tun?

Wir informieren unsere Kunden ehrlich und ausführlich, verschaffen ihnen die Informationen, die sie brauchen. Mit diesen Informationen verschwindet die Angst und damit der Widerstand.

Machen wir die Probe: Warum wollen Kunden eine Garantie über bestimmte Dinge? Warum führt eine positive Bewertung der »Stiftung Warentest« zu mehr Absatz? Warum ist so vielen Käufern eine Referenz so wichtig? Weil Kunden mit diesen Hilfskonstruktionen die Information bekommen, dass sie vermutlich – mehr als vermuten können sie meistens nicht – eine richtige Kaufentscheidung treffen. In der Garantie steckt noch die Information, dass der Hersteller bestimmte Kosten übernimmt, wenn die Erwartungen nicht erfüllt werden. Mit all diesen Informationen verliert die Kaufentscheidung ihren Schrecken und kann damit vom Kunden leichter getroffen werden. Es stimmt also: Ängste stecken hinter den Einwänden. Und Information beseitigt Angst.

Professionelle Verkäufer kennen die oben beschriebenen Zusammenhänge. Diese Verkäufer wissen, dass unangenehmes Verhalten von Kunden einen – aus deren Sicht – guten Grund hat. Schon deshalb fühlen sich diese Verkäufer nicht provoziert. Sie überlegen vielmehr gemeinsam mit ihren Kunden, welche Informationen nötig sind, um die Kaufentscheidung vernünftig abzusichern.

Bildwechsel im Kopf: Der Kunde ist nicht unser Feind – er ist ein Mensch, der Informationen braucht.

Hier liegt ein eindeutiger Mehrwert von Menschen gegenüber Maschinen oder sprachgesteuerter Software. Erst die Sensibilität von Menschen macht es möglich, Ängste zu spüren und das dahinter liegende Informationsdefizit zu beseitigen.

Der sprachliche Umgang mit den Einwänden

Was haben Stefan, Michael und Carsten sich bei ihrem Streit in dieser verregneten Nacht wohl alles an den Kopf geworfen? Da war von »Erfahrungen im Flachland« und »begrenztem Wissen, was das Wetter angeht« die Rede. Vermutlich waren die Antworten der beiden auch nicht ohne – ein Wort ergab das andere. Hören Sie die Nachrichten zwischen den Zeilen heraus? Da wurden ganz böse Botschaften gesendet. Da wurde gesagt:

- »Ihr gehört zum Klettern in die Halle, aber nicht in die Berge!«
- »Du bist auch kein so toller Experte, wie du glaubst!«
- »Wenn wir nicht müssten, würden wir nicht länger hier oben mit dir herumsitzen!«
- »Ich kann dich nicht leiden.«

Haben Sie diese Botschaften auch schon einmal in Verkaufsgesprächen oder in Verhandlungen herausgehört? Bei internen Meetings vielleicht? Unser Vertriebsalltag ist voll von diesen versteckten Informationen, die bewusst oder unbewusst darauf abzielen, den Gesprächspartner zu verletzen.

Klar ist, dass nach diesen Kränkungen so schnell keine Lösung in Sicht ist. Druck erzeugt Gegendruck, und die Situation eskaliert.

> Eskalierende Situationen bedeuten Distanz –
> Verkaufserfolg braucht Nähe.

Wie schaffen wir also – sprachlich – die notwendige Nähe, wie verhindern wir Eskalation? Wie verhalten wir uns, wenn ein Kunde seinen Einwand – womöglich mit provozierendem Unterton – formuliert und wir gefordert sind?

Wir senden die richtigen Informationen/Botschaften:

- »Ihre Frage ist berechtigt und verständlich.«
- »Die Kritik zeigt Ihre Erfahrung auf diesem Gebiet.«
- »Ich setze mich gerne mit Ihnen zusammen, um den Sachverhalt genau zu prüfen.«
- »Ich respektiere Sie und Ihre Situation.«

Diese Informationen entspannen Ihren Gesprächspartner, er fühlt sich nicht von Ihnen angegriffen und er fühlt sich emotional wohl. Ein Beispiel:

Einwand: »Diesen Radlader haben Sie doch erst letzten Monat auf den Markt gebracht!«

Reaktion: »Stimmt, und jetzt fragen Sie sich zu Recht, ob dieses neue Modell ausgereift und zuverlässig ist. Wir haben die Zuverlässigkeit sichergestellt, indem wir ...«

Wenn unserem Kunden durch diese Formulierung klar geworden ist, dass wir ihn nicht für einen Anfänger, Angsthasen oder Trottel halten, können wir mit den eigentlich wichtigen Informationen für ihn weitermachen:

»... durch mehrwöchige Probeläufe unter extremen Bedingungen alle Schwachstellen beseitigt haben. Wir sind uns unserer Sache so sicher, dass wir eine Garantie für die ersten 4000 Betriebsstunden übernehmen. Sollte Ihr Radlader wider Erwarten ausfallen, stellen wir Ihnen innerhalb von 4 Stunden einen Ersatz kostenlos zur Verfügung. Sie gehen also keinerlei Risiko ein.«

Nun kann der Kunde mit diesen Informationen seine Ängste besiegen. Der Fachmann im Kunden hat gute Argumente gehört, denen er sich nicht entziehen kann.

Sie, lieber Leser, sind der Profi in Ihrer realen Situation. Sie wissen genau, welche relevanten Informationen Sie geben können, um die Informationslücken Ihres Kunden zu schließen und so seine Bedenken zu zerstreuen. Sollten Sie sich aber irren oder die Lücke noch nicht erkannt haben, wird Ihr Kunde vorerst nicht bereit sein, über diesen Punkt hinwegzugehen. Jetzt machen Sie bitte nicht den Lieblingsfehler vieler Verkäufer, indem Sie den Kunden fragen: »Warum nicht?«

Diese Frage verschlechtert Ihre Situation dramatisch. Ihr Kunde sieht sich in Gedanken weiter mit der alten Lösung arbeiten und erzählt Ihnen aus dieser Perspektive sämtliche Blockaden, die ihn daran hindern, bei Ihnen zu kaufen. Er redet sich selbst ein, warum es richtig ist, beim Alten zu bleiben. Hören womöglich noch Kollegen seines Unternehmens zu, wird es noch schwieriger für ihn, seinen Standpunkt zu ändern. Die bessere Alternative liegt in der Fragestellung:

- »Was kann ich tun, damit Sie sicher sind?«
- »Welche Punkte müssen geklärt sein, bevor Sie ...?«
- »Unter welchen Voraussetzungen werden Sie ...?«

Mit diesen Fragen bringen Sie den Kunden dazu, positiv und konstruktiv in Ihre Richtung zu denken. Er formuliert die für ihn wichtigen Voraussetzungen, die, wenn sie erfüllt werden, zu einem Kauf führen. Und Sie wissen jetzt genau, welche Ängste er noch hat und welche Informationen ihm demnach noch fehlen.

Gewinne aus schwierigen (Preis-)Verhandlungen

Zurück zur Preisverhandlung. Obwohl wir unseren Preis plausibel erklärt haben, will der Kunde diesen aber noch immer nicht akzeptieren. Er stellt lakonisch fest: »Das ist alles gut und schön, ich will und kann trotzdem einen so hohen Preis nicht bezahlen.« Das Wichtigste ist jetzt: Nerven behalten, bleiben Sie gelassen. Bleiben wir bei dem, was wir wissen: Der Kunde hat aus seiner Sicht gute Gründe, eine Preissenkung einzuklagen. Und wenn er spielen will, auch in Ordnung, wir sind ebenfalls noch im Spiel. Also keine Neuauflage der Feindbilder!

Geben wir ihm jetzt einfach den möglichen Rabatt? Nein, das wäre zu einfach für den Kunden. Das wäre keine Herausforderung, keine Anstrengung und damit auch kein Erfolg für den Käufer. Denn nur, wofür ich mich angestrengt habe, befriedigt mich wirklich.

Die erste Konsequenz: Die Freude wird schnell verflogen sein

Stellen Sie sich doch einfach mal vor, Sie wären auf einen Berg geklettert. Sie hätten geschwitzt und manchen toten Punkt überwunden. Jetzt stehen Sie am Gipfelkreuz und genießen mit Ihren Bergfreunden den Ausblick. Noch mehr genießen Sie aber das Glücksgefühl, das Sie durchströmt. Die armen Touristen, die mit der Seilbahn hochgefahren sind – sie haben keine Ahnung, was ihnen entgeht. Sie konsumieren das, was sie sich leicht erkaufen konnten. Dieser Zusammenhang zwischen Anstrengung und Befriedigung ist entscheidend für die Situation der Preisverhandlung: Geben Verkäufer die möglichen Zugeständnisse einseitig, das heißt ohne Anstrengung für den Kunden, werten diese das Zugeständnis ab. Der Kunde konnte – im übertragenen Sinn – den Rabatt mit der Seilbahn leicht erreichen.

Die zweite Konsequenz: Das Wettkampferlebnis fehlt

Dieser sportliche Wettkampf – dessen Qualität – zeigt doch letztlich auch die Fähigkeit des Kunden. Er hat nur durch einen Wettkampf die Chance, sein Können zu beweisen und sich als Sieger zu fühlen. Über diesen Wettkampf definiert sich ein Kunde. Wie ein Bergsteiger, der sich über die Gipfel, die er bestiegen hat, definiert. Speziell der Einkäufer, dessen Aufgabengebiet ausschließlich das Einkaufen beinhaltet, ist auf die Verhandlungssituation angewiesen. Fehlt ihm die Herausforderung, fühlt er sich durchschnittlich, ist es letztlich auch. Macht, die keinen Gegner hat, wird schnell schal.

Die dritte Konsequenz: Der fehlende Respekt

Einen mittelmäßigen oder gar schlechten Gegner respektiert man nicht. Wie im sportlichen Wettkampf respektiert jeder nur diejenigen Gegner, die sich anstrengen. Diejenigen, die um jeden Ball kämpfen und die erst dann aufgeben, wenn die Zeit des Spiels abgelaufen ist. Gegen einen solchen Gegner darf jeder Spieler Punkte abgeben, ein Tor kassieren. Passiert das allerdings gegen einen Gegner, der nichts von dem gerade beschriebenen Verhalten zeigt, dann ist das peinlich. Gegen einen solchen Gegner darf man nicht verlieren. Die Menschen auf der Tribüne würden johlen. Wie ist das in der Verhandlungssituation? Gehen wir davon aus, dass der Verkäufer ursprünglich 100 als Preis genannt hatte, der Kunde allerdings nur 80 zahlen will. Wird nun über 90 als Kompromiss gesprochen, verliert der Verkäufer zehn gegenüber seiner Ausgangsposition – der Kunde allerdings auch! Und das kann er nur gegen einen Gegner, den er respektiert. Respektiert er den Verkäufer nicht, muss sich der Kunde über den Vorschlag entrüstet geben. Er wird hart und zäh weiter verhandeln. Der Deckungsbeitrag für den Verkäufer wird sich weiter verschlechtern.

Die vierte Konsequenz: Eine Mischung aus Frust und Misstrauen

Fragt sich der Kunde nicht, wieso der Verkäufer so einfach mal zehn Punkte nachgeben konnte? Wo spart der jetzt? Habe ich früher womöglich viel zu hohe Preise bezahlt? Genau diese Gedanken gehen dem Kunden jetzt durch den Kopf. Es ging einfach zu schnell ohne Widerstand des Verkäufers.

Fassen wir zusammen:

> Einseitige Preiszugeständnisse des Verkäufers haben eine Reihe negativer Konsequenzen, die das Geschäft für beide Seiten unattraktiver machen, als es in Wirklichkeit ist.

Das muss nicht sein: Professionelle Verkäufer fordern Ihre Kunden zur Mitarbeit auf, wenn diese ein Zugeständnis haben wollen. Jetzt entsteht die Spielsituation für den Kunden, in der er seine Qualitäten zeigen kann. Der Verkäufer verdient sich den Respekt des Kunden, indem er mutig Widerstand leistet. Wie kann das alles jetzt konkret aussehen?

Lassen Sie uns dazu in die Welt eines Personaldienstleisters gehen: Der Verkäufer verhandelt hier mit seinem Kunden über den Preis, der für eine Arbeitsstunde eines Softwarespezialisten bezahlt werden muss. Der Kunde ist nicht bereit, den vom Verkäufer plausibel erklärten Preis zu bezahlen. Der Verkäufer hat die Möglichkeit, den Preis noch um einen bestimmten Betrag zu senken. Bevor er diesen Nachlass gibt, fragt er den Kunden: »Wo können Sie mir denn noch entgegenkommen, damit ich gegebenenfalls einen Nachlass vertreten kann?« oder »Sehen Sie eine Möglichkeit für Folgeaufträge in den nächsten Wochen?« Er versucht, den Kunden an dem Kompromiss mitarbeiten zu lassen. Der Kunde hat im positiven Fall eine konkrete Idee oder bespricht mit dem Verkäufer weitere Geschäftsansätze in der nahen Zukunft. Nachdem der Kunde seinerseits ein Zugeständnis gemacht hat, gibt der Verkäufer nun sein Preiszugeständnis. Der Kunde hat jetzt seine monetären Vorstellungen realisiert oder ist ihnen nahe gekommen. Darüber hinaus hat er ein gutes subjektives Gefühl – er hat einen Sieg errungen, für den er etwas tun musste. Im negativen Fall – es kommt zu keinem Zugeständnis des Kunden – hat es der Verkäufer wenigstens versucht. Damit ist er ein würdiger Verlierer und wird sicher zum nächsten Spiel wieder eingeladen.

Kompromissvarianten gibt es viele: Folgeaufträge, der Kauf weiterer Produkte/Dienstleistungen, interne oder externe Weiterempfehlungen, Artikel in der Hauszeitschrift, Übernahme von administrativen Aufgaben, gemeinsame Werbung, Jahresverträge, kooperativer Informationsaustausch und vieles mehr – der Phantasie sind keine Grenzen gesetzt. Prüfen Sie schon vor einer Verhandlung, welche Möglichkeiten Sie für diesen konkreten Fall sehen. Unterscheiden Sie weiter zwischen Dingen, die den Kunden Geld kosten (Mehrumsatz, verkürzte Zahlungsziele) und solchen, die keine Seite Geld (Artikel in der Hauszeitschrift, Weiterempfehlungen) kosten. Ein positiver Aspekt dieser Mitarbeit des Kunden ist, dass der Deckungsbeitrag so oft wieder verbessert werden kann.

Fazit: Durch die oben beschriebene Verhandlungstechnik erhöhen Verkäufer ihre Chance auf einen Abschluss mit angemessenem Deckungsbeitrag und eine stabile Kundenbeziehung. Das beschriebene Zug-um-Zug-Verhalten entspricht einer Denkweise, die zu den Grundprinzipien menschlichen Miteinanders gehört: Wenn man etwas will, muss man etwas dafür geben. Sollten Sie aber hemmungslosen Egoisten begegnen, die nicht die geringste Absicht erkennen lassen, Ihnen auch nur ein kleines Stück entgegenzukommen, dann ist es umso wichtiger, Widerstand zu leisten. Was wäre die Alternative? Einfach nur zu geben? Auf die Forderung des Kunden einzugehen, so lange es die Vorschriften oder die Kalkulation zulassen und damit dann eventuell einen Auftrag zu holen und das Umsatzziel doch noch zu erreichen? Da jedes Unternehmen vom Gewinn und nicht vom Umsatz lebt, verbietet sich diese Alternative von selbst.

Wie also werden eskalierende Situationen gemeistert?

Sicher werden auch überdurchschnittliche Verkäufer nicht jede Verhandlung absolut zufrieden verlassen. Sie werden nicht jede eskalierende Situation, jeden Einwand meistern. Sicher aber werden die weitaus meisten der genannten Schlüsselstellen von diesen Verkäufern erfolgreich gemeistert. Was zeichnet sie aus?

- Sie akzeptieren, *dass schwierige Situationen zum Job gehören*. Diese sind mitunter lästig, aber wer es immer warm haben möchte, reist besser nicht in die Antarktis.
- Wird es schwierig, dann frustriert sie diese Situation nicht so schnell. *Stressstabilität durch persönliche Gelassenheit.* Sie wissen, was sie können, und dass es (fast) immer einen Ausweg gibt. Je hektischer die Situation, desto gelassener der Profi.
- Sie erkennen, was hinter den Attacken der Kunden steckt. *Das Verhalten* der Menschen hat immer einen Grund, *ist erklärbar*. Was also ist es, das einen eigentlich netten Menschen dazu bringt, sich so zu äußern oder zu benehmen? Haben sie eine Idee, dann bekommen die schwierigen Gesprächspartner Informationen: *Informationen*, die den Status hervorheben, die Respekt zeigen, die plausible Erklärungen beinhalten, gute Argumente für ein bestimmtes Vorgehen liefern oder die das gemeinsame Ziel wieder in den Mittelpunkt stellen.
- Der *Kommunikation* schenken diese Profis besondere Bedeutung. »Ein Wort ist wie ein Pfeil, einmal abgeschossen, holt ihn niemand mehr zurück.« Die eigene Rhetorik *ist gerade in schwierigen und eskalierenden Situationen der Schlüssel zur Lösung.*

7

Der aufhaltsame Aufstieg zum Gipfel

... und dann kam die Morgendämmerung. Sie war wie ein kaltes Feuerwerk, pinselte explodierendes Zinnoberrot und Blutorange mit großartiger Geste an Eisberge-Gletscher-Wellen-Wolken, gefiel sich eine halbe Stunde lang im eigenen Farbenrausch, verneigte sich und verschwand. Wir hatten Augen für sie, aber keine Worte. Schlürften Tee. Kauten Müsli. Debattierten. In unseren Bäuchen tanzten Schmetterlinge. Der Tag X war da.

Wir hatten nur eine Chance. Eine gute Woche musste reichen, um auf diesen Berg zu kommen, nicht mehr und nicht weniger. Vier Schlechtwettertage waren mit einkalkuliert; ein fünfter hätte dem Unternehmen mit ziemlicher Sicherheit den Garaus gemacht. Die Sonnenaufgänge waren gezählt, die Rückflüge gebucht, die Nahrungsmittel knapp bemessen. Es gab keinen zweiten Versuch für eine Erstbegehung. *Jetzt oder nie.*

Jeder Riss, jede Platte, jeder noch so kleine Überhang - all diese Details hatten wir auswendig gelernt. Wir hatten für unseren Jungfernstieg die Wand studiert wie strebsame Pennäler die Lektürehilfe zur Interpretation des »Faust«. Zunächst auf Bildern. Dann, vom Boot aus, mit dem Fernglas. Von unten in der Mittagssonne, am Abend, bei Morgenlicht. Kein trügerisches Schattenspiel sollte über eine vertrackte Schlüsselstelle hinwegtäuschen können. Wir hatten uns auf »Die Linie« geeinigt. Ich schließe die Augen. Ich sehe sie noch heute vor mir. Verwegen und doch logisch, aberwitzig und folgerichtig zugleich – eine Rechenaufgabe für Mathematiker am Berg, mit ein paar ungeklärten Variablen.

Zuerst nur Struktur. 150 Meter kompakte Wand und einige wenige winzige Löcher. Sehr schwierig. Dann links – nein, dort lauert ein Wasserstreifen, also rechts weiter, kaum Struktur vorhanden, und hinüber ins Risssystem. Der Schlüssel zum unteren Wandteil. Von dort relativ kommod auf 400 Höhenmeter, Vorsprünge für Standplätze vorhanden, alles in Butter. Dann der Überhang. Mein Gott, ein Riesending, zehn, zwölf Meter ausladend bestimmt, wie soll man in diesem Brocken Sicherungen anbringen? Doch, dort in dieser feinen Rissspur könnte es klappen. Vielleicht ... Egal – weiter. Mist, nichts zu erkennen. Der Überhang verdeckt den letzten Abschnitt der Wand, das ist schlimm, aber nicht sehr schlimm. Das letzte Wanddrittel ist in der Regel (ist die Antarktis noch die Regel?) besser strukturiert, also leichter als die beiden ersten Drittel, es wird schon gehen, ganz oben erwartet uns die Eiskappe, also Pickel einpacken und Steigeisen. Verdammt, es muss gehen!

»Die Linie«. Wir haben sie alle ungefähr erahnt, doch gefunden hat sie schließlich Kurt Albert, er hat sie gelesen wie einen besonders intelligenten Kriminalroman und gegen alle Einwände verteidigt. »Kurt, warum eigentlich jetzt rechts rum?« – »Kurt, das mit dem Dach, das ist wohl nicht dein Ernst?« – »Jetzt mal ehrlich, Kurt, an der Verschneidung läuft doch nichts?« Er wusste auf jede Frage eine Antwort. Doch dann wurde eine ganz andere Frage gestellt, und Kurt wusste keine Antwort mehr, und ich hätte mir wieder in den Hintern beißen können, dass ich nicht schon zu Hause drauf gekommen war. Die Frage lautete: Wer klettert?

»Ich würde ja gerne, aber wenn du willst, nichts für ungut«. – »Nö, mach doch du, wenn du meinst, andererseits, ich könnte ja auch ...« Wir drehten uns im Kreis. – Ich habe ja bereits gesagt, dass unsere Erstbegehung ein Kompromiss sein musste. Sechs Mann wollten hoch auf den Gipfel, doch im unteren und mittleren

Abschnitt konnten jeweils nur drei ökonomisch Höhenmeter schinden, also *wer steigt vor?* Hätten wir in diesem Moment einen Leitwolf gehabt, er hätte sofort kühl kalkuliert und klar entschieden: Kurt, Holger und ich, die stärksten Felskletterer im Team, würden dieses *Big-Wall*-Puzzle zusammensetzen. So kam es dann auch. Doch bis dieser Beschluss auf demokratischem Wege gefällt war, verrannen kostbare Viertelstunden.

Noch mehr Fragen stellten sich. *Was brauchen wir?* Wie viele Seile, Keile, Haken, *Cliffhangers* kommen mit in die Wand? Hier begann nun endgültig die Feinanalyse unseres Unternehmens. Und die sah folgendermaßen aus: *Bei etwa 50 Metern beginnt ein Riss, der ist zuerst faustbreit und verjüngt sich dann auf Fingerbreite, dafür benötigt der Vorsteiger sechs* Friends *in den Größen eins bis vier, außerdem diverse Sätze* Rocks. *An den Riss schließt sich eine kompakte Wandstelle an, also zwei* Cliffhangers *einpacken. Zweieinhalb Meter weiter oben muss ein Bohrhaken rein.* Etcetera. Die Hardware pro Klettergurt betrug am Ende fast zehn Kilogramm, und bis wir sie in dem Wust an Ausrüstung gefunden hatten, verging nochmals eine Stunde.

Es war sehr kalt an diesem Tag, zehn Grad minus bestimmt. Mit Handschuhen kann man nicht klettern. Wir klammerten uns an unseren Teebechern fest und beteten, dass sich der Nebelschleier verziehen und die Sonne hervorkommen möge. Gegen zehn Uhr griff Holger mit klammen Fingerspitzen in die Wand. Ein Höhenmeter. Der erste von insgesamt 600.

Der erste Tag

Zum Auftakt muss jemand aus dem Team ran, der die Basis legen kann. Einer, der schnell und zuverlässig voran kommt, die Ampel auf Grün stellt, ein Hoffnungszeichen für alle setzt. Bisher hatten wir uns ja nur äußerst schwerfällig vom Fleck bewegt: Zwei Jahre, zwei Wochen und ein Tag waren für Planung, Anreise und Landung draufgegangen. Jetzt musste Holger den Beweis antreten, dass wir uns auch beeilen konnten. Er war hoch motiviert, doch er tat sich zunächst schwer. Kurt sicherte und ich wirbelte als Servicemann, reichte Material und aufmunternde Worte nach. Vom Basislager aus verfolgten Pater, Gerd und Plum mit banger Miene, wie Holger sich Stück für Stück nach oben schuftete.

Der Vorsteiger im Team wird betüddelt wie das beste Pferd im Stall. Kein Aufwand ist zu hoch, kein Spruch zu blöde, um ihn bei Laune und in Fahrt zu halten. Nach den ersten zähen Zügen

startete Holger dann auch richtig durch. Er riss die Höhenmeter schließlich regelrecht herunter, turnte mit traumwandlerischer Sicherheit gen Himmel, Seillänge für Seillänge, Stunde um Stunde. Am Nachmittag arbeiteten Kurt und ich bereits Hand in Hand. Die Vorgaben der »Linie« waren uns Befehl, wir verstanden einander ohne viel Worte und erahnten jede Schlüsselstelle im Voraus. Wir waren hoch konzentriert. Nicht ein einziges Mal hat Holger uns instruieren müssen, von wegen, jetzt bräuchte er noch diesen Klemmkeil Größe drei und einen Energieriegel ... Uns standen pro Nase zehn Fruchtschnitten à 350 Kalorien und eineinhalb Liter Wasser zur Verfügung. Unten schmolzen sie derweil kiloweise Schnee und bereiteten das Abendessen vor, wenn sie nicht gerade durchs Fernglas unsere Plackerei verfolgten. Die Zeit verging wie im Flug.

Um 19 Uhr erreichte Holger den anvisierten Standplatz. Er deponierte das restliche Material für den anschließenden Tag, stieß einen Seufzer der Erleichterung aus und seilte sich in Personalunion mit Kurt und mir an den mittlerweile fünf Fixseil-Längen nach unten ab. Der jeweils letzte spannte das Seil an den Übergängen nach, damit es der Wind in der Nacht nicht über eine Kante scheuern würde. Eine gute Stunde später saßen wir wieder im Basislager und löffelten ein Reisgericht aus dem Alubeutel. Es war erneut empfindlich kalt geworden, doch wir genossen unseren vorläufigen Triumph in vollen Zügen, wir waren ungeheuer erleichtert. »Es wird schon gehen«, weissagte Kurt. Um 21 Uhr krabbelten sechs Mann, drei davon fix und alle, gut gelaunt in ihre Daunenschlafsäcke. Der Anfang war gemacht.

Der zweite Tag

Am frühen Morgen begann es zu schneien. Flocke für Flocke rieselte aufs Zeltdach, blieb liegen, erkaltete und wurde zu Eis. Es war ein laut- und gnadenloser Abgesang auf unsere glorreiche Bergsteiger-Arie, und als ich aufwachte, hatte ich dennoch nur einen Gedanken im Kopf: Der erste Tag seit Wochen, an dem du keine Aufgabe hast; nichts organisieren, nicht Nachtwache halten und nicht klettern, ein Luxus, ein Bonbon des Himmels. 24 Stunden völlige Ruhe. Ich drehte mich um und pennte weiter.

Wir haben diesen langen 11. Februar dann geradezu klein gehackt. Gegessen. Geschlafen. Die Jungs im Nachbarzelt besucht. Gelesen – immer ein einziges Buch zu mehreren, das Papiermesser in der Hand. »He, Jungs, wer hat *Siddharta* Seite 35 bis 50?« Wir versuchten, Wolf anzufunken, der zu diesem Zeitpunkt mit der *Santa Maria* drei Segelstunden entfernt vor der Forschungsstation der Briten ankerte. Stellten fest, dass unser Funkgerät nicht funktionierte. Schauten zum Himmel. Schwiegen. Zogen das Barometer zu Rate, das fiel und fiel und schlechtes Wetter für eine ganze Woche ankündigte. Draußen war die Wand des *Renard* mit Eis versiegelt, den zornigen Winden schutzlos ausgesetzt und für uns über Nacht unerreichbar geworden. Wir wollten es zunächst nicht wahrhaben. Doch das »Bonbon des Himmels« war spätestens am Nachmittag ausgelutscht, und dann stellte sich wieder die alte unbequeme Frage: *Was wäre wenn?* Wenn es weiter schneien würde. Wenn wir länger als vier Tage warten müssten, wenn wir den *Renard* nicht besteigen könnten? Das also war meine Art, Schäfchen zu zählen, bevor ich nach Sonnenuntergang in einen unruhigen Schlummer fiel.

Der dritte Tag

Auch Barometer können irren. Als ich morgens aus dem Zelt robbte, war die Wettersituation noch unverändert; doch am Vormittag riss die Wolkendecke auf, das Eis am *Renard* taute ab, brach in Schollen von der Wand. Nur auf den großen Bändern blieb ein Rest von Schnee. *Sollen wir oder sollen wir nicht? – Wir müssen!!!* Plum stieg vor, mit Steigklemmen zwei Stunden an Fixseilen entlang zum bereits erreichten Standplatz. Von dort aus ging es weiter. Der Mangel an Bohrhaken wurde allmählich zum Problem. Da wir den wertvollen Strom unserer Akkus nicht vergeuden durften, konnten wir mit gutem Gewissen nur alle 40 Meter einen niet- und nagelfesten Bohrhaken am Standplatz setzen. Dazwischen versuchten wir – wo möglich – Klemmkeile zu legen, die aber immer einmal aus ihrer Verankerung herausbrechen können.

Plum zog Verpflegung, Haken und Bohrmaschine am Hilfsseil nach. Er schwitzte. Er tat sich sehr viel schwerer als Holger, der uns zwei Tage zuvor die Hoffnung, mehr noch: den Glauben an diese Erstbegehung gegeben hatte. Der *Renard* ist in diesem Abschnitt nahezu vertikal. Das ist auch gut so, denn in solch steilen Wänden halten sich keine Eisfelder, und wenn ein Stein herunterstürzt, fällt er in neun von zehn Fällen an dem Kletterer vorbei. Aber es kostet unglaublich viel Kraft, sich über mehrere hundert Meter an einer Oberfläche entlangzutasten, die um 90 Grad gedreht ist, sozusagen eine ins Senkrechte verkehrte Welt. Plum schonte sich nicht, doch er war ein Arbeiter, kein Künstler wie Holger. Die Stunden dehnten sich. Ich sorgte für die Sicherung, Pater filmte vom Standplatz aus, und unten schoss Gerd ein Foto nach dem anderen.

Es gibt dieses Bild. Ein Mann in einer Riesenwand, in der Antarktis. Er hat sich bei 400 Höhenmetern am Stand fixiert und durch seine Beine hindurch fotografiert, die auf einem Felsband stehen – es ist so schmal, dass die Fersen über den klaffenden Abrund hinausragen, an dessen Fuße sich die See an scharfen Felsen bricht. Gerd hat dieses Bild am nächsten Tag gemacht, und wenn ich es heute betrachte, kriege ich noch immer eine Gänsehaut. Ich werde oft gefragt, ob ich gegen Höhenangst immun bin. Die Antwort lautet: jein. Wenn alle erdenklichen Vorsichtsmaßnahmen getroffen sind, dann ist es schon ein echter Genuss, in extremen Höhen zu hantieren. Man fiebert richtiggehend darauf hin – wer beim Gedanken an den Abgrund immer bloß Angst hat, den wird die Kletterei auf

Dauer fertig machen. Bei dieser Route allerdings hingen wir pro Standplatz nur an einem einzigen Bohrhaken, und da schaut man schon mit sehr gemischten Gefühlen in die Tiefe. Manchmal fängt im Kopf die Rechenmaschine an zu rattern: *Ein Bohrhaken von 8 Millimetern Stärke und 15 Zentimetern Länge* plus *ein 10 Millimeter dickes, 60 Meter langes Seil* plus *250 Kilogramm (das Gewicht von drei Männern inklusive Ausrüstung)* plus *400 Meter potenzielle Fallhöhe – was macht das?* Wenn man sich auf diese Rechnung einlässt, hat man schon verloren. Man legt den Kopf in den Nacken und sieht eine nicht enden wollende massive Vertikale, fünfzig, hundert, zweihundert Meter lang, darüber der Himmel beinahe dem Blickfeld entrückt, eine ferne Phantasie in Grau. Man schaut nach unten. Weit, weit weg die Zelte, nur mehr gelbe Punkte auf weißem Grund, man stellt sich vor, wie lange der freie Fall dauern und wo er enden könnte – am nächsten Felsabsatz, im Basislager, im Meer? Eiskalter Wind pfeift einem um die Ohren und treibt das Wasser in die Augen. Das Antarktis-Panorama vermengt sich mit Tränen. Man fühlt sich blind, einsam, ausgesetzt. Wie ein lächerliches Insekt, den Launen der Natur schutzlos preisgegeben. Es ist ein fragiler Schwebezustand zwischen Himmel und Hölle, Halleluja und Herrjemine.

Gegen 16 Uhr richtete Plum unterhalb des Überhanges den Standplatz ein. Das »Dach«, wie wir Kletterer eine solch imposante Felsformation nennen, war noch überwältigender, als wir das von unten hatten ahnen können; den Gesetzen von Schwerkraft und Statik zum Trotz stieß es ohne tragende Elemente fast 15 Meter weit ins reine Nichts. Es drückte uns wirklich mächtig aufs Gemüt. In diesem Moment hätte ich alles dafür gegeben, mit den anderen im Basislager einen Tag lang auf kleiner Flamme Schnee schmelzen zu dürfen. Auch Plum und Pater schauten nicht eben zuversichtlich drein. Aber es half ja alles nichts, wir mussten den Weg bereiten für den nächsten Tag, der uns mit etwas Glück auf dem Gipfel sehen würde. Plum griff zum Hammer, lehnte sich zurück und trieb den ersten Haken mit schweren Schlägen ins Gestein. Er hängte die Bandleiter ein, stieg in die letzte Sprosse, ergriff den zweiten Haken, verrenkte sich abermals das Kreuz, hämmerte wieder. Und wieder. Und wieder. Drei Stunden dauerte es, bis die Kante erreicht und der Dachriegel gesichert war. Drei Stunden, in denen Plum ein Gefühl dafür bekam, was Tiefe ist. Wie sie saugen kann und zerren, wie sie einem zuerst in die Ausrüstung, dann in die Glieder und zuletzt in den Kopf hinein fährt und wie man sich willenlos nur noch fallen lassen will ... Aber natürlich: Plum hat der Versuchung widerstanden.

Mehr als zwei Stunden brauchten wir diesmal, um nach unten zu kommen. Im Lager: duftendes Einwegtüten-Curryhuhn und gezähmte Zuversicht. Das Wort zum Sonntag sprach wieder mal Kurt Albert: »Gute Arbeit, Freunde. Plum – Respekt. Wenn das Wetter mitspielt, können wir es morgen schaffen.« Das Barometer zeigte stabilen Luftdruck an. Wir gingen sehr früh schlafen.

Der vierte Tag

Der Tag schlechthin. Würde er gut verlaufen, stünden wir am frühen Abend auf dem Gipfel. An die andere Möglichkeit war gar nicht zu denken. Um neun Uhr packten Kurt und ich die Steigklemmen aus und stiegen an den Fixseilen zum Dach empor. Die anderen folgten zeitversetzt im Abstand von je einer Viertelstunde. Am Überhang angekommen, erkannte ich sofort, dass Plum am Vortag saubere Arbeit geleistet hatte. Die Haken saßen felsenfest in den richtigen Abständen an den richtigen Stellen. Der Rest war ein Spiel der Kräfte, ich gegen meinen inneren Schweinehund. Es war bei dieser Tour meine erste und einzige Seillänge im Vorstieg – ich habe sie goutiert, Meter für Meter, wie ein Feinschmecker ein erlesenes Vier-Gänge-Menü. Was in meinem Kopf vorging, während ich mich rücklings diese dramatische Linie entlangtastete, weiß ich nicht mehr. Aber mein ausgelaugter Körper muss mitgespielt haben, denn eine Dreiviertelstunde später klinkte ich einen Karabiner in den sicheren Standhaken ein und hatte das Dach unter mir gelassen. Federleicht fühlt man sich in einem solchen Augenblick und wahrhaft frei. Keine Zweifel mehr. Alles glasklar, für den Bruchteil einer Sekunde. *Ich klettere, also bin ich.* Wenn der Rest des Lebens nur auch so einfach wäre ...

Der Rest des Lebens ist nicht einfach, und das erfuhr ich eine Viertelstunde später, als Kurt den Vorstieg übernommen hatte: Plötzlich krachte es fürchterlich und 40 Meter unter uns heulte Holger plötzlich auf. »Holger?« – »*Buddy*, alles okay?« – »Mensch, Holger, was ist los?« Keine Antwort. Schlimmer noch, keine Sicht – der Überhang hing zwischen uns. »Verdammt noch mal, Holger!« Totenstille. In jenem Augenblick lief vor meinem geistigen Auge dieser Film ab. *Holger ist von einem Stein getroffen worden. Er hat ein Schädel-Hirn-Trauma. Er ist bewusstlos. Wir sind sechs Mann. Irgendwie können wir ihn wahrscheinlich runtertransportieren, dann funken wir die* Santa Maria *an, Wolf muss kommen, wir brauchen ein Krankenhaus. Scheiße, wo ist das nächste Krankenhaus? Mein Gott, der Holger* stirbt!

Sekunden, Minuten, eine qualvolle Zeitspanne später jedenfalls hörten wir eine Stimme von unten. Ganz schwach, kaum aus den jaulenden Windstößen herauszufiltern. »Hallo ...?« Angestrengt. Um Aufmunterung bemüht. »Kurt? Stefan? Hört ihr mich ...?« – »Holger?!!« – »Ja, ich bin okay, alles in Ordnung, keine Sorge!« – Ihn hatte tatsächlich ein Stein getroffen. Er sauste direkt auf seinen Schädel zu, zerschellte, eine Hälfte trudelte in die Tiefe, die andere prallte mit Wucht auf seine Schulter, stürzte weiter und schlug im Basislager auf. Hätte Holger keinen Helm aufgehabt, er wäre erledigt gewesen. »Hey, Leute, ich kann weiter!« Mir gruselte. Ich blickte in die Tiefe und kapierte gar nichts mehr. »Jungs, hört ihr mich ...?« Dann Gerds Organ: »Holger geht's gut, erste Sahne. Bei euch da oben alles in Ordnung?« – Natürlich sind wir weiter geklettert, konzentriert und angespannt wie noch ein paar Minuten zuvor. Doch es war nicht mehr das Gleiche.

Hätten wir das Unternehmen beenden müssen? Den *Renard* verlassen, das Basislager abbrechen, die *Santa Maria* herbeifunken und endgültig den Heimweg antreten sollen? Erst später ist mir eingefallen, dass wir das Funkgerät an jenem Tag ja gar nicht mitgenommen hatten – die Batterien hatten bei der extremen Kälte der vorangegangenen Tage den Geist aufgegeben. Erst Kurt, der Tüftler vom Dienst, stellte schließlich mit Hilfe von Gerds Fotobatterien wieder eine Funkverbindung her. Doch in dem Moment, als Holger verstummte, war unser Kontakt zur Außenwelt erst einmal abgeschnitten. Zum Glück war mir das damals nicht bewusst! Ich hing also in 400 Meter Höhe, der Schrecken saß mir noch in den Gelenken, und ich wog ab: Einerseits waren wir uns soeben auf brutale Weise unserer Hilflosigkeit bewusst geworden und hatten einen Augenblick lang alles in Frage gestellt. Andererseits war da immer noch das Ziel, nur noch acht Seillängen entfernt, und Holger ging es den Umständen entsprechend gut. Er hatte von der Kollision mit diesem Brocken einen üblen Brummschädel und eine schmerzende Schulter zurückbehalten. Doch er fieberte wie wir alle noch immer dem Gipfel entgegen. Wir atmeten tief durch. Wir machten weiter.

Eine knappe Stunde später stieß Kurt dann auf ein Eisfeld, das sich in einem Neigungswinkel von 60 Grad auf 150 Metern Länge bis zum Gipfel hin erstreckte. Sein geschultes Auge tastete die gleißende Fläche auf mögliche Anrissstellen hin ab. Es sah gut aus. Der Sturm hatte zwei Tage zuvor die frischen Flocken weggefegt, zurückgeblieben war der alte hart gepresste Schnee, durchsetzt mit Eis. Natürlich konnte immer noch eine Lawine abgehen, und bei dieser Vorstellung sträubten sich Plum und mir die Haare. Doch die Wahrscheinlichkeit war äußerst gering. Kurt war begeistert. Er zog Steigeisen und Pickel aus dem Rucksack. »Das haben wir doch gleich.« Sprach's, hieb Metall in Eis, sah noch einmal prüfend nach oben und stieg los. Nach zehn Minuten war er hinter einer Kuppe verschwunden.

Mittlerweile waren auch die letzten, inklusive Holger, zu uns aufgelaufen. Fünf Mann warteten am Rande des Eisfeldes auf das verabredete Zeichen zum Nachstieg. »Ich zieh' von oben dann drei Mal fest am Seil«, hatte Kurt gesagt. Wir waren schweigsam. Jeder hing seinen eigenen Gedanken nach, doch ich vermute, sie bewegten sich allesamt in die gleiche Richtung. *So nah dran. Zum Greifen nah, allen Widrigkeiten zum Trotz. Donnerwetter, fast schon oben!* Die Fatalisten unter uns kehrten die Situation dann wieder in ihr Gegenteil und malten sich aus, wie furchtbar es wäre, auf diesen allerletzten Metern noch zu scheitern. Dass das Wetter umschlagen oder eine Lawine losbrechen oder Holger doch noch die Sinne schwinden könnten. Dass wir zurück müssten ins Basislager und ganz nah dran *gewesen* wären. Bitter. Nein, nicht auszudenken.

Als Pater unvermittelt zu sprechen anfing, riss er uns unsanft aus unseren Tagträumen. »Sagt mal, was treibt Kurt eigentlich?« In meinen Schläfen begann es zu pochen. Ich bekam einen Riesenschreck. Mir wurde auf einmal bewusst, dass Kurt schon ziemlich lange unterwegs war, ja, dass eine kleine Ewigkeit verstrichen war, seit wir ihn zuletzt gesehen hatten. »Mensch, Kurt ist doch sonst einer von der schnellen Truppe«, sagte Holger mit belegter Stimme. »Der kann doch unmöglich so lange brauchen für ein stinknormales Eisfeld.« Gerd brüllte Kurts Namen in den Himmel. Ein zweites, ein drittes Mal. Keine Antwort. Drei Seillängen hatten wir bereits zusammengebunden. Nun lag das Seilende zu unseren Füßen bewegungslos, wie festgefroren. Wir sahen uns betreten an. Was war da oben los?

Nervenzerfetzende Minuten: Wir beruhigten uns gegenseitig. Wir zählten einander Kurts Heldentaten aus zwei Jahrzehnten auf, erinnerten an seine Erfahrung, seine Übersicht, seine Eisesruhe in scheinbar aussichtslosen Situationen. Wir erklärten mit immer neuen Episoden Kurt Albert für unsterblich, eine Viertelstunde lang. Dann hielt es Plum nicht mehr aus. »Also, Jungs, ihr könnt sagen, was ihr wollt. Aber ich steig' da jetzt hoch und schau' nach, was los ist.« Keiner hatte einen Einwand. Kurt ist der fähigste Allrounder unter uns, aber Plum hat die meiste Erfahrung im Eis. An Kurts Seil gesichert, stieg er zügig nach oben. Dann entschwand auch er aus unserem Blickfeld. Wir hatten ein neues Zeichen vereinbart: Zwei Mal am Seil ziehen – es gibt ein Problem. Drei Mal am Seil ziehen – alles in Butter. Wir warteten.

Eine Viertelstunde später ruckte das Seil in meinen Händen zum ersten Mal. Dann ein zweites Mal. *Bitte lieber Gott, lass da oben alles in Ordnung sein, der Gipfel ist nicht wichtig, der Gipfel ist egal, solang bloß Kurt und Plum ...* – Und ein drittes Mal. Der Stein, der uns vom Herzen fiel, war mindestens ein Zweitonner. Uns blieben in diesem Augenblick einfach die Worte weg. Nach einigen Sekunden räusperte sich Pater. »Leute, seid ihr bereit für den Gipfel?« Und ob wir es waren!

Die Erklärung für Kurts Verspätung ist am Ende so simpel ausgefallen, dass ich schon beinahe wieder drüber schmunzeln kann. Er kam fahrplangemäß auf dem Gipfel an, fand dort aber nur Schnee und keinen Zentimeter Fels vor, an dem er das Seil hätte fixieren können. Er musste also erst eine fast zwei Meter tiefe Grube ausheben, einen Plastiksack mit Schnee füllen, das Seil darum binden. Diesen »Anker« im Loch versenken, den restlichen Schnee darüber schaufeln und festklopfen. Erst dann konnte er das Zeichen zum Nachkommen geben. Über diese Möglichkeit hatten wir uns zwar mal unterhalten, aber dass diese Prozedur so lange dauern könnte, darauf war keiner von uns eingestellt gewesen. Vielleicht ist es uns aber auch nur so lang vorgekommen. Nach allem, was sich bereits ereignet hatte, lagen die Nerven blank. Wir haben die Warterei wahrscheinlich einfach nicht mehr ausgehalten.

An die letzten 150 Meter kann ich mich kaum noch erinnern. Meine Gedanken waren in dieser halben Stunde anderswo. Zwei

Mal an diesem Tag hatte ich mir ausgemalt, was hätte passieren *können*. Dass wir auf einmal nur noch zu fünft sein könnten, diese Möglichkeit stand theoretisch die ganze Zeit im Raum. Als sie plötzlich greifbar wurde, war es dennoch ein fürchterlicher Schock. Zwei Mal war uns das Glück hold gewesen. Und nun würden wir tatsächlich zu sechst, gemeinsam, *als Team* auf diesem Gipfel stehen, am Ziel unserer Wünsche – es war einfach ein bisschen zu viel Aufregung auf einmal, um mich noch ernsthaft auf das Eisgerät in meiner Hand zu konzentrieren. Eine bewusstlose Zeitspanne verstrich. Und dann war ich oben.

Der Gipfel

Der Gipfel des *Cape Renard Tower* ist ein schmales, mit ewigem Schnee überzogenes Plateau von maximal zehn Metern Durchmesser. Man traut sich kaum, auf diesem Plateau zu laufen, weil der Wind die Ränder unterhöhlt hat und sie leicht abbrechen könnten. Rundherum geht es 800 Meter in die Tiefe. Die Aussicht von diesem unwirklichen Flecken Erde ist atemberaubend. Man kann nun auf die andere Seite schauen, und man erkennt zum ersten Mal, dass der *Renard* auf einem Eiland steht, das dem antarktischen Festland vorgelagert ist. Die Küstenlinie dieser Insel erscheint von oben wie ein abstraktes Aquarell, das noch immer auf den Meister wartet, der es malen kann: ein dünnes graues Band (Felsen), umschäumt von Weiß (die Gischt), gerahmt von sattem, tiefem, strahlendem Blau (die See), in dem wiederum ein paar weiße Punkte schwimmen (die Eisberge). Überiridisch schön! Im Hintergrund die Steilwände der Antarktis, ein gigantisches Bollwerk aus Fels und Eis. Zweieinhalbtausend Meter hoch, bizarr, von Winden und Wettern zerschunden, dahinter beginnt das Hochplateau des Inlandeises und erstreckt sich bis zum Horizont. Gletscher, groß wie Meere, fließen um die Bergkuppen herum zu Tal. Man erkennt die Kanäle, die

sich in dieses Niemandsland hineinfingern, auf denen riesige Mengen von Packeis schwimmen, und man weiß: kein von Menschenhand gelenktes Boot könnte dieses Minenfeld jemals bezwingen. Das Licht flutet an tief hängenden Wolkenfetzen vorbei, kreiert Stimmungen, die es nirgendwo sonst gibt. Malt Schatten. Zieht Linien. Setzt Farbtupfer. Aus diesem unwahrscheinlichen Stelldichein von Eis und Fels und Meer filtert es das Spektakulum hervor.

Wir waren eine Dreiviertelstunde lang die ersten Menschen. Die ersten, die auf diesem Berg standen. Die ersten, die dieses Panorama inhalierten. Die ersten, die davon erzählen würden. Doch wir pflanzten kein Gipfelkreuz. Wir hüllten uns auch nicht in feierliches Schweigen. Das heroisch-männliche »Berg heil!« mit knappem Händedruck ist nie unser Ding gewesen. Wir fielen uns in die Arme, jauchzten, brüllten die Erleichterung heraus und waren einfach nur überglückliche Kindsköpfe. Die Anspannung der letzten Wochen fiel von einer Minute zur nächsten von uns ab. Dies war der Gipfel. Wir waren am Ziel.

7

Die letzten Meter: Drücker oder Feigling?

Der Moment ist da, Sie wissen es: Die letzten entscheidenden Meter liegen vor Ihnen. In den nächsten Minuten wird sich entscheiden, ob Sie mit einem guten Ergebnis stolz nach Hause fahren oder eben nicht. Gleich wird sich entscheiden, ob sich der ganze Aufwand, den Sie getrieben haben, gelohnt hat. Werden Sie eine Chance für weitere Versuche bekommen? Wie am Fuße des *Cape Renard Tower* vor dem Gipfelsturm: Allen Beteiligten wirbeln offene Fragen, Alternativen und die eigenen Ängste durch den Kopf. Beklemmung macht sich breit.

Genau die gleichen Gefühle, die ich in meinen Anfangszeiten im Verkauf auch hatte, als es darum ging, die Unterschrift des Kunden zu bekommen. Wie froh war ich, wenn der Kunde von sich aus sagte, was er wollte. Viele Gespräche plätscherten damals so vor sich hin. Es war alles gesagt und eigentlich wäre es an mir gewesen, die abschließende Frage nach der Unterschrift zu stellen. Aber ich fragte nicht. Ich fragte auch nicht nach dem nächsten konkreten Schritt. Entweder war ich zu feige oder ich fühlte mich als Drücker, der seinen Kunden über den berühmten Tisch zieht. Ich habe mit Sicherheit eine Menge Geschäfte – die ich jederzeit hätte vertreten können – nicht gemacht. Gut für meine Wettbewerber, schlecht für mich. Das musste anders werden.

Schauen wir uns an, wie weit wir bisher gekommen sind: Wir haben den Kunden kennen gelernt. Die persönliche Beziehung stimmt, wir haben einen Draht zum Kunden entwickelt. Seine Situation ist uns inzwischen klar, seine Ziele ebenso. Die individuellen Anforderungen haben wir erfragt. Daraufhin haben wir dem Kunden ein Produkt, eine Lösung und den daraus resultierenden Nutzen plausibel dargestellt sowie die kritischen Fragen, seine Einwände überzeugend beantwortet. Den Preis haben wir ebenfalls erklärt und im Einzelfall auch verhandelt. Wir sind uns in der Sache einig. Und jetzt? Jetzt kommt der Abschluss des Verkaufsgespräches, jetzt geht es auf den Gipfel – deshalb sind wir schließlich hier!

Der Abschluss als logische Konsequenz

Erinnern Sie sich an unsere Überlegungen in Kapitel 1? Wir haben uns dort mit dem Selbstverständnis des Verkäufers beschäftigt. Ich habe geschrieben, dass genau an dieser Stelle der Weg auf den Gipfel beginnt. Das wird jetzt noch mal deutlich: Hat der Verkäufer Zweifel an der Richtigkeit seines Handelns, wird er den entscheidenden Schritt nicht tun. Hält er seine Absicht, dem Kunden etwas zu verkaufen, nicht für legitim, wird er die Abschlussfrage nicht stellen. Bei der Beschreibung unseres Vorgehens fehlt also noch eine wichtige Voraussetzung: Sie müssen davon überzeugt sein, dass Verkäufer, die professionell arbeiten, dem Kunden etwas verkaufen *dürfen*. Ich gehe sogar noch einen Schritt weiter:

> Wenn Analyse und Beratung ergeben haben, dass eines Ihrer Produkte die ideale Lösung für diesen Kunden bringt, *müssen* Sie ihm dieses Produkt sogar verkaufen.

Denn, so der logische Schluss, kauft er ein anderes, hat er weniger Nutzen. Es entsteht ein Schaden, er geht Risiken ein und bekommt letztlich nicht das, was er eigentlich haben wollte. Beziehen wir diesen Gedanken auf die uns bekannten Beispiele aus den vorangegangenen Kapiteln:

- *Die Rechtsanwältin*, die den Tauchurlaub machen möchte: Sie bekäme einen Urlaub, aus dem sie weniger gut erholt in ihren anstrengenden Alltag zurückkehrt.
- *Der Bankkunde*, der sein Vermögen anlegen möchte: Er hätte weniger Zinsertrag, ein erhöhtes Risiko für sein eingesetztes Kapital und vielleicht erheblich mehr Zeitaufwand.
- *Der Versandleiter*, der einen Auftrag pünktlich erledigen muss: Durch unzuverlässige Mitarbeiter verliert er wertvolle Zeit, riskiert am Ende noch Unzufriedenheit beim Kunden, bekommt Schwierigkeiten mit seinem Chef.
- *Der Manager im Kieswerk*, der die Bauindustrie kostengünstig beliefern muss: Höhere Unterhaltskosten eines Radladers belasten seine Kalkulation, unzufriedene Fahrer arbeiten langsamer als theoretisch möglich, das Gesamtergebnis seines Betriebes verschlechtert sich.

Darüber hinaus gibt es noch zwei weitere gute Gründe für den angestrebten Abschluss: Ihr Unternehmen braucht den Umsatz und den Gewinn. Ich selbst brauche den Abschluss auch, denn erreiche ich meine Ziele nicht, werde ich nicht mehr lange im Vertrieb arbeiten können. Treiben wir es einmal auf die Spitze: Ohne mein Unternehmen am Markt und ohne mich im Vertrieb wäre der Wettbewerb schwächer, letztlich die Marktwirtschaft gefährdet. Jeder Abschluss eines professionellen Verkäufers stärkt die Vitalität und die Leistungskraft unseres Wirtschaftssystems. Monopole will niemand. Alle diese Gedanken sind aber in erster Linie für den Hinterkopf des Verkäufers bestimmt. Es ist in Ordnung und notwendig, dass ein Verkäufer das Geschäft auch abschließen will. Also können Verkäufer das auch sagen beziehungsweise das Gespräch so weiterführen, dass die Chancen für einen Abschluss steigen. Kein Grund, feige zu sein. Der Drücker aber ist auch nicht gefragt, denn noch immer kann ein »Nein« des Kunden kommen. Dieses zu respektieren und damit professionell umzugehen ist ein weiterer Teil unseres Jobs. Wie gehen wir also vor?

Das gemeinsam gezogene Fazit

Die drei oder vier wichtigsten Punkte bei der angedachten Lösung sind inzwischen deutlich herausgearbeitet. Diese Punkte fassen Sie jetzt noch mal mit dem Kunden gemeinsam zusammen und lassen sich jeden einzelnen Punkt vom Kunden bestätigen. Also stellen Sie Ihrem Kunden Fragen – Fragen, die klären sollen, ob alle Beteiligten übereinstimmend über die besprochenen Sachverhalte denken. Solche Fragen könnten sein:

- »Dieser Urlaub ist also dieses Jahr besonders wichtig für Sie?«
- »Es kommen also nur europäische Aktienfonds in Frage?«
- »Habe ich Sie richtig verstanden, der Auftrag wird ohne Überstunden nicht pünktlich zu schaffen sein?«
- »Müssen wir den Wiederverkaufswert des Radladers in unsere Überlegungen mit einbeziehen?«

Klar, mit jeder Frage wagen Sie sich ein Stückchen höher – der Abgrund wird tiefer. Fangen Sie jetzt aber nicht an zu überlegen, was passiert, wenn der Kunde »Nein« sagt. Wie in der Wand ist es jetzt auch für Sie gefährlich, an dieser Stelle über die Risiken nachzudenken. Hinter Ihnen liegt viel professionelle Arbeit, Sie waren weder leichtfertig noch oberflächlich. Arbeiten Sie also weiter, reagieren Sie erst dann, wenn tatsächlich etwas passiert.

Ruhig und konzentriert warten Sie die Antwort ab, bevor Sie einen weiteren Punkt ansprechen. Aus der Antwort des Kunden hören Sie eventuell die letzten Einwände oder kritischen Gedanken heraus. Mit diesen können Sie dann umgehen, wie wir es in Kapitel 6 durchdacht haben.

Hier werden sich Verkäufer hin und wieder fühlen wie Plum unter dem 15 Meter ausladenden Dach hoch oben in der Wand. Aber es hilft nichts, entweder wir tun, was möglich ist. Oder wir kehren um. Grübeln bringt uns hier nicht weiter.

Hören Sie auf die Frage ein »Ja«, dann können Sie die Produkteigenschaften mit diesem Sachverhalt verbinden. Das geschieht wieder über eine Frage:

- »Wie schätzen Sie den Erholungswert dieses Hotels ein?«
- »Dann passt der beschriebene Investmentfond also genau zu Ihren Vorstellungen?«
- »Wenn unser Mitarbeiter bereit ist, Überstunden zu machen, und durch sein Auto auch flexibel ist, dann käme Ihnen das entgegen?«
- »Stimmen Sie mir zu, wenn ich sage, dass unsere Radlader erfahrungsgemäß einen geringen Wertverlust haben?«

Ob Sie hier offene, geschlossene oder suggestive Fragen benützen, überlasse ich Ihrer Intuition. Hier gibt es nicht richtig oder falsch, es hängt von der Situation ab.

Wieder warten Sie die Antwort ab – lassen Sie Ihrem Kunden die berühmte Bedenkminute – und machen Sie nicht den Fehler, selbst mit der Antwort oder einer neu formulierten Frage weiter zu reden. Der Kunde darf und soll überlegen. Dann verarbeiten Sie wiederum die Antwort und gehen anschließend erst zum nächsten zentralen Punkt.

Sie bauen dem Kunden Stufe für Stufe eine Treppe hin zur Kaufentscheidung.

Durch das Zusammenfassen und Durchdenken der wichtigsten Punkte beginnt der Kunde, sich mit dem Produkt oder der Vorgehensweise zu identifizieren. Und jetzt die letzte Frage an den Kunden, die Abschlussfrage:

- »Prima, dann kann ich den Urlaub für Sie buchen?«
- »Darf ich Ihnen die Unterlagen für die Depoteröffnung zusenden?«
- »Wo soll unser Mitarbeiter sich nächsten Montag melden?«
- »Wollen Sie den Radlader vor oder nach Ihren Betriebsferien geliefert haben?«

Sie haben gemeinsam mit Ihrem Kunden eine Lösung für sein Problem erarbeitet. Er hat an der Erfüllung seiner Wünsche selbst mitgewirkt. Entsprechend wird er das Ergebnis auch gegen eigene Zweifel oder gegen die Bedenken Dritter verteidigen. Die Kaufentscheidung wird nicht aufgeschoben. Sie haben als Verkäufer auch in dieser Phase so gearbeitet, dass Ihre Chancen auf einen Verkaufsabschluss oder zumindest einen weiter führenden Zwischenschritt optimal sind. So weit der mögliche positive Verlauf.

Es wird aber selbstverständlich auch immer wieder zu einem »Nein« – der Kunde ist noch unentschlossen – am Ende kommen, das heißt, Sie erreichen Ihr anvisiertes Ziel nicht. Da inhaltlich fast nichts mehr offen sein kann, kommt es in diesen Fällen oft zu den zwei folgenden Aussagen der Kunden: »Ich muss es mir noch mal überlegen« oder »Ich muss das alles noch mit meinen Kollegen/meinem Partner besprechen.«

Wie verhalten wir uns im ersten Fall, wenn unser Kunde es sich noch einmal überlegen will? Grundsätzlich akzeptiere ich dieses Überschlafen der Entscheidung – bleibe also gelassen. Allerdings erwarte ich von professionellen Verkäufern, dass sie einmal nachfragen: »Welcher Punkt muss noch geklärt sein, damit Sie sich für dieses Produkt entscheiden?« oder »Welche Informationen kann ich Ihnen noch geben, damit Sie heute eine Entscheidung treffen können?«

Ergibt sich aus diesen Fragen keine endgültige Klärung und Sie bekommen kein »Ja« Ihres Kunden, dann lassen Sie ihm eine angemessene Zeit, um sich zu entscheiden. Von penetrantem, wiederholten Nachfragen halte ich nichts, ich beobachte, dass sich Kunden ein solches Verhalten nicht gefallen lassen. Sie würden damit also mehr schaden als nützen, lassen Sie es. Die Initiative behalten Sie aber: »Wann besprechen wir unsere weitere Vorgehensweise?« oder »Ich melde mich nächsten Montag telefonisch bei Ihnen.« Lassen Sie nicht mehr als zwei oder drei Tage vergehen, bis Sie wieder Kontakt zum Kunden aufnehmen. Schon mancher Kollege hat sich auf das Versprechen seines Kunden – »Ich melde mich, sobald ich mich entschieden habe« – verlassen und sich erst sechs Monate später wieder selbst gemeldet. Der Kunde hatte inzwischen schon gekauft – beim Wettbewerb.

Ich plädiere für das möglichst frühe Nachfassen und erwarte, dass sich professionelle Verkäufer so geschickt verhalten, dass diese als ausdauernd und nicht als lästig empfunden werden.

Der zweite Fall: »Ich muss es noch mit meinen Kollegen besprechen«. Auch hier akzeptiere ich diesen Entscheidungsprozess bei meinen Kunden. Im privaten Bereich bespreche ich die wichtigen Entscheidungen schließlich auch mit meiner Frau. Und als Geschäftsführer habe ich ebenfalls keine einsamen Entscheidungen getroffen, sondern die wichtigen Dinge mit meinen Kollegen besprochen. Also wieder kein Grund, sich als Verkäufer aufzuregen. Verhalten wir uns partnerschaftlich und gelassen: »Angenommen, Sie wollten oder müssten die Entscheidung hier und jetzt alleine treffen, was würden Sie dann tun?« Mit dieser hypothetischen Frageform kann ich dennoch erfahren, ob dieser Gesprächspartner den Kauf befürwortet. Habe ich den Eindruck, dass er das nicht tut, versuche ich, offene

Punkte zu finden und diese dann zu klären. Befürwortet er den Kauf, dann stelle ich eine weitere Frage: »Was können wir tun, um den Kollegen ins Boot zu holen?« oder »Wie kann ich Sie bei Ihren internen Gesprächen unterstützen?« An dieser Stelle wird dann über Verkaufsunterlagen wie Charts, Simulationen oder Produktvorführungen gesprochen. Der Verkäufer bietet also seine Hilfe an und behält die Initiative, so gut es geht.

Mit dem bis hierhin beschriebenen Verhalten unterscheiden Sie sich schon deutlich von den Verkäufern, die ihre Kunden nach der Beratung gehen lassen, ohne eine konkrete Vereinbarung getroffen zu haben.

Fazit + Abschlussfrage = Erfolg oder konkrete Vereinbarung.

Mit weniger werden Sie aus keinem Verkaufsgespräch mehr hinausgehen. Aus fast keinem. Wenn es in Einzelfällen einfach nichts werden will mit der konkreten Vereinbarung, wenn Sie nicht vorankommen, dann können auch Dinge dahinter stecken, die nichts mit dem Besprochenen zu tun haben: Der Kunde trägt zum Beispiel Ihrem Unternehmen noch eine alte Reklamation nach, oder das Ganze war für ihn sowieso nur ein Spiel, um an Preise und Fakten zu gelangen. Vielleicht gefällt diesem Kunden aber auch Ihre Nase nicht oder sonst etwas. In solchen Fällen, in denen ich mir keinen Reim auf den Widerstand machen kann, aber dennoch fühle, dass da etwas nicht stimmt, spreche ich meinen Gesprächspartner genau darauf an: »Wissen Sie, Herr Kunde, wenn ich die Situation so betrachte, mir anschaue, was wir alles besprochen haben, habe ich den Eindruck, dass noch etwas Unausgesprochenes im Raum steht?« oder »Ich fühle mich unwohl, denn ich glaube, dass wir über einen wichtigen Punkt nicht gesprochen haben – was ist es?«

Schon oft kam es an diesem Punkt doch noch zum entscheidenden Durchbruch. Ich schaue also hinter die Kuppe. Als Kurt einige

Zeit überfällig war, gingen bei Stefan und den anderen sofort die Interpretationen los, alle bekamen Angst – und sie kamen dabei keinen Schritt vorwärts. Erst als Plum losging, um nachzusehen, gewann die Gruppe wieder Klarheit, und es ging wieder voran. Also nur Mut – schauen Sie im Zweifelsfall auch nach.

Der Umgang mit dem »Nein« kurz vor dem Gipfel

Egal, ob der Kunde den Laden oder der Verkäufer das Büro seines Kunden verlässt, Frust, Vorwürfe oder Arroganz darf der Kunde niemals auf Seiten des Verkäufers spüren. Spüren darf er aber, dass es der Verkäufer bedauert, dieses Mal nicht ins Geschäft gekommen zu sein. Vergessen wir nie: Die Welt ist klein, und man trifft sich meistens zweimal im Leben. Es wäre demnach sehr unklug, aus der – verständlichen – Enttäuschung heraus eine Türe endgültig zuzuschlagen. Im Gegenteil, versuchen wir, für den Kunden immer die beste Alternative zu sein. Auch in Zukunft soll er seine Überlegungen mit uns diskutieren, uns automatisch in seine Vorauswahl mit einschließen. Dann kommt unsere Chance sicher. Wir sind und bleiben ein gefragter Gesprächspartner.

Eines sind und werden wir aber nicht: Der Hampelmann unseres Kunden. Wissen Sie, was mit Hampelmännern passiert?

> An Hampelmännern wird so lange gezogen,
> bis die Figur kaputtgeht.

Ihre Kunden werden möglicherweise auch an Ihnen so lange ziehen, zerren und Sie fordern, bis Sie kaputtgehen. Es sei denn, Sie verhindern es. Ein Beispiel: Ein Bekannter von mir hat ein Fahrradgeschäft.

Zahlreiche Interessenten informieren sich bei ihm über das optimale Kinderfahrrad, das Mountainbike oder das sinnvolle Zubehör. Er berät diese Menschen, und wenn diese alles erfahren haben, sagen sie oft »Danke schön« und er sagt »Bitte, gern geschehen«. Dann verlassen diese Menschen den Laden – ihm bleibt nur die Hoffnung, dass sie irgendwann wieder kommen. Es fehlt also das *Fazit + Abschlussfrage* und er macht sich zum Hampelmann. Warum? Weil er eine Leistung erbringt, ohne etwas dafür zu verlangen. Damit ist seine Beratungsleistung abgewertet, denn was nichts kostet, ist nichts wert.

Die Kunden denken sich gar nichts dabei, wenn sie das neue Fahrrad dann billiger im Baumarkt kaufen. Sie haben auch kein Problem damit, sich bei meinem Bekannten drei Wochen später – natürlich als kostenloser Service – die Schaltung einstellen zu lassen. Er ist der Hampelmann.

Die meisten Menschen denken darüber nicht nach, sie nehmen die Leistung des Verkäufers einfach in Anspruch. Ja, die Arbeit eines Verkäufers wird oft nicht mal als Leistung wahrgenommen. Wie auch, wenn man nichts dafür bezahlen muss?

Die Konsequenz: Wenn Sie als Verkäufer, als Gesprächspartner und Berater Ihres Kunden eine Leistung erbracht haben, dann verlangen Sie etwas dafür. Wenn schon kein Honorar, dann doch wenigstens einen Gefallen, ein Entgegenkommen. Stellen Sie klar, dass Sie nicht zum Spielen da sind.

Wenn Ihr Kunde also »Danke« sagt, dann bitten Sie ihn doch beispielsweise um die Vermittlung eines Gesprächstermins bei einem seiner Kollegen. Ihnen fällt bestimmt etwas ein, das Ihnen hilft, bei diesem Kunden voranzukommen.

> Stellen Sie auf jeden Fall eine zwischenmenschliche Verbindlichkeit her, das ist der mindeste Preis, den Sie für Ihre Leistung verlangen können.

Das sieht im Fahrradgeschäft dann so aus: Wenn der Kunde »Danke« gesagt hat, antwortet mein Bekannter jetzt: »Das habe ich gerne gemacht, und ich verspreche mir auch etwas davon.« Die Kunden schauen ihn fragend an. Er sagt weiter:

»Ja, ich gehe davon aus, dass Sie nochmals mit mir sprechen, wenn das mit dem Fahrradkauf so weit ist, vielleicht sogar dann bei mir kaufen.« Viele Kunden schauen ihn dann überrascht an, denn damit haben sie nicht gerechnet. Die meisten verstehen aber, wie es gemeint ist, denn es wird freundlich gesagt. Heute kommen mehr Kunden zurück in sein Geschäft, denn ihnen ist bewusst geworden, dass sie hier engagiert beraten wurden. Andere wiederum fühlen sich einfach verpflichtet und wieder andere schämen sich, mit einem Schnäppchen aus dem Baumarkt gesehen zu werden. Bitte nicht falsch verstehen, kein Kunde soll den Eindruck haben, jedes Mal etwas kaufen zu müssen, wenn er den Laden betritt. Aber es kann andererseits auch nicht richtig sein, dass Beratung kostenlos konsumiert wird und der Umsatz am beratenden Verkäufer vorbeigeht.

Ich bin der Überzeugung, dass falsche Scham und Gedankenlosigkeit gerade den Fachgeschäften eine Menge Umsatz und Ertrag verdorben haben. Dieser Mechanismus gilt selbstverständlich auch für alle anderen Bereiche des Verkaufs: Ein Key Account Manager investiert ebenfalls eine Menge Zeit und Energie in seinen Kunden. Da ist es doch in Ordnung, wenn er seinem Kunden auf jeden Fall signalisiert, dass er auch eine Mindesterwartung an ihn hat: nämlich im Gespräch zu bleiben und nicht in drei Wochen zu erfahren, dass das Geschäft inzwischen mit einem Wettbewerber gemacht wurde. Einfach nur »Bitte, gerne geschehen« ist zu wenig. Verkaufen Sie Ihre Leistung nicht unter Wert – Sie sind kein Hampelmann!

Ein letzter Gedanke: Trotz aller Lust, das Geschäft zu machen, trotz aller Courage und trotz aller sympathischen Ausdauer: Es wird doch auch immer wieder passieren, dass es nicht zum Abschluss kommt. Dann grämen Sie sich nicht, wie die Kletterer brauchen Sie die Kraft zur Umkehr. Denn wenn zum Beispiel das Wetter umschlägt, wird es lebensgefährlich, den Gipfel erzwingen zu wollen. Dann akzeptieren Profis die Umstände und kehren um – ohne den Gipfel erreicht zu haben, aber auch ohne Schuldgefühle, es war an diesem Tag einfach nicht mehr drin, so ist das Leben nun mal. Nicht nur in den Bergen. Auch zum Verkauf gehören diese sportlichen Niederlagen, alles andere ist Theorie oder Wunschdenken. Bleiben Sie optimistisch, der Tag kommt, an dem Sie den nächsten Gipfel erreichen werden.

Die Frage *»Drücker oder Feigling?«* ist noch offen. Der »Drücker« und der »Feigling« begrenzen den *schmalen Grat* kurz vor dem Erfolg und beschreiben die *Abgründe*, in die Verkäufer stürzen können. Sie werden nicht stürzen, denn Sie sind Partner Ihrer Kunden und können sicher auf diesem Grat gehen. Sie haben es weder nötig, den Abschluss zu erzwingen, noch müssen Sie Hemmungen haben, nach dem Geschäft zu fragen. Die Vorgehensweise, die wir in diesem Buch beschrieben haben, hatte von Anfang an nur ein Ziel: Den Abschluss als logische Konsequenz – ohne einen Bruch im Gespräch – möglich zu machen. Wer sich sorgfältig in die Situation seiner Kunden hineindenkt, ehrlich und kompetent berät, der kann mit einer hohen Wahrscheinlichkeit davon ausgehen, dass der Kunde das Geschäft auch gerne mit ihm macht. Also bringen Sie Ihren Job mit Zuversicht und Selbstvertrauen zu Ende.

Doch wenn Sie dann oben stehen, der Vertrag ist unterschrieben, der Auftrag für Ihr Unternehmen gesichert, sind Sie immer noch nicht ganz am Ziel. So wie die Kletterer den gleichen Weg auch wieder runter müssen, müssen Verkäufer den Auftrag in ihrer Firma oft noch mal verkaufen. Diesen riskanten und harten Weg schauen wir uns in Kapitel 8 genauer an.

8

Die Tücken des Abstiegs

In solchen Momenten endet großes Kino. Der Bösewicht ist überführt; ob er zwei oder zwanzig Jahre hinter Gitter muss, ist Nebensache. Die Liebenden sind sich in die Arme gesunken; wie ihre Ehe aussehen wird, interessiert nicht mehr. Sechs Mann stehen auf einem Berg. *Close-ups* von ihren abgekämpften, berauschten, selbstvergessenen Gesichtern – die Musik setzt ein, Schnitt. Totale. Blick aus der Vogelperspektive und Kameraschwenk über Berg-Meer-noch-mehr-Berge – die Musik schwillt zum Fortissimo an und ... – Abspann.

Kein Mensch wird sich die Frage stellen, ob die Jungs von ihrem Gipfel auch wieder runtergekommen sind. Ob sie hundert Meter tiefer nicht doch noch eine Lawine erwischt hat und ob das Happy End vielleicht gar keines war. Der Spannungsbogen guter Filme hat auf dem Höhepunkt zu enden – der Rest ist nur noch eine Randnotiz. Nach diesen Kriterien wäre unsere Erstbegehung wohl kein guter Film geworden. Wir hatten den Scheitelpunkt erreicht, und vor uns lag immer noch ein weiter Weg.

Die letzte Seite des Drehbuchs war längst noch nicht geschrieben ...

Oben zu sein heißt immer auch, wieder runter zu müssen

Nachdem sich auf der Kuppe des *Renard* der erste Jubel gelegt hatte, stiefelte ich die vor uns liegende, schwierige Strecke in Gedanken Schritt für Schritt ab. Wir mussten uns an diesem Tag über eine Strecke von 600 Höhenmetern abseilen. Kochen, essen, irgendwie das Funkgerät reparieren und Wolf verständigen. Am nächsten Tag mussten wir das Basislager abbrechen, die gesamte Ausrüstung nach der bewährten und doch gefürchteten Anlandungs-Methode wieder auf die *Santa Maria* verfrachten und abermals zehn Tage durch die *Drake Passage* nach Feuerland zurücksegeln. Puhh ... Einen Augenblick lang schwanden mir die Kräfte. Ich kann mit solchen Gedanken aber ganz gut umgehen. Das hängt damit zusammen, dass das Gipfelerlebnis für mich im Grunde eine schöne Nebensache ist – ein Etappenziel. Es bleibt immer eingebettet in ein gesamtes Unternehmen, und dieses Unternehmen – nicht die Erstbegehung selbst – ist es, was am Ende zählt. Damit unterscheide ich mich wahrscheinlich von den vielen Turbo-Kletterern, die am Berg immer nur die Sensation, den Weltrekord, die Schlagzeile suchen. Sie haben beim Erreichen des Gipfels vielleicht das für sie größte Glücksgefühl. Aber sie nehmen oft das Drumherum nicht wahr, haben kaum Augen für die Schönheit der Natur, wenig Gespür für die sensiblen Mechanismen eines eingespielten Teams. Und sie verschwenden keinen Gedanken an den Abstieg.

Es war kurz vor 18 Uhr, als wir mit dem Abseilen begannen; in der Ferne hatte sich mittlerweile eine Sturmfront zusammengebraut. Jeder wusste, was die Stunde geschlagen hatte: Uns blieben bei leidlich guten Wetterbedingungen gerade mal rund 180 Minuten Tageslicht, um das Basislager zu erreichen – an die Möglichkeit von Schneefall und Sturmböen überhaupt zu denken, verboten wir uns. Wir waren erschöpft und ungeduldig; unsere Gedanken eilten weit voraus. Wir wollten so schnell wie möglich runter vom *Renard* und rein in unsere warmen Daunenschlafsäcke. Eine solche Aus-

gangslage ist die denkbar schlechteste, denn man wird hektisch, unkonzentriert und macht die dümmsten Fehler. Die Amerikanerin Lynn Hill, derzeit wohl die beste Frau im Klettersport, vergaß nach einer schwierigen Route in Südfrankreich einmal, das Seil in ihren Klettergurt einzubinden, bevor sie sich entspannt zurücklehnte. Sie fiel 30 Meter in die Tiefe; Baumkronen bremsten ihren Sturz. Sie ist haarscharf neben dem eigenen Grab gelandet.

Plötzlich stand Plum ungesichert überm Abgrund

Wir überprüften uns also gegenseitig genau. War Holgers Fixseil im Abseilachter eingehängt? Hatte Kurt den Schraubkarabiner zugedreht und Gerd den Knoten auch zu Ende geknüpft? Erst als sich aller Augen mehrmals davon überzeugt hatten, dass der Sicherheit Genüge getan war, entließen wir Holger in die Tiefe. Ein letzter wehmütiger Blick auf unser Gipfel-Plateau, auf die schweigsame Versammlung der Bergriesen am Horizont. Nun ging es abwärts.

Holger bereitete mir zu diesem Zeitpunkt echte Sorgen. Er war noch nie der große Unterhalter gewesen, doch in der letzten halben Stunde hatte er sich aus unserer ausgelassenen Runde nahezu verabschiedet. Er war schweigsam geworden; ich glaube, er hatte starke Kopfschmerzen. Wir unternahmen dann auch alles, um ihn so weit als möglich zu entlasten. Gleichzeitig mussten wir aufpassen, dass die insgesamt fast 600 Meter Fixseile gut abzubauen waren und sie über unseren Köpfen nicht in einem Riss festklemmen würden. Wir mussten auf Steinschlag gefasst sein. Wir mussten uns gegenseitig an jedem Standplatz immer wieder erneut gegenchecken: *Hat der seine Sicherung im Griff, ist er nach wie vor bei der Sache, kann der noch*? Und die ganze Zeit über musste jeder mit den eigenen versiegenden Kräften sorgfältig haushalten. Hunderte von Höhenmetern hatten sich bereits in unseren Gliedern angesammelt, sie wogen schwer. Da bringt es nichts, den ersten Abschnitt zu hastig anzugehen, wenn darunter immer noch 400 Meter klaffen, die bewältigt werden wollen. Mir fiel wieder diese *Everest*-Expedition ein, die durch den Autor Jon Krakauer mittlerweile weltberühmt geworden ist. Dreizehn Menschen haben damals im Abstieg ihr Leben gelassen – weil sie, einmal oben, keine Reserven mehr übrig hatten für den Rückzug. Weil sie nur bis zum Gipfel gedacht hatten und nicht weiter.

Nach drei Stunden unterwegs wäre es beinahe passiert. Der klassische Fall: Vier sind unten, Plum und ich noch auf 40, 50 Metern, der Duft des Abendessens steigt uns praktisch schon in die Nase. Es ist die letzte Seillänge. Plum dröselt das Strangende in seinen Abseilachter. Dann fällt ihm etwas ein: Er muss das obere Fixseil ja noch abziehen. Er lässt den Achter sinken. Er hantiert ein paar Minuten lang am Stand. Das Fixseil fällt nach unten. Gleich wird er sich wieder in seinen Gurt setzen und sich weiter abseilen. Ich schaue routinemäßig zuerst auf den Bohrhaken, dann auf Plums Selbstsicherung, dann auf den Gurt, und ich begreife: Plum hängt nicht mehr am Seil. Ich sage: »Plum, *einhängen*!« Er reißt die Augen vor Schreck weit auf. Greift reflexartig zum Seil. Dann schnappt der Karabiner ein. Plum sagt nur: »Danke.« Wir haben uns dann sehr viel Zeit gelassen, auf diesem allerletzten Abschnitt.

Und danach? Abendessen. Kurt reparierte in stundenlanger Kleinstarbeit das Funkgerät und benachrichtigte Wolf, der es kaum glauben mochte, der drei Segelstunden entfernt auf seiner Yacht wahrscheinlich auf und ab hopste. Und unsere Gedanken? *Das war es jetzt also. Du warst oben, jetzt bist du wieder unten, keinem ist was zugestoßen, und das ist das Wichtigste überhaupt.* Dankbarkeit: Ich lag, Hunderte von Kilometern von der zivilisierten Welt entfernt, in meinem Schlafsack und hätte diese Welt umarmen mögen. *Sicher, es ist die unnützeste Sache überhaupt. Aber sie war wunderschön. Keiner kann dir das mehr nehmen. Und irgendwann, zu Hause, wenn das ganz normale Chaos losbricht, wenn du als Profi wieder in der Pflicht bist und der Terminkalender Stress für einen ganzen Monat ansagt – dann wirst du trotzdem innehalten und dich erinnern können, einen schwerelosen Augenblick lang.* Ich genoss diese Emotionen und schob sie dennoch ein bisschen von mir weg. Denn wie gesagt: Ein paar Szenen fehlten noch im Drehbuch.

»Ich hab' doch gesagt, nimm Schraubkarabiner ...«

Am nächsten Morgen hatten wir das Lager im Nu abgebrochen. Wir verpackten das wüste Zelt-, Haken- und Karabiner-Schlamassel ein weiteres Mal in wasserdichte Seesäcke, klinkten die bis zu 30 Kilo schweren Stücke über unseren eigenen Sicherungen ins Seil und traten bei dichtem Schneetreiben das letzte Stück des Abstiegs an. Jeder hatte drei bis vier Säcke vor sich. Kurt ermahnte uns noch, das Material ausschließlich mittels Schraubkarabiner am Seil mitlaufen zu lassen. »Denn wenn der Schnapper aufgeht und der Sack sich aushängt, sind wir angeschmiert. Alles klar?« – Armer Plum.

Ihm waren die Schraubkarabiner im unteren Abschnitt ausgegangen, und zu allem Überfluss verhängte sich just in diesem Stadium das Seil. Er zerrte und rüttelte daran. Die »Ladung« schwankte. Das Gewicht von 30 Kilogramm Seesack drückte auf den Schnappmechanismus, der nachgab. Der Seesack klinkte sich aus seiner Verankerung ... und schoß mit einem Affenzahn über das Schneefeld in die Tiefe, dem Meer entgegen. Plum fluchte. Ohnmächtig sahen wir zu, wie das Projektil ins Wasser klatschte und sich langsam, mit jeder Welle ein kleines Stückchen mehr, vom Ufer entfernte.

Eispickel. Bohrhaken. Steigeisen, Karabiner, *Friends* – Kletterausrüstung für insgesamt 4000 Mark, die wir teilweise extra im Ausland bestellt, teilweise mühsam zusammengeliehen hatten, tanzte auf Schaumkronen auf Nimmerwiedersehen davon. »Ich hab' doch gesagt, nimm Schraubkarabiner«, sagte Kurt lakonisch. Das war der Tropfen, der das Fass für Plum zum Überlaufen brachte. Er explodierte einfach. Er schimpfte auf Kurt und den Sack und »dem Teufel seine Großmutter« und wusste von uns allen wohl am besten, dass er selbst die Karre in den Dreck gefahren hatte. Die *Santa Maria* war noch nicht in Sicht, und ein Teil unserer Hardware hatte bereits Kurs auf Feuerland genommen. Wir haben jeden weiteren Vorwurf unterdrückt. Plum war schon genug gestraft.

Braucht es einen weiteren Beweis, dass wir im Grunde Glücksritter waren? Man stelle sich vor, die gleiche Unachtsamkeit wäre uns am ersten Tag beim Aufstieg unterlaufen. Wir hätten auf der Stelle wieder umkehren können – einfach so. In diesem Sack befand sich der Gegenwert von 4000 Mark und einer Erstbegehung. Wegen eines fehlenden Schraubkarabiners hätten wir zwei Jahre Vorarbeit in den Polarwind blasen können. Mir wurde flau im Magen. Gleichzeitig war ich unheimlich erleichtert. Diese kostspielige Episode war schließlich nur ein weiterer Beweis dafür, dass uns Fortuna, als es darauf ankam, nicht verlassen hatte.

Keine Ahnung, wo wir nur kurze Zeit später die Geistesgegenwart hergenommen haben, vor der abgehenden Staublawine rechtzeitig unter einen Eis-Abbruch zu flüchten. Einer von uns muss seine fünf Sinne noch beisammen gehabt und gerade rechtzeitig den rettenden Warnruf ausgestoßen haben. Die tödliche Flut aus Schnee, Eis und Geröll raste mit ohrenbetäubendem Getöse nur wenige Meter entfernt an uns vorbei. Nach diesem Zwischenfall waren wir dann endgültig abfahrtsreif. Wir wollten das Ende unserer Glückssträhne an diesem Ort nicht mehr erleben und legten noch einen Gang zu. Wir kamen gut voran; am Ufer mussten wir noch eine volle Stunde auf Wolf warten. Wir vertrieben uns die Zeit damit, den sehr zerknirschten Plum zu trösten und unserem Seesack nachzuschauen, der schließlich um einen Eisberg bog und ein für allemal verschwunden war.

Ein ausgelassenes Wiedersehen

Der Rücktransport der Ausrüstung ging dann so schnell über die Bühne, dass wir unsere Ängste damals bei der Anlandung kaum mehr nachvollziehen konnten. Die Schlauchboote schnurrten nur so übers Wasser, eine Hand arbeitete der anderen zu, und nach einer guten Stunde war alles vorbei. Und das erblickte Wolf, als wir am frühen Nachmittag des 15. Februar an Bord kletterten: einen Haufen zum Fürchten. Sechs Yetis mit verfilzten Haaren und zerzausten Bärten, die seit mehr oder weniger vier Wochen nicht mehr mit fließendem Wasser in Kontakt gekommen waren, die aussahen, dass es ein Jammer, und stanken, dass es zum Davonlaufen war. Holger brummte immer noch der Schädel; Paters Hände waren eitrig und infiziert. Er hatte die Steigklemmen falsch eingestellt und sich am Fels die Fingerknöchel aufgerissen. Der Rest der Mannschaft trug einen Haufen blauer Flecken und kleinere Schürfwunden zur Schau. Aber alles in allem waren wir glimpflich davongekommen. Wolf, dem das Strahlen im Gesicht zur Grimasse gefroren war, entspannte sich. »Matrosen: Willkommen an Bord.« Die Pulle Sekt musste nicht mehr kalt gestellt werden – sie hatte bei dichtem Schneefall und fünf Grad minus Außentemperatur beinahe schon den Gefrierpunkt erreicht. Das *Plopp!* des Korkens war Musik in unseren Ohren. Einen Nachmittag lang haben wir nur gefeiert.

Wäre diese Geschichte ein Film, die folgenden Tage würden – wenn überhaupt – im Zeitraffer vorüberflimmern. Das Soll war ja erbracht, der Scheitelpunkt erreicht; wir hätten uns entspannt zurücklehnen und unser Meisterstück genießen können. Das Wetter war uns über die Maßen hold gewesen. Lediglich einen einzigen Tag hatten wir seinen Launen opfern müssen, und so stand uns noch eine gute Woche Antarktis zur freien Verfügung. Nichtstun, schön und gut. Aber wir leben eben von immer neuen Zielen. Der Antrieb kam diesmal vom Captain persönlich: »Ach, Kinder, ich weiß ja, die Chancen sind gering« – Wolfs Augenlider flatterten auf Halbmast – »aber ein Mal über den Polarkreis ...« Und wir vervollständigten: Ein Mal mit einem Segelboot von 14 Metern über die südliche Polarachse, und du kannst deine Beine in jedem Yachtclub der Welt in aller Seelenruhe auf den Tisch legen. Nun schön, wir waren Kletterer. Aber ... warum eigentlich nicht?

Am folgenden Morgen nahm die *Santa Maria* Fahrt gen Süden, zwei Tage lang manövrierten wir bei schlechtem Wetter auf Gedeih und Verderb am Packeis vorbei, um am dritten Tag das Ziel endgültig zu verwerfen. Wir waren 200 Kilometer weiter südlich am *Sharp Peak* – ursprünglich unsere Alternative zum *Renard Tower* – angelangt, und die äußeren Bedingungen stellten sich als so schlecht heraus, dass man an Klettern gar nicht denken konnte. Pater glaubt ja fest an das Motto: Es gibt kein schlechtes Wetter, sondern nur schlechte Ausrüstung. Aber in diesem Fall musste auch er kapitulieren. Die Jungs haben den kurzen Aufenthalt dann für eine Skitour genutzt, während ich im Unterdeck ein Magen-Darm-Virus auskurierte. Dieses Virus hat uns reihum alle mal erwischt; ernsthaft krank geworden ist keiner. Noch so ein Tribut, den wir Fortuna zollen müssen.

Ein Sturm und eine seltsame Begegnung in Port Lockroy

Drei Tage Rückfahrt. Der *Sharp Peak* bald weit hinter uns, vorbei am *Renard Tower.* Freudenfeste an Bord – *Hurra, dort oben waren wir!!!* Albatrosse waren auf dieser Strecke unsere ständigen Begleiter. Sie sind fantastische Flieger und dabei unglaublich elegant, im Abstand von Zentimetern lenken sie ihre schmalen Leiber scheinbar mühelos über die Wellenkuppen. Stundenlang habe ich diesen ästhetischen Luftakrobaten zuschauen können. Als wir vor Port Lockroy festmachten, spielte das Wetter dann endgültig verrückt. Küstentäler verwandelten sich in Sturmkanäle. Mit 75 Knoten rasten die Böen heran, das sind etwa 160 Kilometer Windgeschwindigkeit pro Stunde. Wir setzten zwei Anker dagegen, legten drei Landleinen, und unser Boot tanzte dennoch völlig enthemmt auf dem kochenden Wasser. Wir haben vorsichtshalber ein weiteres Mal Anti-Übelkeits-Pflaster hinter die Ohrmuscheln geklebt und drei *Ave Maria* dafür heruntergebetet, dass es helfen möge. Es half nichts. Und dann mussten wir wieder warten und über Mittelwelle die Wetterberichte verfolgen und hoffen und bangen, dass wir die Rückfahrt noch rechtzeitig antreten und den Flieger nach Deutschland erreichen konnten. Rückzugsgefechte ... Wir hatten keinen Nerv mehr dafür.

An diesem Abend haben wir John Louganis kennen gelernt. Ein Neuseeländer, 54 Jahre alt, ein hoch gebildeter Meeresbiologe, der jahrzehntelang Erdölfirmen beraten hatte, bis der Dollarpreis pro Barrel in die Tiefe sackte und der Umweltschutz plötzlich entbehrlich schien. John Louganis wurde arbeitslos, und er kaufte sich ein Boot. Bevor er in jener furchtbaren Sturmnacht die rettende Bucht von Port Lockroy erreichte, war er bereits ein halbes Jahr gesegelt. Ohne Skipper, ohne Bootsmann, ohne Kumpels. Allein auf einem winzigen Einhandsegler, den neun Meter hohe Brecher hin und her geschleudert hatten, Stunde um Stunde, Tag um Tag. Wenn die Eissituation brisant wurde, stand dieser Mann auf seiner Jolle eine

Nacht lang durch und drückte das herandriftende Packeis mit der Eisenstange weg. Sein Laderaum barg neben Nahrungsmitteln vor allem Hunderte von Büchern. Er wollte in der Antarktis überwintern. Er wollte essen und lesen und aushalten, bei minus 30 Grad und mehr. Als wir John Louganis trafen, war er guter Dinge. Als John Louganis uns traf, krochen wir mittlerweile auf dem Zahnfleisch.

Was für eine Situation! Da stehen ein paar gute Kumpel, die ihr Ziel bereits erreicht haben und eigentlich nur noch nach Hause müssen, plötzlich einem Menschen gegenüber, der aus freien Stücken jeden Tag allein an seine Grenzen geht. Und dieser Mann reißt die anderen sechs aus ihrer Lethargie. Er muntert auf. Beschwichtigt. Er spricht ihnen Mut zu, *wartet nur ab, bleibt ruhig, es könnte auch wesentlich schlimmer kommen.* Fast hat er mich beschämt. So warteten wir also ab und blieben ruhig. Und es kam schlimmer. Der Sturm nagelte uns noch zwei volle Tage in Port Lockroy fest.

Ich habe mir seither immer wieder die Frage gestellt, ob ich aushalten würde, was Louganis methodisch provozierte: auf Geldgeber, Gesellschaft und ein wie auch immer geartetes Gefühl von Sicherheit so völlig zu verzichten, einen Traum zu leben, und das auf eigene Verantwortung. Ich glaube, ich könnte es nicht. Wer sich jetzt fragt, warum ich diese Episode überhaupt erzähle, dem sei Folgendes versichert: Ich erzähle das nicht aus falsch verstandener Bescheidenheit, nach dem Motto *Schaut her, es gibt noch viel härtere Jungs als uns.* Sondern einzig und allein, weil dieser John Louganis, der vermutlich keiner Zeitschrift einen längeren Artikel wert sein wird, uns noch einmal das Feuer unterm Hintern angezündet hat. Weil wir schon ganz apathisch geworden waren und plötzlich wieder ganz nüchtern kalkulieren konnten. Uns trennten soundso viel Seemeilen und soundso viel Kilometer Wind plusminus x pro Stunde vom rettenden Ufer Feuerlands. Und die Zeit lief uns davon. Das war zwar nicht sehr ermutigend, doch auch längst nicht aussichtslos. Es gab nun wirklich schwierigere Aufgabenstellungen.

Als wollten die Wettergötter unsere wiedergewonnene Motivation belohnen, trafen wir die *Santa Maria* endlich gemächlich schunkelnd bei mäßigem Seegang an. Wolf strahlte aufmunternd in die Runde. »Okay, Leute, jetzt gilt's ...« Der Anker wurde eingeholt. Pater hielt sich, in Erwartung des Unausweichlichen, die Hand vor den Mund: »Nochmals knöpft Ihr mir nicht 200 Dollar ab ...« Wir mobilisierten die allerletzten Kräfte und redeten einander gut zu. *So nah vor dem endgültigen Zieldurchlauf. Lebend ankommen, danach mindestens sechs Monate Ruhe ... Jetzt bloß nicht aufgeben!!!*

Als wir aus dem natürlichen Hafen ausfuhren, da blickte ich ein letztes Mal zurück. Am Ufer standen winkend die beiden Engländer vor ihrer Forschungsstation, um sie herum Hunderte von kleinen grauen Punkten: die unvermeidlichen Pinguine. Von John Louganis war an diesem Morgen nichts zu sehen. Über den Gipfeln von Antarktica hingen tief und schwer die Nebelwolken, ein Abschiedspanorama wurde den männlichen Helden dieses Dramas nicht gewährt, die Diva verschleierte sich wieder, der Vorhang fiel. Eine große Wehmut überkam mich. *Vorbei, wirklich und endgültig. Keine Sonnenaufgänge mehr in der Antarktis. Keine Aussichten, die dich sprachlos machen, kein Freudentanz auf einem Gipfel am anderen Ende der Welt. Dein Traumland verschwindet am Horizont. Wer weiß, ob du es jemals wieder sehen wirst.* – »Hey, Stefan, schläfst du oder was? Ich brauch' hier vorne mal ganz dringend Hilfe!« Die Stimme von Rainer Seidel, dem Bootsmann. Ich zuckte zusammen und lief zum Bug. Vor mir lag die offene See. Rainer grinste. »Na, dann wollen wir das Schiff mal schaukeln.«

Am 26. Februar 1999, um 10 Uhr antarktischer Ortszeit, nahm ein kleiner Segler mit sechs Passagieren und zwei Mann Besatzung Kurs auf Feuerland.

8

Die Gefahren nach dem Abschluss

Auftragsformular fertig stellen, interne Administration erledigen, Verkaufsinnendienst kurz informieren und das Auftragsvolumen erfassen. Der Umsatz ist damit im Kasten, das Monatsziel schon fast gerettet und der Chef zufrieden gestellt. Geschafft! So oder so ähnlich verhalten sich manche Verkäufer und provozieren damit unnötige Risiken – gefährden ihren mittelfristigen Erfolg. Diese Verkäufer haben offensichtlich noch nie darüber nachgedacht, dass der Weg vom Gipfel hinab in das Basislager genauso weit ist wie der Weg nach oben. Und er birgt genauso viele Risiken.

Für das Antarktis-Team war der Abstieg jedenfalls noch einmal eine echte Herausforderung. Da braut sich eine Sturmfront zusammen, alle müssen sich beeilen. Holger hat große Schmerzen, die anderen übernehmen einen Teil seiner Traglast. Alle freuen sich schon auf die molligen Schlafsäcke, etwas Warmes zu essen und den Schutz der Zelte. Dann passiert das, was in solchen Fällen leider so oft passiert: Nachlässigkeiten schleichen sich ein. Plum vergisst sich zu sichern und stürzt um ein Haar ab! Damit wäre alles hinfällig gewesen, jeder Triumph über die Widrigkeiten des Unterfangens nur noch eine sinnlose Episode. Scheinbar so viel gewonnen, um dann so viel zu verlieren. *Szenen im Vertriebsalltag:*

Szene eins: Vor wenigen Wochen begleitete ich einen Verkäufer zu einem Kunden, um deren Gespräch zu beobachten. Der Verkäufer hatte Verträge über die geplante Zusammenarbeit mit dem Kunden vorbereitet und zu diesem Gespräch mitgebracht. Gemeinsam mit dem Kunden wollte er die Vereinbarungen nun durchgehen und sie dann unterschreiben lassen. Aber: Die Kundennummern stimmten nicht, Tochtergesellschaften waren entweder falsch geschrieben oder nicht Bestandteil dieser Vereinbarung.

Szene zwei: Ein Verkäufer eines mittelständischen Unternehmens – es produziert Komponenten für den Fahrzeugbau – war erfolgreich und hat einen großen Auftrag erarbeitet. Die firmeninterne Kommunikation zwischen Vertrieb, Produktionsplanung und Kundendienst ist jedoch lückenhaft, es kommt zu verlängerten Lieferzeiten und Problemen bei nachfolgenden Reklamationen.

Szene drei: Unsere fiktive Firma Antarktis Medizintechnik – wir hatten eine interne Besprechung in Kapitel 2 beobachtet – hat den Großauftrag nun doch bekommen und die ersten Geräte werden in diesen Wochen ausgeliefert. Doch das veränderte Produktdesign verursacht Qualitätsprobleme beim Zulieferer, was zu Funktionsstörungen vor Ort beim Kunden führt. Frau Himmel ist jetzt sauer auf Herrn Sturm, Herr Polaris ist mit einem neuen Kunden voll beschäftigt, Frau Eis lehnt gegenüber dem Kunden jede Verantwortung ab und Herr Frost kann keinen Mitarbeiter für eine Kundenschulung erübrigen.

Drei Szenen, wie sie täglich im Vertrieb passieren. Drei aufwendig akquirierte Kunden wieder verloren, drei Chancen auf eine erfolgreiche Zukunft verspielt. Abgestürzt! Das Kletterteam hat die Katastrophe dank seiner Professionalität abwenden können. Sie als Verkäufer können das auch, wenn Sie den Abstieg genauso sorgfältig sichern, wie wir den Aufstieg in den bisherigen Kapiteln gesichert haben.

Die Nacharbeit effizient erledigen

Wir haben bei Stefan und den anderen gesehen, wie viel Zeit und Arbeit in die gegenseitige Kontrolle der Knoten und Abseilstellen investiert wurde.

Vielleicht ist es ein Klischee, dass die meisten Verkäufer ungern Papier bewegen oder am Computer sitzen. Trotzdem weiß ich aus eigener Erfahrung und aus zahlreichen Untersuchungen, dass Verkäufer nur einen Bruchteil ihrer Zeit tatsächlich beim Kunden verbringen. Der Papierkram – so empfinden es jedenfalls viele Verkäufer – frisst sie auf.

Ganz ohne Administration geht's allerdings auch nicht. Sie jedoch effizienter zu erledigen bringt Zeitgewinn – Zeit, die dann wieder für die Kunden zur Verfügung steht. Hierzu einige Tipps:

Die Zusammenfassung und Wiederholung der nächsten Schritte noch beim Kunden

Die Tücken der Kommunikation lauern überall. Ein kleines Experiment: Schreiben Sie (und zwar mit Groß- und Kleinschreibung) auf einen Zettel folgende Worte: »DER GEFANGENE FLOH«. Was haben Sie geschrieben? Haben Sie »Der Gefangene floh« oder »Der gefangene Floh« in die drei Worte hineininterpretiert? Trivial, ja, aber genau diese kleinen Missverständnisse führen dann zu Entschuldigungen, die mit *»Ich dachte ...«* anfangen. Absturzgefahr!

Das Anfertigen von Protokollen und To-Do-Listen

Ich selbst mag diese ganze Schreiberei auch nicht – aber ich habe für meine Bequemlichkeit schon oft gebüßt. Also schreibe ich inzwischen nicht mehr so wenig wie möglich, sondern so viel wie notwendig auf.

Nur so halte ich die Anzahl meiner Fehler möglichst klein. Erst kürzlich wurde ich von einem Kunden auf ein noch nicht erfülltes Versprechen hingewiesen. Da ich für mich dokumentiere, was von wem – auch von mir – zu tun ist, konnte ich zeigen, dass ich alles Versprochene schon erledigt hatte. Sonst hätte ich wohl – wie früher des öfteren – mit *»Es tut mir leid, ich ...«* weitersprechen müssen. Absturzgefahr!

Das eigene Zeitmanagement – Zeit für die Nacharbeiten

»Im Vertrieb kann man seinen Tag nicht planen, da steckt jeder Tag voller Überraschungen.« Diese Aussage eines Seminarteilnehmers stimmt nur zum Teil. Ja, ein guter Verkäufer muss permanent schnell reagieren – und deshalb plant er! Völlig egal mit welchem System, wichtig ist, dass er es tut: Denn ohne Planung wird er – gerade im Verkauf – zum Getriebenen. Dann wird das jeweils Dringendste vorgezogen, viel Wichtiges bleibt auf der Strecke oder kann einfach nicht erledigt werden. Vor kurzem besprach ich mit dem Vertriebsmanager eines »Global Players« ein Projekt, das mit einer Telefonaktion eingeleitet werden sollte. Angenommen, die Verkaufsgespräche am Telefon wären tatsächlich so wie geplant geführt worden, hätte die Flut der notwendigen Nacharbeiten in den nächsten Wochen eine Unmenge an Personalkapazitäten gebunden – Kapazitäten, die schlichtweg nicht vorhanden waren. Anschließend hätten sicher viele Gespräche mit *»Entschuldigen Sie bitte, dass wir erst heute ...«* angefangen. Absturzgefahr!

Keine falschen Versprechungen oder vorschnelle Zusagen

Das ist die Falle der Euphorie – im Überschwang Versprechungen zu machen, die so nicht erfüllt werden können oder nicht nötig gewesen wären. Da fragt ein Kunde: »Bis wann können Sie die Maschine liefern?« Der Verkäufer möchte das abgeschlossene Geschäft krönen und sagt: »In zwei Wochen werden Sie mit der Maschine arbeiten können.« Er hat kurz überschlagen, ging von seinen Erfahrungen aus und kam so zu seiner Aussage. Dass an diesem Tag ein anderer Verkäufer einen Auftrag in der Produktion angemeldet hat, konnte er nicht wissen. Dass das Montageteam wegen Krankheit in Verzug ist, konnte er ebenfalls nicht ahnen. Aber er hätte seinen Kunden fragen können: »Wann muss die Maschine spätestens bei Ihnen aufgestellt sein?« Dann hätte er womöglich gehört: »In vier Wochen.« Der Kunde hätte sich nicht über nicht eingehaltene Zusagen ärgern und der Verkaufsinnendienst nicht am Telefon reagieren müssen: *»Wir konnten nicht, deshalb ...«* Absturzgefahr!

Die letzte Herausforderung vor dem Verkaufserfolg

Ein Juniorverkäufer fragt den Seniorverkäufer: »Was ist die größte Herausforderung im Verkauf?« Dieser antwortet: »Die Borniertheit in der eigenen Firma! Es ist viel einfacher, den Kunden etwas zu verkaufen, als den eigenen Kollegen in den verschiedenen Abteilungen unseres Hauses klarzumachen, was zu tun ist.« Schon oft habe ich bei meiner Arbeit diese und ähnliche Aussagen gehört, die erfahrenen Leser werden an dieser Stelle vermutlich wissend nicken. Es muss allerdings die Frage erlaubt sein, was die Verkäufer selbst dafür tun, dass ihre Kollegen in ihrem Sinne handeln. Sich als Verkäufer nur auf den Standpunkt zu stellen, dass schließlich der Verkauf das Geld verdient und alle anderen davon leben, wäre wirklich zu einfach.

Auch die Forderung »Die müssten alle mal für ein paar Monate mit rausfahren« hilft alleine nicht weiter – erst recht nicht in diesem Ton. Also stellen wir uns der Aufgabe und gewinnen unsere Kollegen für »das Ziehen an einem Seil«, indem wir:

- *den Verkauf nach innen genauso systematisch betreiben wie das Verkaufen an den Kunden.* Eine kleine schriftliche Information über den Abschluss für die betroffenen Kollegen könnte effizient und hilfreich sein. Gliedern könnten Sie diese Aufstellung beispielsweise nach Auftragsvolumen und Gewinnchancen, Bedeutung für das eigene Unternehmen, Perspektiven, positive Folgen, Herausforderungen und erwartete Schwierigkeiten. Damit wertschätzen Sie die im Unternehmen betroffenen Menschen, setzen deren Motivation frei und beteiligen sie am gemeinsamen Erfolg. Darüber hinaus werden die erwarteten Schwierigkeiten schnell und offen kommuniziert und alle in die Suche nach der Lösung eingebunden. Sonst ist es absolut nicht verwunderlich, wenn viele Kunden am Telefon hören: *»Da bin ich nicht zuständig ...«*. Absturzgefahr!

- *die internen Besprechungen konstruktiv und ergebnisorientiert gestalten:* Alle beteiligten Kollegen aus ihren jeweiligen Fachbereichen sollen in die Lösungssuche eingebunden werden. Spielregel Nummer eins: Die Besprechung identifizierter Probleme wird mit einer kurzen Ideensammlung eingeleitet. Dabei wird keinem Kollegen reingeredet und es werden keine negativen Kommentare abgegeben. Spielregel Nummer zwei: Sie sammeln die Ideen unter der Überschrift »Wie können wir erreichen, dass ...« Damit haben Sie von Anfang an einen konstruktiven Denkansatz vorgegeben. Und die Spielregel Nummer drei kennen Sie schon: Die – ruhig auch kontroverse – Diskussion führen alle Beteiligten unter dem Motto »Es könnte gehen, wenn ...«. Lassen Sie nicht zu, dass manche Kollegen die Ideen und den Optimismus in der Gruppe mit *»Geht nicht, weil ...«* vernichten. Absturzgefahr!

- *die Kollegen immer wieder um Hilfe bitten, danke sagen und ihnen Erfolgserlebnisse verschaffen:* Wann zum Beispiel war ein Mitarbeiter aus der Auftragsabwicklung zum letzten Mal bei dem Großkunden, den er schon seit Jahren telefonisch betreut? Warum nicht mal einen Auftrag gemeinsam feiern? Wann haben im Innendienst die Sektkorken zum letzten Mal geknallt? Wann wurde der Kundendienst mal nach einem Tipp gefragt? Neben dem Management kann jeder einzelne Verkäufer im Rahmen seiner Möglichkeiten eine Menge dazu beitragen, das Klima in der Zusammenarbeit zu verbessern. Zu oft wird den Verkäufern zu Recht vorgeworfen, Sie würden sich im eigenen Hause arrogant aufführen. Verständlich, wenn diese mit *»Ich hab' jetzt keine Zeit für …«* oder *»Sie müssen mir mal schnell …«* auftreten. Absturzgefahr!

Nach meinen Erfahrungen steigern Sie die Kundenorientierung Ihres Unternehmens schnell und deutlich mit diesen einfachen Mitteln und immer mehr Menschen werden in Ihrem Sinne handeln. Sie machen den Anfang – wer sonst?

Kundenbindung für die sicheren Folgebegehungen

Stefan weiß, dass er lediglich eine »begrenzte Aufenthaltserlaubnis in der unberührten Natur« hat. Er ist sich der Tatsache bewusst, dass ihm nur eine bestimmte Zeitspanne zur Verfügung steht, bevor er das lebensfeindliche Territorium wieder verlassen muss. An anderer Stelle spricht er von »Turbo-Kletterern«, die wirklich nur den Aufstieg und das Gipfelkreuz im Sinn haben und den Berg danach schnell abhaken.

> Der entscheidende Unterschied zwischen Verkauf und Bergsteigen: Kunden werden nicht einmal gewonnen und können dann vergessen werden. Sie wollen immer wieder neu gewonnen werden – sonst vergessen sie den Verkäufer.

Ein Kundenbeziehung ist in den meisten Fällen nur dann ertragreich, wenn sie eine gewisse Kontinuität aufweist.

Das heißt, die Verkäufer müssen/dürfen/können immer wieder zu einem Kunden gehen, den Gipfel immer wieder neu erklimmen. Bei Bergsteigern ist das selten: Abgesehen von Lieblings- oder Hausbergen suchen sie sich immer wieder neue Herausforderungen, der einmal bezwungene Gipfel wird schnell zur Erinnerung. Viele Kunden scheinen leider auch bei Verkäufern schnell zur Erinnerung zu werden. Diese Kunden beklagen sich häufig über mangelndes Engagement gerade ihrer langjährigen Lieferanten. Die Wettbewerber dieser Verkäufer lauern schon auf ihre Chance – und die werden sie mit großer Wahrscheinlichkeit auch bekommen. Also erleichtern sich erfolgreiche Verkäufer den immer wieder neuen Aufstieg, pflegen die Beziehung, indem sie konsequent an der Partnerschaft zu ihren Kunden arbeiten. Konkret tun sie das, indem sie:

- *die Wechselwilligkeit des Kunden reduzieren.* Mit anderen Worten: Die Kunden – das heißt alle Beteiligten aus dem Buying-Center – sollen möglichst keinen Grund und keine Lust haben, die Partnerschaft mit dem aktuellen Lieferanten und dessen Verkäufer zu beenden. Ziel ist, den Kunden für das eigene Unternehmen zu gewinnen. Da steckt viel mehr dahinter, als ihm regelmäßig etwas zu verkaufen. Gewinnen könnte bedeuten, dass dieser Kunde einen Großteil seines Volumens bei uns kauft, künftige Kaufentscheidungen mit uns bespricht, uns bei Gelegenheit weiterempfiehlt und bereit ist, uns mittelfristige Zusagen zu geben. Konkret können wir dazu folgende Ansätze sinnvoll nutzen:
  - die Beteiligten des Buying-Centers mit den entsprechenden Menschen unseres Unternehmens zusammenbringen;
  - Mehr-Wert-Meetings abhalten, in denen gemeinsam mit dem Kunden überlegt wird, welchen neuen Beitrag wir zum Markterfolg unseres Kunden beisteuern könnten;
  - den Nutzen und die Wirtschaftlichkeit eines Abschlusses immer wieder plausibel darstellen – sich niemals auf den Lorbeeren ausruhen;

- gemeinsame Projekte planen und anpacken, beispielsweise könnte man ein gemeinsames Projekt mit einer Universität organisieren;
- Verträge mit Lieferbedingungen und Preisen vereinbaren, die der intensiven Beziehung und dem Gesamtauftragsvolumen Rechnung tragen;
- die Wertschätzung mit ehrlicher Aufmerksamkeit und netten Gesten deutlich machen;
- jährliche Grundsatzgespräche einführen, um die Erwartungen für die nächsten zwölf Monate festzuhalten und die operative Zusammenarbeit weiter zu verbessern;
- regelmäßige Treffen der Verkäufer unter dem Motto organisieren: »Was können wir tun, damit dieser Kunde keine Lust hat, bei unserer Konkurrenz einzukaufen?«

• *die Wechselfähigkeit des Kunden reduzieren.* Es gibt Kunden – und von denen spreche ich hier –, die einen erheblichen Anteil am Umsatz eines Lieferanten ausmachen. Sollte einer dieser Kunde nun kurzfristig wegfallen, wird es für den Lieferanten sehr schwer, diesen Umsatzausfall schnell auszugleichen. Außerdem haben sich die Lieferfirmen oftmals in ihren eigenen Prozessen (Beschaffung, Produktion, Logistik und EDV beispielsweise) auf Wunsch ihrer Kunden nach deren Bedürfnissen ausgerichtet. Ich halte es daher für legitim, wenn der Lieferant die – sicher freiwillig eingegangene – Kundenbeziehung so absichert, dass der Wegfall eines Kunden nicht den Ruin bedeutet. Wirtschaftlich gesunde und damit leistungsfähige Lieferanten liegen letztlich auch im Interesse der Kunden. Im Kern geht es um eine angemessene Zeitspanne, die es dem Lieferanten im Notfall ermöglicht, sich auf eine veränderte Situation einzustellen. Diese Zeitspanne kann man optimieren, wenn beispielsweise folgende Ideen umgesetzt werden:
  - eine Abstimmung und Verbindung der EDV-Systeme von Lieferant und Kunde;

- gemeinsame Forschung bis hin zu Patenten und deren Verwertung;
- langfristige Verträge;
- gemeinsame Marketingaktivitäten wie Messeauftritte, Werbung oder andere Öffentlichkeitsarbeit;
- Vergabe von wichtigen komplexen Teilaufgaben an den Lieferanten (Stichwort Systemlieferant und Fertigungstiefe);
- Service- und Sonderleistungen, die von anderen Lieferanten nur mit Zeitverzug nachzuahmen sind (das geht vom Kundenclub bis hin zur Nachtbelieferung);
- immer wieder neue Ideen anpacken mit dem Ziel, die eigenen Leistungen möglichst gut in die Prozesse des Kunden zu integrieren.

Im Idealfall ist die Zusammenarbeit so effektiv verzahnt, dass ein Lieferantenwechsel für den Kunden offensichtlich mehr Nachteile als Vorteile bringt.

- *echte Kundenorientierung fordern und umsetzen.* Es ist natürlich richtig, dass viele der in diesem Kapitel angesprochenen Punkte nicht vom einzelnen Verkäufer, ja nicht mal von der Vertriebsorganisation alleine zu realisieren sind. Das ganze Unternehmen ist unter Umständen davon betroffen. Entsprechend kompliziert werden auch die Entscheidungsprozesse in einzelnen Fällen sein. Allerdings sollten vom Vertrieb immer wieder Impulse ausgehen, die dann innerhalb der eigenen Firma diskutiert und zum Wohle des Kunden umgesetzt werden können. Damit werden die Verkäufer zur Speerspitze der Kundenorientierung. Und zwar einer Kundenorientierung, die auch zu Erträgen führt. Es gibt zahlreiche Beispiele für scheinbare Kundenorientierung, die aber letztendlich keine ist – jedenfalls keine ertragreiche:

  - das kleine Stückchen Schokolade auf dem Kopfkissen im Hotelzimmer;

- das Päckchen Papiertaschentücher, das in der Apotheke gratis zu den Medikamenten dazugegeben wird;
- das Kundenmagazin, das von einem Automobilhersteller unaufgefordert zugeschickt wird;
- die 150-prozentige Qualität einer Maschine, die kein Kunde jemals braucht.

> Leistungen, die der Kunde nicht als Nutzen erlebt, tragen weder zur Kaufentscheidung noch zur Kundenzufriedenheit bei.

Die angestrebte Kundenorientierung ist zur Segment- oder Zielgruppenorientierung verkommen. Mit der Orientierung an den Bedürfnissen eines einzelnen Kunden ist es nicht mehr weit her. Unkritisch werden da Dinge aus der Marketingtheorie übernommen, deren Auswirkungen auf die angestrebte Kundenbindung viel zu unsicher sind. Sicher ist jedoch: Das alles kostet eine Menge Geld, denn dahinter stecken Ideen, die mit der Gießkanne aufwendig über alle Kunden ausgeschüttet werden (vgl. Staminski, Mythos Kundenorientierung). Hier tragen Sie, der Verkäufer, auch ein Stück Verantwortung für den Ertrag Ihres Unternehmens: Überdenken Sie konsequent jede Idee, jede Maßnahme, ob sie tatsächlich zur Kundenbindung beiträgt – oder nur Geld kostet. Kämpfen Sie für echte und damit auch ertragreiche Kundenorientierung – wer könnte das besser als Sie? Nehmen Sie sich ein Beispiel an unseren Verkäuferkollegen, die dafür gesorgt haben, dass:

- die Kunden des Reisebüros Literaturlisten mitnehmen können, auf denen sie neben den aktuellen Reiseführern und Magazinen auch Romane finden, deren Handlung im jeweiligen Reiseland spielt. Die Kunden brauchen nur anzukreuzen, die Liste an die kooperierende Buchhandlung zu faxen und ihr Lesepaket zwei Tage später dort abzuholen.

- den Interessenten für ein Wertpapierdepot eine Broschüre zugesandt wird, in der die wichtigsten Fachbegriffe gut erklärt werden. Werbung mit echtem Nutzwert!
- die Mitarbeiter, die zwischen zwei Aufträgen etwas Zeit haben, bei ausgewählten Kunden ein paar Tage – ohne Berechnung – mitarbeiten und nebenbei ihre Softwarekenntnisse verbessern.
- ein einzelner Kunde eine Schaufel an seinen Radlader bekommt, die serienmäßig nicht lieferbar ist. Darüber hinaus wird dieser Kunde als Experte eingeladen, um sich mit den Konstrukteuren im Werk zu einer Diskussionsrunde zu treffen.

Wir haben in Kapitel 2 durchdacht, welche Ressourcen, welches Material Sie effizient einsetzen könnten. Wir haben überlegt, wie Sie mehr Kontakt zu Ihren Kunden bekommen. In Kapitel 3 sind wir endgültig hinein in die Welt des Kunden. Und jetzt schließt sich in Kapitel 8 der Kreis: Aus dem ersten Einstieg in die Kundenbeziehung wird der regelmäßige Wiedereinstieg.

Jetzt ist es an der Zeit, die überholte Vorstellung vom »König« endgültig zu Grabe zu tragen:

Der »König« ist tot – es lebe der »Partner«!

Unterwürfiges Verhalten ist Quatsch und gehört in die Mottenkiste des Verkaufs. Es ist geradezu verantwortungslos, wenn heute noch Auszubildenden der Verkauf mit »Der Kunde ist König« erklärt wird. Das symbolische Bild des »Königs« ist – trotz einiger positiven Assoziationen – eben auch ein Symbol für Distanz, Überlegenheit und Furcht. Alles Dinge, die im modernen Verkauf dem Erfolg im Wege stehen. Ich denke nur an die Akquisitionsbriefe, die ich vor kurzem für einen meiner Kunden überarbeitet habe ... Schluss damit!

Kunden wollen im Mittelpunkt stehen, aufmerksam und ehrlich beraten und betreut werden. Weiter wird von Verkäufern und ihren

Organisationen erwartet, dass sie immer wieder mit neuen Ideen und Engagement für den Gewinn ihrer Kunden arbeiten. Auf der anderen Seite müssen auch die für den Verkäufer notwendigen Voraussetzungen erfüllt sein, für die der Kunde die Verantwortung trägt. Verkauf ist demnach keine Einbahnstraße, sondern ein Prozess, von dem alle Beteiligten auf Dauer profitieren sollen. Und das geht nur in einer guten Partnerschaft!

Los geht's: Gehen Sie als Verkäufer mit Ihren Kunden HOCH HINAUS.

9

Was war. Was ist. Was wird.

März 1999

Für »Sir« ist es ein Festtag. Er hat Ausgang, die Sonne wärmt ihm schon den Pelz, beherzt tapst er durchs betaute Gras und macht an jeder zweiten Wiesenblume halt. *Sch-sch*-schnüffelt. Informiert sich via Duftmarke über den letzten Klatsch und Tratsch aus der lokalen Hundeszene. Bis ihm das Parfum der herantrabenden Schnauzerin in die Nase steigt, sein schwerer Kopf hochruckt und der ganze Kerl zum Standbild erstarrt. »Grüß Gott, Herr Glowacz. Mei, der Sir und die Senta, des is' ein rechtes Paar. Richtig turteln tun's, die Viacher. Herr Stefan, Sie woan's fei lang weg. Wohl wieder auf Expedition, net wahr? Wo san's denn diesmal hing'fahrn?«

In den Tälern von Garmisch-Partenkirchen hat sich der Frühling häuslich eingerichtet. Unmerklich hat er die Natur von Schnee und Schmutz gereinigt, Baumwipfel begrünt, Klee und Krokusse entzündet. Jeden Tag fügt er ein paar neue Farbtupfer hinzu. Der Winter hat sich heftige Rückzugsgefechte mit ihm geliefert und am Ende doch in die nahen Berge flüchten müssen. Auf dem Gipfel der Zugspitze liegt der Neuschnee wie Puderzucker. Wenn man die Augen zusammenkneift und ganz genau hinschaut, kann man an den Hängen die bunten Jacken der Skifahrer erkennen. *Ich bin wieder daheim.* Unglaublich! Eben noch auf dem einsamsten, kompliziertesten Kontinent der Erde, nun glücklich wieder aufgenommen in die traute Runde bayrisch-heimeliger Selbstgenügsamkeit. So ganz hab' ich es noch nicht verdaut.

Wer auf einem Berg in der Antarktis steht, steht über den Dingen. Er nimmt sich vor, bestimmte Fragen in Zukunft anders zu stellen, anders zu beantworten, kurz und gut: ein anderer Mensch zu werden. Jeder, der einmal unter extremen Bedingungen durch ein fernes Land gereist ist, wird diese Sehnsucht nachvollziehen. Damals auf dem Gipfel des *Cape Renard Tower* habe ich geglaubt, dass von nun an nichts mehr so sein könnte wie ein paar Wochen zuvor. Dass die Welt eine andere werden müsse, weil ich sie eine kurze Zeit lang mit neuen Augen angesehen hatte. Doch ich kam zurück, und alles war beim Alten. Garmisch-Partenkirchen bleibt der scheinbar heile Mikrokosmos, den ich ein Leben lang gekannt habe. Wenn ich Sir spazieren führe, begegne ich denselben netten Menschen, die mir dieselben gut gemeinten Fragen stellen: »Pfiadi, Stefan, wieder zurück?« – »Grüß Gott, Herr Glowacz, was macht die Kletterei?« Es ist beruhigend und beängstigend zugleich.

Die Rückkehr

Die ganz große Kehrtwende, wie ich sie damals herbeisehnte, ist ein schöner Traum geblieben. Der Alltag hat mich wieder. Er nahm mich noch an jenem Abend in Beschlag, als ich nach sieben langen Wochen die Haustür aufschoss, Briefe öffnete und Faxe las und den Anrufbeantworter erzählen ließ, der leider, leider kein Märchenonkel ist. *Jack Wolfskin will wissen, wann die Bilder für die Internet-Seite vorliegen.* – Beep! – *Sat 1 lässt anfragen, ob das Interview im Frühstücksfernsehen in Ordnung geht.* – Beep! – *Mein Freund Uwe hat große Pläne für unsere gemeinsame Schuhfirma.* – Beep! – *Das »Alpin Magazin« plant einen längeren Antarktis-Artikel, den ich schreiben soll.* – Beep! – *Gore-Tex wartet auf den Testbericht zur Ausrüstung* – Beep-beep! Ich nahm das ach so vertraute Szenario mit einem lachenden und einem weinenden Auge zur Kenntnis. Und ging erst mal duschen.

Jeder kennt das Gefühl. Er kann mit dem größten Entzücken vier Wochen lang auf mecklenburg-vorpommerischem Ackerland kampiert haben, aber die Annehmlichkeiten von Federkernmatratze und Gänsedaunendecke hat er dabei doch schätzen gelernt. Wir verzichten anderswo auf Luxus, um ihn zu Hause wieder zu entdecken. Als ich aus der Antarktis kam, war so ziemlich alles Luxus für mich. Die heiße Dusche. Das McDonald's um die Ecke. Zeitung, Fernseher, Telefon. Mein Auto. Die Freiheit, aufzustehen und irgendwohin zu fahren.

Sieben Wochen lang war mein Radius minimal gewesen. 14 Meter vom Bug der *Santa Maria* bis zum Heck. 100 Meter von der Stelle, auf der das Basislager stand, bis zum Einstieg in die Wand. Zehn Meter Gipfel-Plateau zwischen zwei Abgründen. Sieben lange Wochen hatte ich jeden meiner Schritte im Voraus kalkulieren, häufig sogar mühsam absichern müssen; nun konnte ich einfach so loslaufen, ohne Kopfschmerzen zu kriegen. Sieben Wochen war ich kaum eine Minute lang allein gewesen; jetzt hatte ich ganze Stunden nur für mich. Ich ging viel spazieren und sog alles in der Umgebung hungrig in mich auf. Vor allem das Grün der Landschaft ...

Doch auch dieser Zustand geht vorbei, und zwar viel schneller, als man denkt. Eines Morgens stehst du auf und wunderst dich nicht mehr, dass aus der Dusche warmes Wasser kommt. Die Gedanken eilen deinem Tun schon wieder voraus, kreisen um den nächsten Termin, den überfälligen Geschäftsbrief, den leidigen Anruf beim Steuerberater.

Eben glaubtest du noch, dem Alltag ein Schnippchen schlagen zu können und schwuppdiwupp hat er dich wieder am Wickel. Nein, nichts hat sich verändert.

Während Sir von einer Duftquelle zur nächsten bummelt, durchlebe ich im Geiste noch einmal unsere Ankunft am Münchener Flughafen. Gerade mal drei Wochen ist das jetzt her. Im Flieger waren wir beinahe deprimiert gewesen, ich glaube, jeder hätte am liebsten noch einen Monat drangehängt. Ich sah Pater an, der seine zerschundenen Hände in den Schoß gebettet hatte und entzifferte in seinem Gesicht dieselbe nagende Frage, die auch mir zusetzte: Was erwartet mich zu Hause? »Na, Pater, alles im grünen Bereich?« – »Menschenskind, Stefan, es ist schon alles wahnsinnig schnell vorbeigegangen.« – »Viel zu schnell.« – »Aber es war irre toll, findest du nicht?« – »Das Größte, absolut das Größte.« – »Und jetzt geht der alte Tanz wieder los, wie?« – »Wird wohl so sein.« Pater seufzte und spähte durchs Fensteroval nach unten, wo seit einiger Zeit schon wieder der europäische Flickenteppich zu erkennen war.

Abschiedsschmerz, Melancholie und Vorfreude lagen dicht beisammen. Die Impressionen der vergangenen Wochen schwirrten noch durch unsere Köpfe, als wir die Zollschranke passierten und dahinter die wartenden Kinder und Frauen und Freundinnen erspähten. Dieser Eindruck war völlig irreal.

Es wurde eine schnelle Landung – für jeden von uns. Plum stand zwei Tage später schon wieder in seinem Labor am Starnberger See und schraubte Zahnprothesen zusammen. Holger sah in seinen Bergsportläden nach dem Rechten. Pater fuhr noch am selben Tag nach Arco weiter, wo er ein Apartmenthotel besitzt. Gerd war kurz vor Abreise zum dritten Mal Vater geworden, und wenn er nicht gerade Windeln wechselte, verschwand er stundenlang im Fotolabor und entwickelte Filme. Ich verfasste Artikel und Testberichte für unsere Sponsoren, meldete mich bei Zeitungen-Zeitschriften-Radiostationen-Fernsehsendern zurück und versuchte verzweifelt, den Überblick zu behalten. Kurt wiederum hat gar nicht erst versucht, sich irgendwelchen Notwendigkeiten zu beugen. Keine 48 Stunden später war er bei Fontainebleau schon wieder am Fels zugange.

Die Frage ist, was bleibt

Garmisch also. Ich betrachte die vertraute Kulisse der Alpen, und ich überlege mir, was mir geblieben ist. Nun, zuerst einmal Filme, Fotos, Reiseprotokolle. Mit anderen Worten: ein Riesenhaufen Arbeit. Fachblätter in Spanien, Italien, Frankreich und den USA wollen über unsere Expedition berichten. Sie wollen lesbare Texte und spektakuläre, gestochen scharfe Bilder. Verschiedene TV-Sender planen Beiträge, dafür gilt es aus mehreren hundert Metern Film die passenden Sequenzen herauszusuchen und in eine sinnvolle Reihenfolge zu bringen. Gestern Abend hat Kai Pfersich angerufen. Er will mit mir zusammen ein Buch schreiben, das sich an Verkäufer wendet und seine Beispiele dem Klettersport entnimmt. Ich habe zugesagt.

Schließlich soll aus unserer Antarktis-Reise auch wieder ein Diavortrag entstehen. Dafür braucht es ein Konzept. Fotos müssen ausgewählt, historische Bilder und Landkarten müssen abfotografiert, eine spannende Geschichte muss packend erzählt werden. Es fehlen nur noch die Veranstaltungsplakate. Und die Anschreiben an potenzielle Interessenten, an Alpenvereins-Sektionen, Sportgeschäfte, Betreiber von Kletterhallen ... So, und jetzt komme bloß keiner daher und sage, der Glowacz hat so einen tollen Job, der ist immer an der frischen Luft und kriegt ganz viel Bewegung. Wochen sind seit meiner Rückkehr aus der Antarktis verstrichen, und ich habe ständig Computertasten, aber nur ganz wenig Fels unter den Fingern gehabt. Aber ich will mich nicht beklagen. Ich liebe meinen Beruf.

Neben dem rein geschäftlichen Teil bleibt von der Expedition in die Antarktis natürlich noch etwas anderes zurück, und das ist mir zehn Mal wichtiger. Zurück bleibt auf immer die Freude über ein geniales Team. Keiner hat die Gruppe je im Stich gelassen. Keiner hat sich auf Kosten eines anderen gedrückt. Jeder war mal Wasserträger. Das Stimmungsbarometer parkte beinahe konstant auf hohem Level. Wenn ich den Leuten von dieser Seite unserer Expedition erzähle, schauen sie immer ganz ungläubig. »Ja schön, aber seid ihr euch nicht auf die Nerven gegangen?« – »Habt ihr euch nicht auch mal fürchterlich gezofft?« Ich antworte: Wir waren Freunde, als wir losgingen; als wir zurückkamen, waren wir es immer noch.

Als sentimentale Typen wären wir uns am Flughafen wahrscheinlich in den Armen gelegen. Stattdessen meinte Holger einfach: »Leute, lasst uns das bald wieder machen.« Und damit war alles gesagt, was gesagt werden musste.

Auch die folgende Frage habe ich in den vergangenen Wochen oft gehört: »Was würdest du heute anders machen?« Ehrlich gesagt – nicht viel. Das darf auch gar nicht anders sein, dafür sind wir schon zu lange im Geschäft.

Ein paar Dinge fallen mir dann aber doch ein. Ich werde wenige Wochen vor einer großen Expedition zum Beispiel nicht mehr in Pontresina eisklettern oder ähnlichen Schwachsinn betreiben, um womöglich das ganze Unternehmen zu gefährden. Ich werde den Jungs und mir kräftig in den Allerwertesten treten, damit wir nach mehrmonatigem Vorlauf fundamentale Teile unserer Ausrüstung nicht erst am letzten Tag bekommen. Und ich werde schon im Planungsstadium die allen unbequeme Frage stellen: Wer klettert mit wem? Damit jeder Einzelne weiß, woran er ist, und sich rechtzeitig mit der Entscheidung anfreundet. Die kleineren und größeren Missgeschicke, die uns zugestoßen sind, der Steinschlag etwa oder die Episode mit dem verlorenen Material – das sind dagegen Dinge, die passieren können. Auf sie kann man sich nicht einstellen, sondern mit ihnen muss man umgehen, wenn es so weit ist. Ein Restrisiko bleibt.

Es liegt an mir, neue Schwerpunkte zu setzen

Noch etwas nehme ich mir vor: ein Gefühl zu behalten für meine ganz persönlichen, mentalen und physischen Grenzen. Ich bin 34 Jahre alt. Die meisten Sportler ziehen sich in diesem Alter aus dem Profigeschäft zurück, weil ihr Körper seinen Leistungszenit überschritten hat. Immer wieder wollen Leute von mir wissen, wie viele Jahre ich überhaupt noch klettern kann und was ich mache, wenn es damit vorbei ist. Zunächst einmal: Bei guter Gesundheit und ausreichend Training können sich Menschen länger in extremen Bereichen bewegen, als die meisten Nicht-Kletterer sich das vorstellen. Erst kürzlich habe ich von einem 60-jährigen gelesen, der in Frankreich eine Tour im zehnten Schwierigkeitsgrad gemeistert hatte. Nun kann man natürlich nicht davon ausgehen, dass man selbst einmal dieser phänomenale Senior sein wird. Aber man darf sich berechtigte Hoffnungen darauf machen, dass man als Mittvierziger am Berg noch nicht die Seilbahn nehmen muss.

Ob sich der Beruf dann allerdings noch rechnet, ist wieder eine andere Sache. Jüngere Gipfelstürmer kommen nach, machen mit spektakulären Erstbesteigungen und bei Wettkämpfen auf sich aufmerksam, sie sind heiß auf Siege – wie ich es war mit 18, 19 Jahren. Wenn der Sponsor dann beschließt, ein anderes viel versprechendes Gesicht auf den Katalogtitel zu bringen, so muss ich mit dieser Entscheidung klarkommen, denn sie folgt dem Gesetz des freien Wettbewerbs. Das muss jedoch nicht passieren. Ich kann mir vorstellen, den Expeditionscharakter meiner Unternehmungen in Zukunft weiter auszubauen, mit meinen Kräften sorgsam Haus zu halten, neue Schwerpunkte zu setzen, andere Geschichten zu erzählen. Unterm Strich muss nicht immer eine Erstbegehung stehen, damit die Rechnung stimmt. Als zweites Standbein baue ich mit meinem Freund Uwe Hofstädter seit drei Jahren eine Firma auf. Wir produzieren und vertreiben Kletterschuhe. »Red Chili« ist zur Zeit noch eine kleine Marke; bis wir gut davon leben können, wird es noch ein Weilchen dauern. Doch der Anfang ist viel versprechend.

Sir bringt sein ungeduldigstes Bellen zu Gehör. Egal, welch schwer wiegende Gedanken sein Boss gerade wälzt, er mag es halt nicht, wenn man ihn ignoriert. Ich reiße mich von meinen Grübeleien los und schaue auf die Uhr. Mein Gott, schon Mittag! Höchste Zeit, nach Hause zu gehen und den Rechner anzuwerfen. Hinterher ist eine saftige Trainingseinheit fällig. Übermorgen will ich Pater am Gardasee besuchen, wir wollen endlich mal wieder an sonnenüberfluteten Felsen klettern, und ich bin total abgeschlafft. Wider Erwarten hat meine Fitness in der Antarktis wirklich gelitten. Die Kletterei war sieben Wochen lang im Grunde eine wunderbare Nebensache. Tatsächlich haben wir meistens rumgesessen, abgewartet, uns mental diszipliniert. Die Bewegung am Berg ist dabei eindeutig zu kurz gekommen, und ich muss zusehen, dass ich schleunigst wieder fit werde. Jetzt also nichts wie los!

Alles auf Anfang

Man braucht immer wieder Ziele. Auch dann, wenn man eben erst eine Ziellinie passiert hat und sozusagen auf der Aschenbahn noch ausläuft. *Gerade* dann. Zu den Erfahrungen eines Freeclimbers gehört nicht zuletzt die leidige Erkenntnis, dass er niemals auf Dauer »oben« ist. Der Höhepunkt ist schnell Vergangenheit, am Ende steht man wieder unten und muss sich aufs Neue orientieren. Jeder der Gipfel, die ich bisher bestiegen habe, hat mich auf meinem Weg aber auch ein Stückchen weiter gebracht. Ich kann also nicht sagen, dass man vor einem großen Unternehmen immer wieder bei Null anfängt. Doch manchmal scheint es so.

Es gibt dieses Gefühl der Leere, wenn ein großer Sieg errungen und der nächste nicht in Sicht ist. Man bleibt stehen, lauscht vorsichtig in sich hinein und spürt nichts. Keine Freude. Keine Erleichterung. Keine Lust. Keine Emotionen. Nur ein riesiges gähnendes Loch. Nicht oft, aber hin und wieder habe ich dieses Gefühl bereits gehabt. Von meiner ersten Grönland-Expedition kam ich zurück und wusste einen Tag lang nicht, was mit mir los war. Ich hatte meine Gedanken, meine Pläne, meinen kompletten Trainingsplan über mehrere Monate hinweg auf dieses eine Ziel hin ausgerichtet. Nun hatte ich es erreicht und wusste auf einmal nicht mehr weiter. Was immer jetzt auch kommen würde, ich würde wieder ganz von vorne nachdenken und planen und trainieren müssen, und bei diesem Gedanken packte mich eine grenzenlose Müdigkeit. Was dann kam, ein paar Monate später, war die Tour nach Kanada. Und in dem Moment, wo ich das wusste, fiel alle Erschöpfung von mir ab.

»Moment mal«, sagte Pater, »was ist das für ein Berg?«

Vielleicht habe ich zur Zeit die Ruhe weg, weil sich in der Antarktis noch etwas Entscheidendes ereignet hat, das ich bisher unterschlagen habe. Es war in der letzten Woche. Die *Santa Maria* lag an diesem Abend 50 Seemeilen vom südlichen Polarkreis entfernt am *Sharp Peak* vor Anker, eben waren die Jungs von ihrer Skitour zurückgekommen, die Dämmerung brach bereits herein. Wir wickelten Spaghetti um die Gabeln und grübelten über die unmittelbar bevorstehende Rückfahrt nach. Zwei Mal meldete sich Kurt, ob für ihn vielleicht noch ein klitzekleiner Nachschlag drin sei ... Ansonsten blieb das Gespräch einsilbig. »Hab' ich mal erwähnt ...«, sagte Wolf plötzlich in die bedrückte Stille hinein, »hab' ich euch eigentlich schon mal erzählt, dass ich vor einigen Jahren in Feuerland eine Ranch kaufen wollte?« Mäßiges Interesse. »Nö, Wolf, das hast du, glaube ich, nicht«, raffte sich Holger schließlich auf. Wolf wurde mit einem Mal über die Maßen lebhaft. Er sprang auf und wühlte in verschiedenen Kisten. Wenig später stand ein strahlender Skipper da, mit einem Stapel Fotos in der Hand. »Ich hab's am Ende dann ja doch nicht gemacht. Aber das wär' schon was gewesen, schaut her« – er reichte das erste Foto in die Runde – *»so sah sie aus.«* Ein romantisches Holzhaus mit Kamin, Veranda und allem Drum und Dran, gottverlassen, in traumhaft schöner Lage. »Nett«, fand sogar Kurt, der sich aus allem, was vier Wände und ein Dach besitzt, noch nie viel gemacht hat. »Und das wäre die nähere Umgebung gewesen.« Wolf knallte die Bilder wie Pokerkarten auf die Bohlen des Unterdecks. Ein riesiger See – ein beinahe zugewachsener Fluß – ein Berg – eine Blumenwiese – »Wolf, Moment mal«, sagte Pater. »Was war das gleich für ein Berg?«

Wir haben wieder ein Ziel. Wir haben nicht mal danach suchen müssen; es ist, wie alle wirklich guten Ziele, eines Tages *zu uns* gekommen. Der Berg auf dem Foto heißt *Cerro Castillio.* Wolf hat erzählt, dass er zu den *Darwin-Kordilleren* gehört, das ist ein nahezu unerforschter Gebirgszug in Feuerland. Der *Cerro Castillio* steht da wie ein Denkmal, ein markanter Berg auf beinahe ebener Fläche. Er sieht aus wie ein gigantischer Eiskristall. Um seinen Sockel fließt ein riesiger Gletscher zu Tal, prallt dort mit der dichten, fast urwaldartigen Vegetation zusammen und ergießt sich schließlich in einen Seitenarm des *Beagle*-Kanals. Über diesem grandiosen Kräftespiel der Elemente erhebt sich fast zusammenhangslos die Steilwand; sie ist hoch, ich schätze so um die 1 000 Meter. Wir mussten erst gar nicht drumherum reden. Wir wussten es sofort.

Der Geprächsstoff ist uns an diesem Abend nicht mehr ausgegangen. Wir bombardierten Wolf mit Fragen, doch er hatte nur wenige Informationen. Nur so viel stand fest, als wir uns kurz vor Mitternacht in unsere Kojen klemmten: Man müsste, um den Gletscher zu umgehen und einen möglichen Einstieg in die Wand zu finden, einen tagelangen Umweg machen. Um das nötige Material zu transportieren, bräuchte man Pferde. Man müsste also einen Frachter mieten, Pferde, Mannschaft und Ausrüstung über den Kanal so nahe wie möglich an den Berg heranbringen und dann nach einem passenden Landweg suchen. Um das alles gut zu organisieren, bedürfte es einer langen Vorbereitung. Anfang 2000 – früher war sicher nichts zu machen. Und so gab ein Wort das andere. Vorschlag, Bedenken und Gegenvorschlag wechselten einander ab, und keinem fiel auf, dass wir uns schon wieder mitten in der Planungsphase befanden.

Auf ein Neues!

Seither sind einige Wochen verstrichen, und das Unternehmen *Darwin-Kordilleren* hat noch keine konkretere Gestalt angenommen. Doch es spukt in unseren Köpfen. In diesem Moment gibt es mir die Kraft, den Alltag anzunehmen, die Notwendigkeiten meines Berufs zu akzeptieren, denn ich glaube: Es wird einen weiteren Aufbruch ins Ungewisse geben. Wir werden irgendwann erneut wie aufgekratzte Schuljungens am Münchener Flughafen stehen und hinfiebern auf den Urlaub von der Beschaulichkeit und Sicherheit unse-

res Lebens in Bayern. Kurt, Plum, Holger, Pater, Gerd und ich – das komplette Antarktis-Team will mit von der Partie sein, wenn es wieder losgeht. Und ich weiß, eines Abends wird das Telefon klingeln, Kurt wird dran sein, und er wird sagen: »Mensch, Stefan, lass uns das Ding jetzt endlich angehen.«

Ich freue mich schon darauf.

9

Das Tal zwischen den Gipfeln

In irgendeinem Vertriebsjahr zwischen Weihnachten und Silvester: Es ist alles getan, die kleinen und großen Aufgaben sind erledigt und die letzten Umsätze verbucht. Fast genau auf die Mark weiß ich, wie das letzte Jahr gelaufen ist. Es ist gut gelaufen. Die Zufriedenheit meiner Kunden kann ich an den Umsätzen und den Kennzahlen ablesen. Ein dicker Stapel Weihnachtskarten – davon einige mit sehr persönlichen Grüßen und Wünschen – zeigt mir, dass das zurückliegende Jahr nicht nur ein wirtschaftlicher Erfolg war. Unglaublich! Eben noch in der gnadenlosen Hektik der letzten Wochen, der übliche Jahresendspurt und seinen allerletzten Klimmzügen. Nun müde, aber glücklich zu Hause. Kein Telefon, Fax oder E-Mail, endlich Ruhe.

In diesen Tagen – jedes Jahr wieder – geht es mir wie Stefan, wenn er von einer großen Bergtour oder einer Expedition zurückkommt. Der Adrenalinspiegel sinkt so allmählich wieder auf Normalmaß, die Euphorie klingt langsam aus und eine gewisse Leere macht sich in mir breit. Dafür wird mir die Welt um mich herum mit ihren banalen kleinen Geschichten wieder bewusst. Ich genieße die satte Zufriedenheit, koste das Gefühl aus, etwas geschafft zu haben. Treffe mich mit alten Freunden endlich mal wieder auf ein Bier, besuche Oma Pfersich und habe viel Zeit für meine Familie.

Nach einigen Tagen schleicht sich langsam die Frage heran: Was nun? Mit einem leisen Unbehagen fange ich an, daran zu denken, dass ein neues Jahr mit seinen zwölf Monaten vor mir liegt. Werde ich die Herausforderungen, die vor mir liegen, bewältigen können? Wird die Kraft reichen – wie lange kann ich noch auf diese Jagd nach Umsätzen gehen?

Erst mal nichts als Routine

Nach Neujahr ist es dann an der Zeit, die Weihnachtskarten zur Seite zu legen und den Terminkalender für das neue Jahr wieder zu füllen. Wo sind die vielen Zettel mit Terminen, Ideen und Pflichten, die alle organisiert werden wollen? Sind die Hotelzimmer zu den Messeterminen vorgebucht? Die Fakten für die Detailplanung pro Kunde müssen zusammengestellt werden. Wann schreibe ich die neuen Seminarkonzepte? Ich will frühzeitig Termine für die jährlichen Grundsatzgespräche vereinbaren.

Ich sitze entspannt einige Stunden am Schreibtisch und belohne mich zwischendurch mit langen Spaziergängen und Mountainbiketouren. Das ist meine Methode, mit den Ängsten zurechtzukommen, die mich regelmäßig in diesen Tagen befallen. Klar habe auch ich Ängste – frage mich, ob ich die nächsten Seminare so gut durchführen kann, wie es meine Auftraggeber von mir erwarten. Werde ich in den Beratungsprojekten so überzeugend sein, dass die beteiligten Menschen mir meine Ideen »abkaufen«? Kann ich meiner Verantwortung gerecht werden?

Wenn ich in diesen Tagen mit harmlosen Jobs im Büro das neuen Jahr beginne, kommt ganz langsam und allmählich die Kraft und die Zuversicht zurück. Routine ist der Rettungsanker – der Beginn vom Neuanfang.

Automatisch gehen meine Gedanken immer wieder zurück zu einzelnen Erlebnissen und Situationen des abgeschlossenen Jahres. Eigentlich ist es noch nicht endgültig abgeschlossen, denn ich habe noch kein Resümee gezogen. Ich habe noch nicht selbstkritisch analysiert, warum ich eigentlich Erfolg hatte und warum mir andererseits manches andere nicht so gut gelungen ist. Also nehme ich einen Stift in die Hand und schreibe zwei Überschriften auf ein Blatt Papier: »Erfolgsgeheimnisse« und »Optimierungschancen«. Dann fülle ich das Blatt mit den Antworten auf die Fragen:

- Warum sind mir meine Stammkunden treu geblieben?
- Warum habe ich den Kunden »A 4711« verloren?
- Wie konnte ich den Kunden »B 4812« gewinnen?
- Wodurch konnte ich mich von meinen Wettbewerbern positiv unterscheiden?
- Welche Feedbacks haben mir meine Kollegen gegeben?
- Wo habe ich Zeit verschwendet – wie kann ich effizienter arbeiten?
- Auf welche Veränderungen im Markt – und bei meinen Kunden – muss ich reagieren? Und wie mache ich das am besten?

Die Antworten versuche ich im zweiten Schritt so abstrakt wie möglich zu formulieren und jeweils eine konkrete Maßnahme für das kommende Jahr abzuleiten. Bei unseren bekannten vier Beispielen könnte dann auf dem Zettel stehen:

»Erfolgsgeheimnisse«

- Unsere Kunden schätzen die großen und kleinen Hinweise und Tipps, die wir Ihnen auf die Urlaubsreisen mitgeben. Besonders überzeugend sind diese Tipps, wenn sie auf unsere eigenen Erfahrungen vor Ort zurückgehen, deshalb Zeit und Geld in eigene Reisen investieren und noch mehr Informationen sammeln als in der Vergangenheit.

- Die ausgewogenen Bewertungen der täglichen Nachrichten und der Börsenentwicklung ist für unsere Kunden ein guter Grund, bei uns anzurufen, deshalb vor Arbeitsbeginn wieder regelmäßig und intensiv die Zeitung lesen.
- Unsere Kunden sind immer wieder angenehm überrascht, dass wir ihnen offen sagen, wenn wir im Moment keinen geeigneten Mitarbeiter frei haben, deshalb die ehrliche und schnelle Auskunft noch stärker als Argument in der Neukundenakquise einsetzen – Beispiele und Referenzen ausarbeiten.
- Das gute Zusammenspiel mit den Kundendiensttechnikern hat vielen Kunden immer wieder gezeigt, dass wir auch nach dem Kauf eines Radladers für sie da sind, deshalb den Kundendiensttechniker noch stärker in die Verkaufsarbeit einbinden und das Team deutlicher herausstellen.

»Optimierungschancen«

- Es gibt Kunden, die keine Zeit für die Urlaubsplanung haben: Für sie können wir regelmäßig individuelle Reisevorschläge oder aktuelle Kulturprogramme ausarbeiten.
- Es gibt immer wieder Telefonate, bei denen ich ins Plaudern komme und kein konkretes Gesprächsziel mehr verfolge, deshalb Gesprächsstruktur wieder konsequent einhalten.
- Ich habe einige Gesprächspartner bei meinen Großkunden viel zu selten gesehen und den Kontakt verloren, deshalb Disziplin in der Terminplanung und die Vorbereitung intensivieren.
- Bei streng betriebswirtschaftlich denkenden Einkäufern ist meine Kostenrechnung nicht überzeugend genug: Ich werde meinen Kollegen, der diese Themen sehr gut beherrscht, zu Kundenbesuchen begleiten und von ihm lernen.

Eins ist mir absolut klar: Wenn ich nicht permanent lerne, bleibe ich stehen. Dann bröckelt mein Erfolg langsam ab. Aus dieser Erkenntnis ist das oben beschriebene Ritual entstanden. Wenn ich für mich in Anspruch nehme, professionell zu arbeiten, dann gehört dazu die Bereitschaft, immer wieder zu lernen. Ohne diese Lernbereitschaft werde ich die Veränderungen verschlafen und zum Auslaufmodell. Unter Kollegen haben wir schon oft über das persönliche »Verfalldatum« gesprochen. Es ist offensichtlich, dass dieses Datum von manchen deutlich überschritten wird, sie selbst es aber zu spät merken. Andere hingegen schieben ihr Verfalldatum durch geschicktes Gegensteuern hinaus, bleiben fit und fähig, im Wettbewerb weiter erfolgreich mitzumischen. Stefan erzählt von dem 60-jährigen Kletterer, der schwierigste Routen im Yosemite klettert. Ein schönes Beispiel dafür, was alles möglich ist, wenn man konsequent trainiert, reflektiert und lernt. Dieser alte Hase benutzt modernes Material und verbindet damit das Neue mit seiner reichen Erfahrung. Ich kenne diesen Mann nicht, aber er muss ein realistischer Optimist sein – toll! Eigentlich können einem die Menschen nur leid tun, die irgendwann anfangen zu argumentieren: »Das haben wir immer so gemacht« oder »Das haben wir vor 20 Jahren schon probiert, das klappt nicht.« Bleibt nur der Vorsatz, es selbst möglichst besser zu machen und die eigene Vorgehensweise selbstbewusst immer wieder in Frage zu stellen.

Gerade Profis hören nie auf zu lernen.
Sie verbessern sich auf hohem Niveau – immer wieder.

Stefan hat die Antarktis-Tour mit all ihren Facetten kritisch reflektiert, als er mit einigen Tagen Abstand darüber nachgedacht hat: Die Tour war ein Erfolg, die Freunde verstehen sich besser denn je und das mitgebrachte Bildmaterial ist faszinierend. Es gibt viele Gründe, abzuheben und sich für den absoluten Spezialisten zu halten, der alles weiß und richtig macht. Und einen Grund, trotzdem kritisch zu sein: Die nächste Tour in einem lebensfeindlichen Umfeld.

Und ewig lockt der Horizont

Im letzten Jahr ging ich besonders ausgelaugt in die Weihnachtsferien. Nicht nur, dass ich mich selbständig gemacht habe, nein, oben drauf habe ich noch dieses Buchprojekt gepackt. HOCH HINAUS war auf dem Weg. Eine Menge Arbeit lag hinter und noch mehr vor mir! Wunderschön beängstigend. Noch stärker und intensiver als in den Jahren zuvor habe ich die in diesem Kapitel beschriebenen Gefühle wieder neu durchlebt.

Und wie jedes Jahr habe ich mein altes »Ein-Verkäufer-fängt-jedes-Jahr-bei-Null-wieder-an-Programm« durchgezogen. Beim Nachdenken über mein Können und meine Fehler habe ich, ohne es richtig zu merken, einen Zettel genommen und erste Stichworte auf ihm notiert. Da standen Firmennamen, Funktionsträger bei Kunden, eine mögliche Überschrift für ein geplantes Seminar und der Name eines Kollegen. Mit diesem Kollegen hatte ich nämlich in den letzten Wochen des alten Jahres oberflächlich über ein mögliches gemeinsames Projekt gesprochen. Wir hatten beide keine Zeit, uns ausführlich mit dieser Sache zu beschäftigen, erst recht keine Chance zu einem vernünftigen Gespräch. Aber die Telefonate von Handy zu Autotelefon hatten sich offensichtlich irgendwo in meinem Hinterkopf festgesetzt.

Und da war sie wieder, die Lust anzupacken. Ich spürte das Kribbeln der Vorfreude: Neue Menschen, Herausforderungen, Chancen und tausend Überraschungen warten darauf, entdeckt zu werden – von mir entdeckt zu werden!

Als mein Kollege wenige Tage später anrief, war ich bereit – es konnte losgehen. Und es ging los – heute läuft das Projekt. Ich bin wieder unterwegs.

Ich bin Verkäufer und ich will immer wieder HOCH HINAUS!

Epilog

Löchgau bei Stuttgart, 19. Mai 1999: Das Manuskript für den Campus-Verlag *ist soeben fertig geworden. Nach wochenlanger Arbeit liegt ein dicker Stapel eng beschriebener Seiten bei Pfersichs auf dem Küchentisch. Wir haben unser gutes Stück zum Spaß mal auf die Waage gelegt. 1 840 Gramm. Ganz schön schwer wiegend …*

Kai: Das war's dann also.

Stefan: Wurde aber auch Zeit! Das hätte ich vorher nie gedacht – wie anstrengend es sein kann, so ein Buch auf die Beine zu stellen …

Kai: Ich auch nicht. In der Klettersprache heißt das wohl: Es war für uns beide eine Erstbegehung.

Stefan: Und wenn wir jetzt auch gute Verkäufer in eigener Sache sind, dann können wir noch richtig was draus machen.

Kai: Wie war das noch gleich: »Man braucht immer wieder neue Ziele« – stimmt's?

Stefan: Genau. Hast du schon eine Idee?

Kai: Und ob! Ich werde das Buch ganz bestimmt in meinen Seminaren verwenden. Weil es Verkäufern anschauliche Beispiele dafür liefert, wie sie in ihrem Job kritische Situationen meistern können. Man könnte mit neugierigen Leuten auch mal klettern gehen, unser Buch sozusagen am Fels ausprobieren. Und dann hab' ich

mir noch überlegt, eine kleine Vortrags-Tournee zu organisieren und »HOCH HINAUS« einem breiteren Publikum vorzustellen.

STEFAN: Da kommt ja wieder mächtig Arbeit auf dich zu.

KAI: Äh, ich bräuchte da übrigens noch jemanden, der die Kletterseite unseres Zweibuchs vertritt ...

STEFAN: *(grinst)* Du hast dabei nicht zufällig an mich gedacht?

KAI: Könntest du dir das vorstellen? Wir sind schließlich ein eingespieltes Team.

STEFAN: Also, zuerst mal muss ich in den nächsten Wochen kräftig trainieren. Die eine oder andere Fahrt nach Italien zur *Red-Chili*-Manufaktur ist auch mal wieder fällig. Und dann steht ja immer noch die Expedition zu den *Darwin- Kordilleren* an. Aber ...

KAI: Ich will dich nicht nur per Live-Schaltung dabei haben!

STEFAN: ... aber im Prinzip kann ich mir das schon vorstellen. Das Autoren-Team Pfersich/Glowacz auf Vortragsreise - warum eigentlich nicht?

KAI: Denk mal drüber nach. - Mensch, das Manuskript muss jetzt aber schleunigst auf die Post!

STEFAN: Und ich zurück nach Garmisch. Mist, mal wieder zu spät dran.

KAI: Morgen fahr' ich erst mal zwei Wochen in Urlaub. Und hinterher ...

STEFAN: ... bleibt's auf alle Fälle spannend!

Literatur

ALEXANDER, Caroline: Die Endurance – Shackletons legendäre Expedition in die Antarktis, Berlin Verlag, 1999

BACH, Richard: Die Möwe Jonathan, Ullstein, 1972

CARNEGIE, Dale: Sorge Dich nicht – lebe!, Scherz, 84. Aufl., 1998

DETROY und SCHREIBER: Die hundertneunundneunzig Checklisten, Moderne Industrie, 1997

DOLLINGER und SCHRICK: Das innovative Call Center, ECON, 1999

GLOWACZ, Stefan: Richtig Freiklettern, BLV, 1992

GOLEMAN, Daniel: EQ Emotionale Intelligenz, Hanser, 11. Aufl., 1997

KRAKAUER, Jon: In eisigen Höhen, MALIK, 1998

MAY, John: Das Greenpeace-Buch der Antarktis, Ravensburger, 1988

PINCZOLITS, Karl: Der Schlagzahlenmanager, Campus Verlag, 1998

SAINT-EXUPÉRY, Antoine de: Der kleine Prinz, Rauch, 52. Aufl., 1998

SPRENGER, Reinhard: Mythos Motivation, Campus Verlag, 15. Aufl. 1998

SPRENGER, Reinhard: Prinzip Selbstverantwortung, Campus Verlag, 9. Aufl. 1998

STAMINSKI, Wolfgang: Mythos Kundenorientierung, Campus Verlag, 1998

WALTHER, Georg: Sag was Du meinst – und Du bekommst was Du willst, ECON, 14. Aufl. 1998

Marketing und Verkauf

Robert E. Hall

Lokale Marktstrategien

So finden Sie Ihre profitabelsten Kunden

1999. 272 Seiten, gb.
ISBN 3-593-36285-6

Robert Hall bietet dem Leser das Know-how zur Erstellung eines Programms zur optimierten Marktbearbeitung. Dessen Ziel ist es, einerseits die Kunden gemäß ihren Bedürfnissen und gemäß ihrem Beitrag zum Unternehmensgewinn differenziert zu bedienen und andererseits die Entwicklungs- und Vermarktungsressourcen richtig zu dosieren. In seinem Buch erläutert er Marketingverantwortlichen und Verkaufsleitern anhand zahlreicher einfacher Beispiele die notwendigen Schritte zur Umsetzung seines Konzepts.

»Hall beschreibt, wie man auf der Basis einer differenzierten Marktsegmentierung eine effektivere Unternehmensstrategie entwickelt. Ein praxisnahes und sehr gut lesbares Buch.«

Linda Golden, Professorin für Marketing an der University of Texas, Austin.

Campus Verlag · Frankfurt/New York

Berggiganten mit zerfurchtem Antlitz, im fahlen, kalten Licht der Sonne schimmern Gletscher. Abgründe in Blau. Schneeflächen wie wogendes Meer, auf die noch kein Mensch seine Zeichen geschrieben hat, unbehauste Eiswüsten bis zum Horizont. Blendendes Weiß, unendliche Weite. Hunderte von Seemeilen von der Zivilisation entfernt. Terra Incognita.

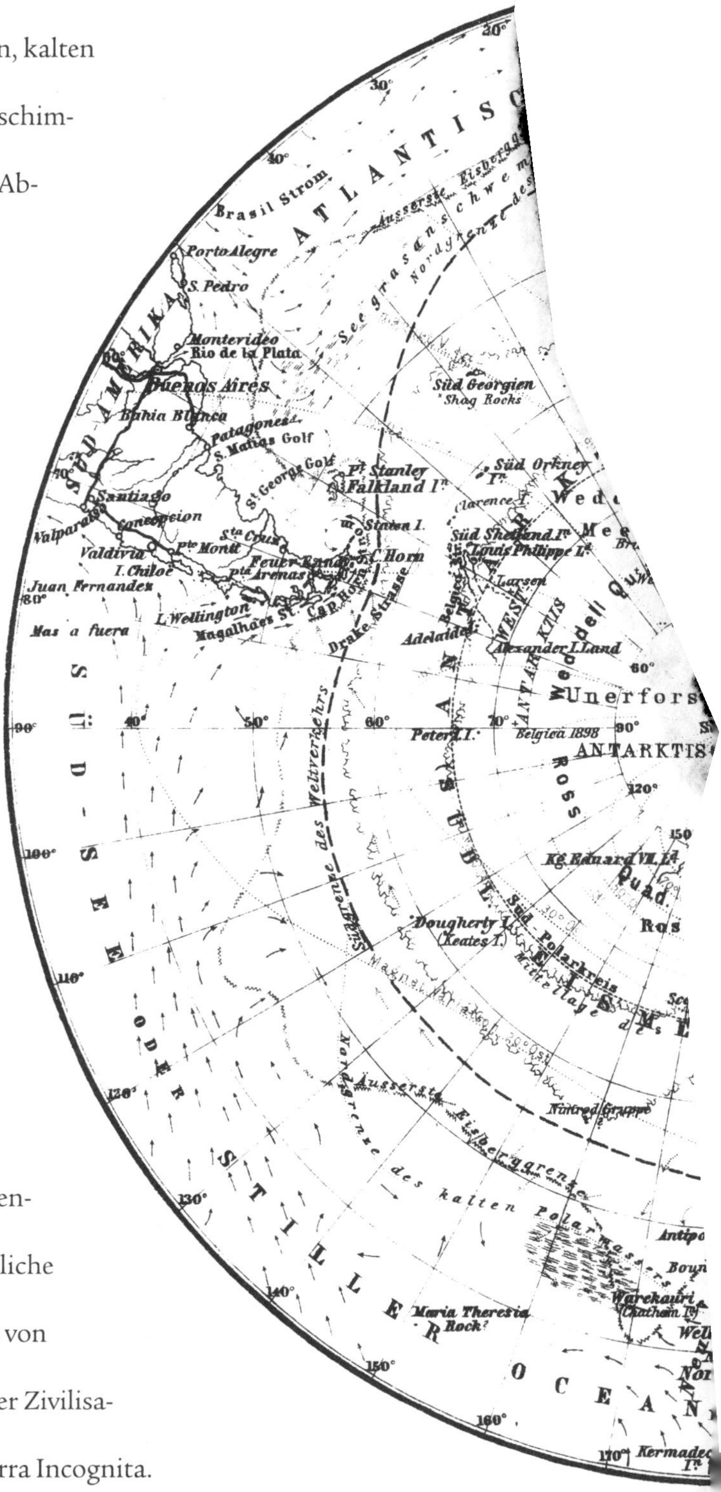

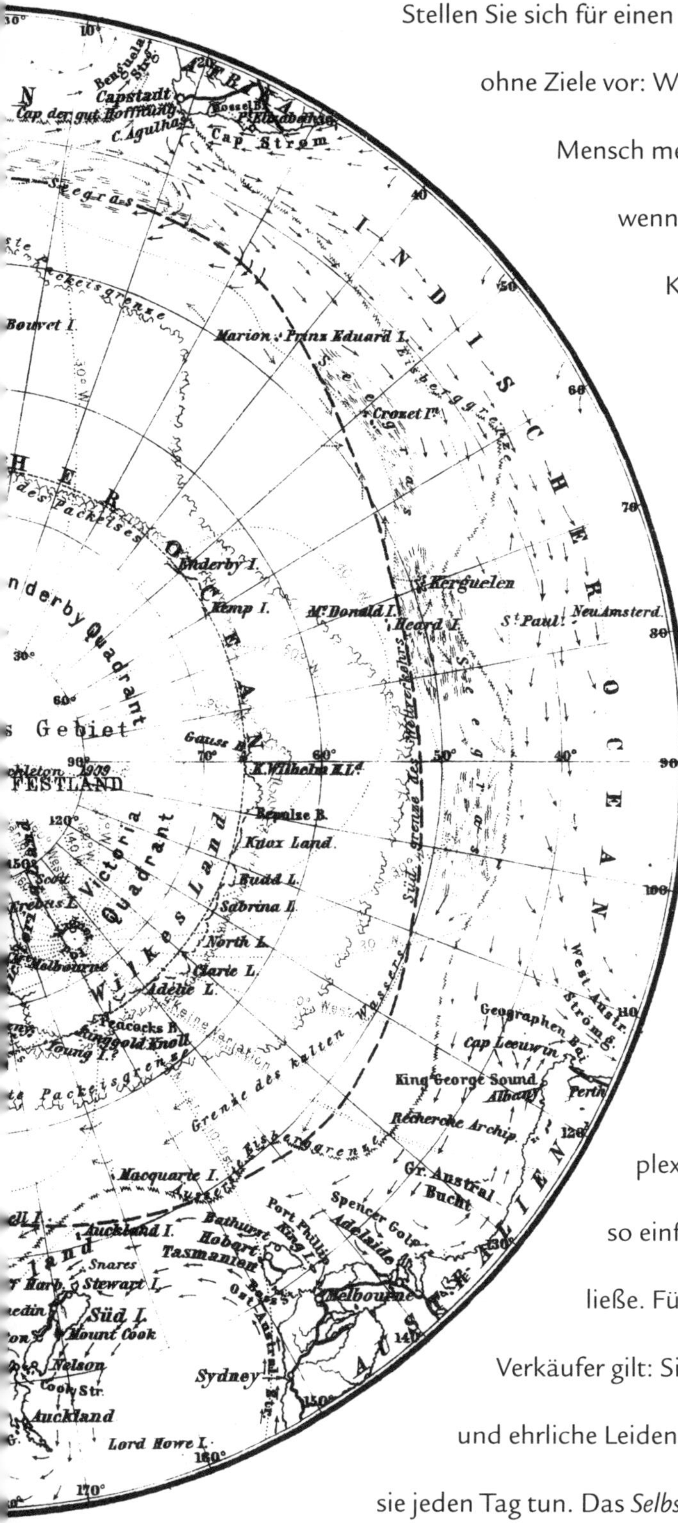

Stellen Sie sich für einen Moment eine Welt ohne Ziele vor: Was wäre, wenn kein Mensch mehr etwas vorhätte, wenn niemand mehr die Kraft spüren würde, die kribbelt, die antreibt, die Ängste überwindet, die so wahnsinnig viel Freude schenkt, die ungeahnte Dinge möglich macht. Sie ist viel komplexer, als dass sie sich so einfach herbeizaubern ließe. Für alle erfolgreichen Verkäufer gilt: Sie haben eine echte und ehrliche Leidenschaft für das, was sie jeden Tag tun. Das *Selbstverständnis* ist klar.